CHERYL BENARD · EDIT SCHLAFFER

Wie aus Mädchen tolle Frauen werden

SELBSTBEWUSSTSEIN JENSEITS ALLER KLISCHEES

WILHELM HEYNE VERLAG
MÜNCHEN

HEYNE SACHBUCH
19/727

Dieses Buch ist als Hardcover unter dem Titel
LET'S KILL BARBIE
erschienen.

Wir danken der Bank Austria, Wien für ihre Unterstützung.

Umwelthinweis:
Dieses Buch wurde auf
chlor- und säurefreiem Papier gedruckt.

Diesem Buch liegen Daten des im Auftrag des österreichischen
Bundesministeriums für Wissenschaft, Forschung und Verkehr
durchgeführten Projekts »Mädchen« zugrunde.

Taschenbucherstausgabe 8/2000

http://www.heyne.de
Printed in Germany 2000
Umschlagillustration: SuperStock Bildagentur, München
Umschlaggestaltung: Hauptmann und Kampa Werbeagentur, CH-Zug
Herstellung: Helga Schörnig
Satz: Leingärtner, Nabburg
Druck und Verarbeitung: Ebner Ulm

ISBN 3-453-17264-7

Inhaltsverzeichnis

Einleitung

»Ich werde oft gefragt, was ich machen würde, wenn mir eine Barbie lebend entgegenkäme. Na, dann würde ich zu Tode erschrecken, weil das ist ja eine Mutation! Eine solche Figur ist, hochgerechnet auf einen Erwachsenen, ja kein normaler Mensch. Und daher kann ich mir nicht vorstellen, dass ein Mädchen ernsthaft so aussehen möchte.«

LEITENDER MITARBEITER DER FIRMA MATTEL

Wenn wir ehrlich sind, tragen wir alle ein ziemlich konfuses Bild von Weiblichkeit – auch von der eigenen – mit uns herum. Wer will schon wie Barbie aussehen? Eigentlich ist sie der Inbegriff von Biederkeit, schnurstracks aus den Fünfzigerjahren angereist, das Gesicht ausdruckslos und viel zu brav, die Kleidung artig und neureich, die Haare strohig und künstlich, die Füße verdreht und mit viel zu kleinen Trittflächen ausgestattet. Die Proportionen stimmen alle nicht und das Bild von Pseudoglamour, das sie vorgaukelt, ist absurd. Das wissen wir, das weiß jede von uns, die halbwegs bei Verstand ist. Und trotzdem. Abertausende Frauen pressen ihren Busen mittels Wonderbra zusammen, um ein Dekolleté vorzutäuschen, das sie nicht haben, oder blondieren sich die Haare hingebungsvoll bis zum Haarausfall. Das Diäthalten entspringt längst keinem Gesundheitsdenken mehr, sondern einer Manie. Dass in jeder Frauenzeitschrift jeden Monat mindestens ein neuer Diätplan abgedruckt ist, kann einfach nicht mehr normal sein und hat schon eine rituelle, kasteiende Komponente, vergleichbar mit dem Passionsweg.

Damit nicht genug, weitet sich der operative Bereich ungeheuerlich aus. Fett wird abgesaugt, Falten werden aufgespritzt. Der mittlerweile häufigste Bestandteil von Gesichtscremes ist nicht mehr eine Substanz, die schützt oder pflegt, sondern Säure: um damit die Oberschicht der Gesichtshaut wegzubeizen. Millionen von Frauen finden offenbar nichts dabei, ihr Gesicht täglich in Säure zu tauchen, um eine »jüngere« Hautschicht freizulegen.

Dann die psychische Seite. Die Zeitschrift *Journal für die Frau* schreibt, wieder einmal, über männlichen Ehebruch. Sieben Männer erzählen, warum sie untreu wurden. Der Erste: weil seine Frau, Hausfrau und Mutter, ihm mit der Zeit zu bieder erschien und ihn langweilte, weswegen er sich in die Arme einer karrieresüchtigen, beeindruckenden Kollegin warf. Der Zweite: weil seine Frau, eine Karrierefrau, ihm mit ihrem Ehrgeiz und ihrem Erfolg Angst machte. Der Dritte: einfach so, obwohl er total glücklich war und eine himmlische Partnerschaft lebte. Und so weiter. Wie viele von uns glauben insgeheim daran, dass es eine Formel gibt, eine Formel für das private Glück, eine Formel, mit der ein

Partner dauerhaft gebunden und gehalten werden kann. Die Kultur ermutigt uns, daran zu glauben, danach zu suchen, und gleichzeitig verunsichert sie uns immer wieder mit den Geschichten von Frauen, die falsch kalkulierten und damit ins Unglück stürzten. Sie dachte, dass er die Häuslichkeit schätzte, doch nun will er das Abenteuer. Sie glaubte, dass er einen Kumpel will, doch nun fliegt er auf eine Diva. Sieben Jahre lang bereitete sie ihm ein gemütliches Heim, nun ist er mit einer ungepflegten, arroganten Frau in eine WG gezogen, weil sie ihm zu bürgerlich war. Sieben Jahre lang lebte sie mit ihm in einer WG und teilte seine vermeintliche Passion für Umweltpolitik, nun hat er eine blondierte Tussi und baut mit der ein Eigenheim aus Resopal und Asbest. Und so weiter. Mit diesen Suppenkaspergeschichten über Frauen, die sich »falsch« verhielten, die falsche Art von Frau waren, die Wünsche und Träume ihres Partners falsch interpretierten und so, schluchz, ihr Glück verspielten und ihn an eine Rivalin verloren, kann man auch heute noch erwachsene Frauen schrecken. Und Menschen, die sich schrecken lassen, tun leichtsinnige Dinge. Diesen Leichtsinn, der uns dazu bringt, Dinge zu tun oder zu sagen, die gar nicht unserer Persönlichkeit entsprechen und die dumm sind, definieren wir als die Barbie-Komponente im Frauendenken.

Und wie steht es um die Mädchen? »Die sind ja schon ganz anders!« oder: »Die sind leider wieder ganz angepasst!« Diese beiden Beobachtungen hören wir gleich oft, wenn wir mit Müttern, LehrerInnen und sonstigen Erwachsenen sprechen, die mit Mädchen zu tun haben. Einig sind sich die beiden Gruppen in einem Punkt, dass sie nämlich nicht genau wissen, wie sie heranwachsenden Mädchen begegnen, wie sie ihnen helfen können. Gerade das aber finden wir nicht so schwierig. Es ist nur eine Frage, wie Sie Ihre Aufgabe definieren. Dazu haben wir einen Vorschlag. Gehen Sie in ein Videogeschäft und lassen Sie sich das Computerspiel Mario vorführen. Es kann auch ein anderes Spiel sein, aber Mario ist gut geeignet, weil es sehr typisch ist, mittlerweile ein Klassiker, und weil es ein gutes Anschauungsbild für eine gelungene Erziehung bietet. Kaufen Sie sich das Spiel oder leihen Sie es aus, um die Grundprämisse gründlich studieren zu können.

Das Spiel beginnt damit, dass links eine kleine Spielfigur das Licht der Welt erblickt. Visualisieren Sie darin Ihre Tochter, Ihre Schülerin, durchaus auch sich selbst. Die Spielfigur steht am Anfang ihres Abenteuers, das nun beginnt, sich rechts auf dem Bildschirm vor ihr auszubreiten. Drücken Sie auf die Pfeiltasten und das Mädchen macht ihre ersten Schritte in das Abenteuer. Sie kann laufen, springen, gehen. Sie kann aufrecht stehen oder sich ducken. Wenn sie den richtigen Weg wählt und gute Entscheidungen trifft, wird sie wachsen und stärker werden, wenn sie viele Fehler macht und die Gefahren nicht rechtzeitig erkennt, wird sie immer dünner und blasser; zu viele Fehlentscheidungen, und sie verschwindet ganz und kann nicht mehr mitspielen.

Auf ihrem Weg durch die Welten begegnen ihr Freunde und Feinde, vor allem aber muss sie viele Hürden überwinden und vielen Versuchungen widerstehen. Es gilt, Entscheidungen zu treffen, Situationen korrekt einzuschätzen, Fehler nicht zu wiederholen, kreativ zu sein. Hat der scheinbar unüberwindbare Berg vielleicht ein geheimes Tor, das zu einem Tunnel führt? Ist diese schillernde, exotische Blume kraftspendend – dann sollte man sie pflücken –, oder ist sie giftig – dann meidet man sie besser?

Ihre Aufgabe als wohlwollende Erwachsene ist es, der ihnen nahe stehenden Spielfigur beim Meistern ihrer Aufgaben zu helfen. Es ist ihr Abenteuer und sie muss es bestehen. Ihre Rolle kann lediglich darin liegen, sie gut dafür auszurüsten. Welche Fertigkeiten braucht sie? Wie können Sie sie stärker, widerstandsfähiger, klüger, wendiger machen? Wie können Sie ihr beibringen, angesichts der Hindernisse nicht aufzugeben, sondern Zuversicht zu spüren, sich Kraft zu holen und neue Wege zu gehen?

Müssen Sie die Barbie-Puppe Ihrer Tochter konfiszieren und über der Herdflamme rituell einschmelzen? Nicht wirklich. Solange sie im Kinderzimmer bleibt und nicht glaubt, es sich in unseren Köpfen gemütlich einrichten zu können, ist alles in Ordnung.

1
Barbie in uns

»Sie haben mich im Badeanzug fotografiert, eine Rückenansicht, und ich sagte mir, Oh mein Gott, jetzt musst du aber sehr tapfer sein! Denn – jede Frau hasst sich doch von hinten.«

CINDY CRAWFORD

Wir haben es nicht auf die arme Barbie abgesehen, auf diese harmlosen 300 Gramm Hartplastik. Wir wollen auch nicht behaupten, dass Ihre Tochter bereits für alle Zukunft verloren ist, weil sie eine Barbie-Puppe will und hat und liebt. Wir verstehen Barbie hier als Symbol für die Dinge, die Frauenköpfe durcheinander bringen – Ihren und auch unsere. Wir verstehen sie, und wir werden gleich erklären warum, als Symbol für das oberflächliche, das berechnende, das käufliche Moment im Wesen der Frau.

In den verschiedensten Frauenzeitschriften werden die notwendigen Barbie-Attribute für ein weibliches Glamour-Leben vorgeführt. Im März 1997 lesen wir in der englischen Ausgabe von *Vogue* einen Artikel über Lycra. Eine Autorin testet eine Reihe von Kleidern aus diesem Stoff, wobei sie durchaus skeptisch, ironisch an ihre Aufgabe herangeht. Sie ist nicht mehr ganz jung und hat, gesteht sie, alles andere als eine Idealfigur, deshalb erfordert es auch ihren ganzen Mut, sich in den Gummischläuchen, die diverse Designer ihr zugeschickt haben, in der Öffentlichkeit zu präsentieren. Doch sie nimmt sich zusammen und besucht schließlich, den Körper mittels textiler Hochelastik in aufregende Rundungen gepresst, eine Party. Und die Männer, ja die Männer sind hingerissen. Sie rücken auf den Sofas enger zusammen, um ihr Platz zu machen. Sie schwirren um sie herum wie die Mücken um eine Glühbirne. Lycra, so fasst sie zusammen, ist einfach toll. Männer suchen dann das Gespräch mit dir, sie hören auf deine Meinung, wollen dich beeindrucken, und wenn du nicht allzu zimperlich darauf achtest, wohin ihr Blick dabei schweift, dann kannst du dich in ihrer wohlwollenden Aufmerksamkeit regelrecht sonnen.

Das heißt also, Männer schätzen deine Meinung und deine Gesellschaft nicht dann, wenn du etwas zu sagen hast und interessant bist, sondern dann, wenn deine sekundären Geschlechtsmerkmale prominent dargestellt sind. Ist das so? Ist es vielleicht tatsächlich so? Musst du vielleicht wirklich als selbstgestalteter Lockvogel in manche Situationen gehen, dir einen angeln, und danach versuchen, auf dieser archaischen Grundlage eine anspruchsvollere Beziehung herzustellen? Wie viele tausend Male hört eine junge Frau im Laufe der Jahre und in vielfacher Version diese Hypothese? Wobei immer auch eine kleine Portion Verachtung für den

Mann mitschwingt, das Wesen, das mit dermaßen simplen Reflexen so anspruchslos auf oberflächliche sexuelle Signale einer Frau reagiert. Der nicht einmal in der Lage ist, echte Konturen zu erkennen, sondern auf simpelste Art und Weise zu betrügen und betören ist; der auf die mittels Wonderbra oder, siehe oben, Lycra zusammengequetschten Kleinstdimensionen genauso hingerissen hechelnd reagiert wie auf eine echte Üppigfrau. Muss man das zur Kenntnis nehmen und sich, zumindest ein bisschen, dazu herablassen, dieses Spiel mitzuspielen? Musst du durch das dornige Gestrüpp seines elementaren animalischen Impulses hindurch, um deinen Prinzen, deinen Partner, dein zweites Ich zu finden, weil er sonst zu sehr damit beschäftigt ist, nach Pamela Anderson Ausschau zu halten, um dich überhaupt nur zu bemerken?

Die amerikanische Zeitschrift *Cosmopolitan* im selben Monat. Es geht um Stöckelschuhe. Karen Duffy, Model für Revlon und Werbeträgerin von deren Parfummarke »Charlie«, ist die Verfasserin des Beitrages, und sie schwärmt für das bewegungshemmende Fußwerk, weil es einfach soooo toll auf Männer wirkt. Sie selber, erfahren wir in der Fußnote zum Artikel, besitzt 110 Paar Stöckelschuhe. »Selbstverständlich opferst du darin die Bequemlichkeit auf dem Altar der Schönheit.« Doch es zahlt sich aus! Ihre diesbezüglichen Überlegungen wollen wir Ihnen auf keinen Fall vorenthalten:

»Letztes Weihnachten konnte ich meinen boyfriend überreden, ein Häuschen in Bora Bora zu mieten. Das Häuschen stand auf Stelzen über dem Wasser und hatte im Fußboden ein Glasfenster eingesetzt, damit man das darunter liegende Korallenriff sehen konnte. Ich versprach meinem boyfriend, mich nackt auf dieses Fenster zu legen, damit er unter das Haus schnorcheln und von dort aus meinen Po besichtigen könne ... Gestern fuhr ich auf dem Motorrad meines Freundes Dwight, gemeinsam mit Peter Fonda brachten wir die vier Monkees zu einem Konzert der Gruppe ZZ Top. Ich trug einen Minirock und Stöckelschuhe. Ja, ich weiß schon, das ist nicht die ideale Motorradbekleidung, aber das hatte ich nun mal an ... ich sprang darin auf den ›bitch pad‹ [abfällige Bezeichnung für den Sitz, auf dem der tolle Biker seine weibliche Begleitung mitführt]. ZZ Top spielte dann zu meinen Ehren das Lied »Legs«. Das hätten sie sicher nicht gemacht, wenn ich flache Schuhe getragen hätte.

Ich besitze ausschließlich Stöckelschuhe. Sie verlängern das Bein und vermitteln den Eindruck enormer, aber graziöser Kraft. Trage stolz deine Stöckelschuhe und öffne dich dem Chaos, das vor dir liegt. Trag niemals flache Schuhe.«

Im symbolischen Sinn handelt es sich bei dieser Frau um eine Barbie. Barbie lebt ein luxuriöses Fantasieleben, weil sie so schön und so glamourös ist. Barbie kann gar nichts anderes tragen als Stöckelschuhe, denn ihr Plastikfuß ist so verbogen, dass er in einen flachen Schuh gar nicht hineinpasst. Barbie verbringt ihr Weihnachten zweifelsohne auf Bora Bora, und wer in ihr unverbindliches Gesicht sieht, traut ihr durchaus zu, sich dort für irgendwelche wohlhabenden Schnorchler auf die Glasscheibe zu legen.

Das Schlimme an Barbie ist, dass in fast jedem Frauenkopf ein paar Barbie-Ganglien am Werk sind. Stimmt es nicht vielleicht doch? Fragen diese Ganglien. Musst du vielleicht gute Miene zum bösen Spiel machen, musst du dich fröhlich als »bitch« bezeichnen lassen und deine Attribute auf der Plexiglasscheibe darbieten, um Anerkennung und Prestige und Liebe zu finden?

Studieren wir zunächst einmal den Mythos. Fangen wir ganz elementar an, im Kinderzimmer. Wie spielen junge Mädchen überhaupt mit ihren Barbie-Puppen? Wenn wir sie dabei beobachten, dann können wir sie je nach der Art ihres Spielens in Gruppen teilen. Die häufigsten Beschäftigungen sind das Rollenspiel und das Anziehen.

Ein Teil der Mädchen befasst sich mit Barbie nur in Zusammenhang mit deren Kleidern und Accessoires. Sie wird angezogen, ausgezogen, umgezogen und für verschiedene Fantasiesituationen hergerichtet. Dieses Spiel hat etwas Mechanisches und kann dem Auto-Spielen gleichaltriger Buben gleich gesetzt werden. Buben stellen sich dabei vor, dass sie schnell sind, in kräftigen Autos unterwegs sind und dramatische Kollisionen überstehen. Mädchen stellen sich vor, dass sie schön und beliebt sind und sich in unterschiedlichen sozialen Situationen wunderbar behaupten. Eine zweite Gruppe von Mädchen spielt, zusätzlich oder stattdessen, mit Barbie auch Rollenspiele. Verschiedene Szenen werden nachgestellt oder erfunden; das sind in der Regel ganz banale Alltagssituationen (Barbie ist zu Hause, richtet das Abendessen, deckt den Tisch, Barbie lädt zu einer Party ein …).

Nicht unüblich ist darüber hinaus die Verwendung von Barbie für Doktorspiele unterschiedlicher Art, sowohl im echt medizinischen Sinn (Barbie wird geimpft, untersucht, bandagiert) wie auch im übertragenen sexualisierten Sinn. Für ein Doktorspiel im eigentlichen Sinn eignet sich Barbie schon alleine dadurch, dass ihr Körper eine lange, glatte Spieloberfläche bietet – anders als zum Beispiel Babypuppen, die teilweise aus Stoff sind oder bei denen die Gliedmaßen mit babytypischen Speckfalten ausgestattet sind. Außerdem ist die Barriere, an einer erwachsenen Barbie herumzuoperieren, geringer als bei einer Puppe, die ein Baby darstellt und eher zum Kosen und Versorgen einlädt.

Was die Herstellerfirma vielleicht schockieren würde: Barbie ist auch Gewaltopfer. Sie erfährt eine absichtlich schlechte, grobe Behandlung durch ihre kleinen Besitzerinnen, wird herumgeworfen, gestoßen und gezielt vernachlässigt. Bei einer oberflächlichen Interpretation liegt hier wieder eine Parallele zum Auto-Spielen der Buben nahe, das ja sehr oft darin mündet, dass kolossale Unfälle inszeniert werden und die Autos brutal gegeneinander und gegen Wände krachen. Buben haben darüber hinaus sogar sehr viele von den Spielzeugherstellern vorgesehene Möglichkeiten, ihre destruktiven, aggressiven Impulse auszuleben; Mädchen müssen sich diese selber schaffen. Dass die Aggression sich gegen Barbie richtet, darüber können Spielpsychologen ja noch nachdenken. Wenn Barbie ein Identifikationsobjekt für die Mädchen ist, hat die Aggression dann eine gegen das Selbst gerichtete Komponente?

Für sexualisiertes Spiel eignet sich Barbie dadurch, dass ihr Körper sehr offenkundig »sexy« sein soll. Auch hier macht sich eine gewisse Schizophrenie bemerkbar. Das primäre sexuelle Merkmal von Barbie sind ihre Brüste. Ihr Unterkörper ist undefiniert, schmal und unterentwickelt und besteht im Wesentlichen aus den Scharnieren, die zum Bewegen der Beine erforderlich sind. Öffentlich diskutiert wurde die Unterkörperfrage jüngst, als eine Barbie ähnliche Puppe zum Thema Schwangerschaft und Geburt produziert wurde. Die Puppe war »schwanger« und enthielt ein Baby, das man »auf die Welt bringen« konnte. Der Geburtsvorgang sah jedoch so aus, dass der Plastikbauch wie eine Schranktür aufgeklappt werden konnte, um das Baby herauszunehmen. Diese Puppe stieß, was nicht verwundert, auf heftige Bedenken bei Eltern, Ärzten und Pädagogen. Sie vermittelte schließlich ein falsches Bild vom Geburtsvorgang und war potenziell ängstigend. Sie erweckte nicht nur den Eindruck, dass jede Geburt per Kaiserschnitt erfolgt, sondern suggerierte außerdem, dass bei einer solchen Kaiserschnitt-Geburt der gesamte Leib der Mutter an drei Seiten total aufgeschnitten, gewissermaßen transchiert wird. Das Dilemma der Erfinder können wir uns ja vorstellen. Dass ihre Version nicht optimal war, werden sie gewusst haben. Vermutlich sahen sie keine Alternative, da eine Puppe mit Unterleib nicht in Frage kam. Es gibt zwar die so genannten »anatomisch korrekten Puppen«, diese werden aber nur von PsychologInnen verwendet und nur zur Aufdeckung von Kindesmissbrauch oder zur Förderung kindlicher Gerichtsaussagen in Vergewaltigungsfällen. Das heißt, man mutet Kindern nur dann eine Darstellung von Geschlechtsorganen zu, wenn man annimmt, dass sie diese infolge einer Missbrauchserfahrung sowieso schon kennen gelernt haben. Barbie aber ist für unverdorbene Mädchen und hat daher keinen Unterkörper.

Hat die anständige Frau einen Unterkörper? Auf diese Frage kann Barbie etwaigen aufklärungsbedürftigen jungen Mädchen keine Antwort geben, ihre Gestaltung aber suggeriert uns ein Nein. »Unschuld« bedeutet, dass man sogar – oder gerade? – den eigenen Körper nicht kennt.

Nachdem wir nun beobachtet haben, wollen wir uns unserer Gefühle bewusst werden. Was stört uns denn an Barbie? In erster Linie sicher, dass sie die totale Oberflächlichkeit der Werte symbolisiert. Die Quintessenz der Barbie-Botschaft: Glück ist ein Cabrio. Schönheit bedeutet lange Beine und große Brüste. Ist Barbie dumm? Vor ein paar Jahren sollte es eine sprechende Barbie-Puppe geben. Ihr Satz: »Mathematik ist so schwierig«, führte zu einer derartigen Verhöhnung in den Medien, dass die Firma es sich ganz rasch anders überlegte. Mit einem erlesenen Geschmack ist Barbie jedenfalls nicht ausgestattet. Ihr bevorzugtes Ambiente gibt sie als neureich zu erkennen: geschnörkelte rosa Möbelstücke, Kautschukröckchen. Im wirklichen Leben wäre Barbie die Zweit-Ehefrau eines reichen Emporkömmlings aus mafiösem Milieu.

Barbies Persönlichkeit manifestiert sich maximal im Haar. Barbie-Puppen haben unterschiedliche Haarfarben, das Haar ist glatt, ganz selten sogar lockig, es hat pastellfarbene Streifen und Glitzerpulver darauf, ihr Gesicht aber ist immer gleich. Fast wie in einem Horrorfilm starrt dich im Spielzeuggeschäft aus jeder Schachtel die identische, geklonte, ausdruckslose Plastikfratze der unbeseelten Puppenfrau an.

Doch nun zur Frage ihrer Wirkung. Denn vielleicht ist Barbie bei all ihren negativen Attributen ja harmlos, bedeutungslos, eine bloße Episode im Leben weiblicher Kinder, wie das Sandmännchen und die Fee.

Spielt Barbie eine Rolle in der Entwicklung von Mädchen und ihrem Selbstbild? In der amerikanischen Diskussion gibt es dazu eine provokante These. Dort nämlich hat man festgestellt, dass weiße Mädchen unabhängig von ihrer Schichtzugehörigkeit sehr viel stärker an einem gestörten Körpergefühl leiden und sehr viel häufiger von Anorexie betroffen sind als schwarze Mädchen.

Schwarze Mädchen, Studie um Studie kommt dort zum selben Ergebnis, haben bei all ihren sozialen Benachteiligungen und Problemen doch einen sehr auffälligen Pluspunkt: Sie gefallen sich. Der weibliche Körper gefällt ihnen in seiner authentischen Erscheinungsform, mal ein bisschen dünner, mal ein bisschen dicker. Der Diätwahn, der weiße Mädchen nach jedem überflüssigen Gramm Körpergewicht fahnden lässt, hat die schwarzen Mädchen verschont. Sie finden sich attraktiv, auch mit Babyspeck, und sie finden ihre Mütter attraktiv und wollen gerne eines Tages genauso aussehen wie sie, groß oder klein, rundlich oder mager, egal. Frauen haben viele Formen und die Persönlichkeit macht mindestens die Hälfte der Anziehungskraft aus. Schwarze Mädchen wissen das offenbar und fühlen sich auch dann in ihrem Körper wohl, wenn die Firma Palmers ihn niemals auf ein Plakat drucken würde.

Woher kommt dieser Unterschied, fragten sich die amerikanischen Forscher. Warum entkamen schwarze Mädchen der ästhetischen Gehirnwäsche, welche ihre weißen Mitbürgerinnen so nachhaltig prägte? Konnte das, so fragten sie sich, vielleicht auch damit zusammenhängen, dass schwarze Mädchen sich gar nicht erst am weißen Schönheitsideal messen? Vielfach hatte man es rassistisch gefunden und sich darüber aufgeregt, dass die meisten Darstellungen schöner Frauen in den USA nur weiße Frauen zeigten, dass man in den Zeitschriften und in der Werbung kaum jemals eine schwarze Frau sah. Doch vielleicht hatte das ja auch sein Gutes gehabt, denn vielleicht waren die schwarzen Mädchen damit frei vom Wunsch, es diesen dürren Figuren gleichzutun.

Und in diesem Zusammenhang interessierten sich die Forscher dann auch für Barbie. Es gibt zwar vereinzelt auch schwarze Barbies, doch die sind einfach nicht glaubwürdig; es sind, das sieht man sofort, weiße Barbies aus braunem Plastik, und kein halbwegs vernünftiges schwarzes Mädchen will so etwas besitzen. Will daher auch kein halbwegs vernünftiges schwarzes Mädchen später mal so aussehen? Und dabei ist die Figur vielleicht nicht einmal das wichtigste an diesen Vorwürfen. Hemmt Barbie vielleicht sogar die sich entwickelnde Wahrnehmung einer weiblichen Sinnlichkeit, weil sie weibliche Sexualität auf die passive Wirkung des Schön-Seins, Dünn-Seins, Anderen-Gefallens lenkt? Hat Barbie nicht etwas sehr Korsettiertes, etwas Viktorianisches, etwas passiv erduldend Missionarsstellungshaftes? Tut Barbie es aus Freude, oder weil sie danach ein Saphirarmband geschenkt bekommt?

Wir beschließen, Barbie einen Besuch abzustatten. Auch in Österreich hat sie eine Wohnadresse – genau genommen sogar zwei. Da ist zuerst einmal der Sitz des österreichischen Vertriebs, in einem Büro- und Industriegelände am Stadtrand von Wien. Dort erfahren wir aber, dass sie auch noch einen zweiten Wohnsitz in Österreich unterhält, da sie von der Familie Habsburg adoptiert und mit einem Wohnrecht in der Kaiservilla in Bad Ischl versehen wurde.

Da uns bislang kein Kaisernachkömmling in die Kaiservilla in Bad Ischl eingeladen hat und es wahrscheinlich auch nicht so bald tun wird, müssen wir Barbie im profaneren Vösendorf besuchen. Dort gibt es eine Büroetage und einen riesigen Schauraum und unser zweistündiger Aufenthalt gleicht einem Schnellkurs in Sachen Barbie. Randvoll mit Fakten und bis auf weiteres gesättigt von der Farbe rosa, verlassen wir den netten Herrn Sabitzer, unseren Führer durch die Tüllwelt der Puppen. Auch Ihnen wollen wir das empirische Material nicht vorenthalten, das uns dort zum Staunen brachte.

Wussten Sie, dass pro Sekunde weltweit zwei Barbies verkauft werden?

Dass Barbies insgesamt mehr als eine Milliarde Schuhe besitzen?

Dass alle bisher verkauften Barbies, würden sie sich die Hände reichen, dreimal den Erdball umfassen könnten?

Dass es weltweit 700 Millionen Barbies gibt, davon 30 Millionen allein in Deutschland?

Dass Barbie von einer Frau erfunden wurde, die sie nach ihrer Tochter Barbara benannte (und den später hinzukommenden Ken nach ihrem Sohn, Barbaras Bruder, was – Inzest-Tabu! – doch irgendwo eine Erklärung sein könnte für die deutlich asexuelle Ausstrahlung dieses Paares).

Wussten Sie, dass allein die Serie »Totally Hair Barbie«, käuflich mitsamt einem Haarspray, das ihre bodenlangen Haare mit einem rosa Sternchenmuster besprüht, bisher 100 Millionen Dollar Umsatz gebracht hat? Dass es im New Yorker Luxus-Spielwarengeschäft F. A. O. Schwarz eine Barbie-Boutique gibt, wo die Besucherinnen von einem lebensgroßen Barbie-Roboter begrüßt werden? Dass für sie seit ihrem Erscheinungsjahr mehr als 950 Millionen Kleidungsstücke produziert worden sind? Dass zum 200. Jubiläum der USA eine Zeitkapsel begraben wurde, die erst 100 Jahre später zum 300. Jubiläum geöffnet werden kann, und dass sich in dieser Zeitkapsel nebst anderen bedeutsamen Artefakten der westlichen Zivilisation auch eine Barbie-Puppe befindet? Reicht das an Daten?

Wir haben einen Interviewtermin mit dem bereits genannten, netten Herrn Sabitzer, doch der ist noch mit einigen Vertretern im Schauraum unterwegs. Wir gehen ihn dort suchen und tauchen ein in eine schizophrene Welt. Links ist alles trüb, düster und mechanisch. Zusammensetzbare Hubschrauber, Rennautos, Lastwägen, Technik. Rechts ist alles heiter, pastellfarben, glitzrig. Es ist nicht schwer, unseren Gesprächspartner zu finden. Gemeinsam mit den Vertretern, alle drei in grauen Anzügen, ist er in dieser strahlenden Glitzerwelt schlecht getarnt.

Wir begutachten die vielfältigen Barbies, während wir auf ihn warten, und finden wieder bestätigt, dass sich seit unserer Jugend nicht so viel geändert hat. Barbie hat jetzt Rollerblades statt Rollschuhen und moderne Kleider. Doch dann fällt unser Blick mit Wohlgefallen auf Ken. Was sehen wir da? Er hat ein Baby im Snuggly umgeschnallt – und zwar, wie wir auf der Schachtel lesen, ist es sein kleiner Bruder. Herr Sabitzer muss unserer Freude jedoch einen Dämpfer geben; Ken verkauft sich kaum und wenn, dann nur an Mädchen. »Buben wollen sowas nur, wenn die Figur kämpft oder schießt«, meint er resignierend. Wir beginnen mit der Frage, ob das dritte Jahrtausend vielleicht auch in der Firma Anlass ist, das Barbie-Bild zu überdenken:

»Mir sind keine langfristigen Pläne bekannt, was eine neue Barbiekonzeption oder eine Veränderung von Barbie betrifft. Wir haben jedes Jahr zwanzig bis dreißig neue Barbie-Puppen, aber die werden kurzfristig entwickelt. Man muss ja immer wieder neue Spielthemen kreieren. Theoretisch könnten wir auch von Europa aus Vorschläge machen, aber das geschieht nicht. In den USA gibt es ein Team mit Dutzenden von Psychologen, die sich damit auseinander setzen, die machen wohl auch Forschung auf europäischen Märkten. Mir ist allerdings nicht bekannt, dass da jemand dabeisitzt und überlegt, was macht Barbie in fünf Jahren?

In Österreich verkaufen wir pro Jahr pro Mädchen zwei Barbies. In der Schweiz sind es vier, in den USA viereinhalb. Wir sind also noch nicht so weit wie andere Länder, von der Barbiepopulation her.

Interessant ist unserer Meinung nach das Vorurteil, dass Barbie ein Luxusgeschöpf ist. Das ist etwas, wogegen ich immer versuche anzukämpfen. Für mich ist Barbie ein Spiegelbild der Persönlichkeit des Betrachters. Das heißt, Barbie ist das, was Sie oder ich in ihr sehen, nichts anderes. Barbie ist völlig neutral. Geformt mit einem Körper, der nur deshalb so aussieht, weil er den Kindern gut gefällt, weil er gut zu halten ist von einer Kinderhand. Barbie ist weder ein Schönheitsmodell, noch ist Barbie ein Luxusobjekt. Was jedes Kind aus Barbie macht, das ist der Spiegel seiner Gedanken. Natürlich kann das Mädchen jetzt ins Geschäft gehen und der Barbie ein Luxuskleid kaufen, genauso wie es sich selber als Person ein Luxuskleid kaufen kann. Das Kind kann der Barbie ein Luxuscabrio kaufen, muss es aber nicht. Es kann ja genauso einen Jeep kaufen oder ein Fahrrad. Und wenn die Eltern vernünftig sind, kann man über solche Entscheidungen die Welt der Erwachsenen erklären. Sagen wir, das Kind will für die Barbie ein Pferd. Dann kann man besprechen, was kostet ein Pferd, wie lange muss man arbeiten, um das zu verdienen? Das Pferd ist aber nicht alles, es braucht auch einen Pferdestall, es braucht Futter … so kann man den Kindern den Wert der Dinge klarmachen. Ich befürchte aber, dass die meisten Eltern sich nicht die Zeit nehmen dazu. Das schließe ich aus den Problemen, die wir mit unserem Zubehör hatten. Das waren Sachen, die ein Erwachsener montieren muss, und es gab einen Aufschrei. Die

Eltern wollen sich nicht einmal eine Stunde hinsetzen mit ihren Kindern und etwas zusammenbauen, es soll lieber schon fertig verkauft werden, so sieht das aus. So ist der Zeitgeist.

Was in Amerika bezüglich Barbie und Essstörungen diskutiert wird, das ist für mich absolut unverständlich. Barbie ist lediglich ein Stück geformtes Plastik. Sie schaut so aus, wie sie aussieht, weil die Kinder es so wollen. Man hat schon versucht, molligere Barbies zu produzieren, aber die Kinder greifen da nicht zu. Die wollen es nicht anders, mit dieser Figur fühlen sie sich wohler. Die Kinder denken sich doch nicht, ich will auch so werden wie Barbie! Es könnte theoretisch ein Kind ja auch auf die Idee kommen, ich möchte so ausschauen wie die Mickeymaus. Tut doch auch niemand, oder?

Die Figur der Barbie ist, hochgerechnet auf einen Erwachsenen, etwas völlig außerhalb der Norm Liegendes. So eine Figur, das geht ja gar nicht. Ich werde oft gefragt, was ich machen würde, wenn mir eine Barbie lebend entgegenkäme. Na, dann würde ich zu Tode erschrecken, weil das ist ja eine Mutation! Das ist kein normaler Mensch. Und daher kann ich mir nicht vorstellen, dass ein Mädchen ernsthaft so aussehen möchte.

Die Spielverwendung für die Barbie ist das Rollenspiel. Die Barbie übernimmt eine Rolle und das Kind ist in dieser Rolle drin. Bei den Moden, die wir verkaufen, sind die Hochzeitskleider am stärksten vertreten, Unterwäsche komischerweise auch. Ken verkauft sich bei weitem nicht so gut, das Verhältnis ist 1:20, 1:30. Er wird auch hauptsächlich von oder für Mädchen gekauft. Um sich an die Burschen zu richten, hat diese Puppe zu wenig Action-Wert, sie schießt nicht und kämpft nicht.

Wobei meine persönliche Meinung zu dieser ganzen Kriegsspielzeugdiskussion ist, dass das überbewertet wird. Ich hatte da eine Schlüsselerfahrung, die ich nie vergessen werde. Ganz zufällig blätterte ich – als Erwachsener – meine Lieblingsbücher aus der Kindheit durch, Karl May. Wissen Sie, was für ein Unterschied das ist, Karl May als Kind oder als Erwachsener zu lesen? Als Erwachsener sehen Sie, dieses Buch ist der reine Horror. Es wird beschrieben, wie Menschen das Herz herausgeschnitten wird, wie jemand skalpiert wird. Wenn Sie das lesen, bekommen Sie eine Gänsehaut. Doch als Kind haben diese Passagen mich überhaupt nicht gestört, das war nur Abenteuer. Kinder spielen mit gewissen Themen, aber sie denken dabei nicht, dass jemand verletzt wird. Da ist kein böser Hintergedanke dabei. Man kann die Welt wahrscheinlich auch nicht besser machen, wenn man die Spielsachen strenger kontrolliert. In Ruanda haben sich die Kinder den Schädel eingeschlagen, die Kinder haben sich gegenseitig getötet, ohne jemals einen Fernseher gehabt zu haben.

Trotzdem glaube ich, dass Rollenspiele auch für Buben interessant wären. Die Eltern, genauer gesagt die Väter sind daran schuld, wenn sie sagen, du als Bub spielst mir nicht mit Puppen.

Eigentlich ist das schade, wenn man den Kindern von klein auf vorschreibt, du gehörst in diese Kategorie und du gehörst in jene Kategorie. Die Kinder selbst sind gar nicht so.«

Mädchenmeinungen zu Barbie

Soll ich meiner Tochter erlauben, mit Barbie zu spielen? Diese Frage wird oft an uns gestellt. Andere Mütter fügen sich ins scheinbar Unausweichliche, nicht ohne mit den Augen zu rollen und den Kopf zu schütteln. Und wieder andere finden nichts dabei. Barbie? Damit haben sie selber schon gespielt, ohne bleibenden Schaden. Barbie – das ist eine kurze, harmlose Glitzerphase im Mädchenleben, die noch gar nichts aussagt über die zukünftige Entwicklung ihrer kleinen Besitzerin.

Um der Frage nach dem Stellenwert von Barbie im heutigen Mädchenleben nachzugehen, machen wir eine schriftliche Befragung bei 67 Mädchen in dritten und vierten Volksschulklassen.

Von diesen 67 Mädchen besitzen 53, das sind achtzig Prozent dieser ganz durchschnittlichen Gruppe, mindestens eine Barbie-Puppe, 13 haben keine. Doch damit werden wir der Verbreitung Barbies noch nicht gerecht. Es gibt nämlich unter unseren Befragten auch Mädchen, die fünf, neun, vierzehn Barbies besitzen. Die Spitzennennung sind fünfundzwanzig, geschenkt von – das fragen wir auch – Mama, Papa, Tante, Onkel, Oma, Opa, von der Kindergartentante, Taufpatin, vom Cousin, von Freunden. Ein Mädchen hat sie »fohn« ihrem »Oper«. Wir rechnen zusammen und entdecken, dass diese 67 Mädchen gemeinsam 446 Barbies besitzen.

Als Nächstes fragen wir die Mädchen, die Barbies haben, was ihre Mütter von der Puppe halten. Fünf

Mütter, also neun Prozent, lehnen Barbie ab. »Meine Mama sagt, das ist Plötzin.« »Meine Mutter hast sie.« »Mutter sagt Pfui Teufel.«

Dreiundachtzig Prozent der Mütter ist es egal, elf Prozent äußern sich positiv. »Meine Mama liebt sie.« »Sie sagt, Babi ist tol.« »Meine Mutter meint das sint süse Puppen.« »Mama sagt die ist aber schön.«

Und sie? Werden, wollen sie eines Tages wie Barbie aussehen? Von dieser Frage hatten wir uns nicht viel erwartet, schon gar nicht die Heftigkeit, mit der sie beantwortet wurde. Die vorangegangenen Fragen hatten niemanden aufgewühlt, hatten höchstens die Rechtschreibung der Kinder überfordert. Doch bei dieser Frage hatten wir ungewollt einen empfindlichen Punkt getroffen.

Ein Teil der Mädchen antwortete wie bei den anderen Fragen. Manche bescheiden: »Ich wünsch' mir so wie Barbie zu werden aber ich werde nie so aussehen.«

Manche nachdenklich: »Kommt drauf an wie ich später darüber denke.«

Manche realistisch: »Ja, ich habe eine wunderschöne Barbie, aber ich könnte nie so aussehen weil meine Haare immer dunkler werden und die von der Barbie sehr hell sind. Außerdem habe ich ein ganz anderes Gesicht.« (Na Gott sei Dank dafür.)

Manche resignierend: »Ja, ich will wie eine Barbie aussehen. Nein ich glaube nicht, dass ich einmal aussehe wie eine Barbie.«

Manche unentschlossen: »Na ja, vielleicht.«

Und manche hoffnungsfroh: »Nein, ich will aussehen wie Pocahontas.«

Insgesamt waren diejenigen, die wie Barbie aussehen möchten und/oder glauben, es eines Tages zu tun, in der Minderzahl. Nur acht Mädchen bekannten sich zu diesem Ziel, 53 lehnten es ab. Manche waren dabei sehr höflich: »Nein, bitte nicht.«

Andere dachten an die Zukunft: »Ich möchte nie wie sie sein. Ich finde es soll auch ältere Barbies geben.«

Manche signalisierten einfach nur ihre große Entschlossenheit: »Nein. Huperhaupt nicht.«

Doch die Gruppe, die uns am meisten erstaunte, waren jene Mädchen, die just bei dieser Frage plötzlich enorm vehement wurden. Ihnen genügte nicht ein schlichtes Nein, sondern sie versahen es mit bis zu sieben Ausrufezeichen. Sie legten ihren Kugelschreiber weg, um mit einem ganz dicken Filzstift ihr NEIN hinzufetzen. Sie schrieben »Nein! Nein! Igitt!«, »Nein, waa, greslich!« Oder, in ganz großen Buchstaben, »NEIN! NIE IM LEBEN!« Mitunter ging das Nein über drei Zeilen und war sechsmal unterstrichen in zwei verschiedenen Farben. Das größte NEIN ging über acht Zeilen. Die häufigste Wiederholung bestand aus acht riesigen Neins in drei Farben.

Auch beschränkte sich die Vehemenz nicht auf jene Mädchen, die folgerichtig selbst auch keine Barbies besaßen. 15 der Mädchen, die eine Barbie haben, gehörten zu den empörten Nein-Sagerinnen. Diese Bögen sahen wir uns genauer an, doch sie blieben uns ein Rätsel. Eine von ihnen war die Besitzerin von zehn Barbies. Bekommen hatte sie diese von ihrer Mutter, sie spiele aber nicht mit ihnen, sondern mit den neun Kampffiguren, die sie ebenfalls besitze. Wollte diese Mutter, über den unüblichen Geschmack ihrer Tochter verstört, die Zuneigung ihres Kindes von den Power Rangers auf Totally Hair Barbie umlenken?

Aber auch dort, wo »meine Eltern sagen, Barbie ist OK« stand, konnte die Tochter mit sechs Rufezeichen bekunden, wie wenig sie später wie Barbie aussehen möchte. Und das Mädchen, das von ihrem »lieben Papa« die Barbies geschenkt bekommt, findet diese »greslich«.

Doch in anderen Fällen bestand Einigkeit zwischen Mutter und Tochter. Die Mutter, die Barbie »hast«, hat eine Tochter, die sich »ältere Barbies« wünscht – in der Hoffnung, dass die Mutter dann besänftigt wäre? Und die Mutter, die zu Barbie bloß »pfui Teufel« sagt, hat eine Tochter, die Nein!!!! Igitt nicht so aussehen will.

Es ergab sich kein Muster. Doch woher kam dann diese Heftigkeit?

Eine heftige Reaktion ist fast immer ein Indiz dafür, dass man einen wunden Punkt getroffen hat, dass die Person hier keinen souveränen und schon gar keinen gleichgültigen, erhabenen Standpunkt hat. *Me thinks you do protest too much*, sagt man auf Englisch – denn wo der Protest zu heftig ist, kehrt er sich vielleicht in sein Gegenteil um.

So aussehen wie Barbie? Diese Frage hätte von den Mädchen als lustig, als komisch oder als irrelevant erlebt werden können. Stattdessen fühlten sich viele von ihnen von dieser Frage enorm aufgewühlt, wir hatten also einen inneren Widerspruch aufgespürt. Man bekam den Eindruck, dass vielen Mädchen diese Frage in irgendeiner Weise peinlich war. War es vielleicht so, dass sie sich dadurch in ihren Fantasien ertappt fühlten? Dass sie schon wussten, dass ältere Mädchen Puppen im Allgemeinen und Barbie im Besonderen lächerlich finden und sich daher für ihre Fantasien schämten? Oder aber wussten sie, dass diese Fantasien irreal sind, dass sie aller Wahrscheinlichkeit nach nicht so aussehen, kein solches Cabrio und kein Pferd und keine solche Garderobe haben würden? Zwischen Wunsch und Wirklichkeit, Verstand und Fantasie kam es hier zu einer Spannung, die alles andere als angenehm war für die Mädchen, und deren pädagogischen Wert wir nicht so schnell voraussetzen würden. Barbie ist trotz, oder vielleicht gerade wegen ihres karikaturhaften Wesens ein Symbolbild für den Gipfel dessen, wovon ein Mädchen träumen und was eine Frau erreichen kann.

Die Firma verweist gerne darauf, dass es Barbie auch als Krankenschwester und sogar als Ärztin, als Taucherin und Stewardess gibt, doch diese Erscheinungsformen sind marginal. Barbie ist Glamour. Von ihren glamourösen Aspekten gibt es nur einen, den ein durchschnittliches Mädchen, wenn es realistisch denkt, in ihrem echten Leben nachzuspielen hoffen kann: den der Braut. Nicht zufällig gehören Hochzeitskleider zu den beliebtesten Accessoires.

Sollen unsere Töchter mit Barbie spielen? So ist die Frage wahrscheinlich nicht zu stellen.

Stoff zum Nachdenken bietet die Tatsache, dass Barbie sich in den Jahrzehnten ihres Bestehens so gut wie gar nicht verändert hat. Das ewig Weibliche – besteht es wirklich aus einem unverbindlichen Plastiklächeln, einem großen Brustumfang und einem Hang zu Luxus?

Barbie auf der Couch

Judith ist eine schlanke, sportliche Frau, quirlig, intelligent und sehr attraktiv, mit langen, mittelblonden Haaren. Neben ihrem abwechslungsreichen Job in einem Tagungsbüro liebt sie noch ein aufregendes Hobby, das Paragleiten. Ferner hat sie einen Mann, mit dem sie eine gute Ehe führt und viele Interessen teilt, und eine Nichte, an der sie ihre punktuellen mütterlichen Gefühle ausleben kann, des Weiteren einen großen Freundeskreis. Wir nennen ihr den Titel dieses Buches, an dem wir gerade arbeiten, und sie nickt zustimmend. Spontan fällt ihr dazu eine Anekdote aus dem eigenen Leben ein. Es war vor fünf Jahren, beim Paragleiten. Das ist zwar ein Einzelsport, aber doch ein sehr geselliger, da man sich bei den Vorbereitungen und Trainings im Verein recht nahe kommt. Da standen sie also alle beieinander und ein Mann in Judiths Alter plauderte mit ihr und sagte ganz beiläufig: »Schade, dass du keine lockigen Haare hast, damit würdest du toll aussehen.« »Damit«, lacht Judith kopfschüttelnd, »begannen drei Jahre der Haardramatik.« Sie ließ sich eine Dauerwelle machen, die zu stark war. Also musste sie sich die Haare schneiden lassen. So gefiel sie sich nicht und die Friseurin redete ihr ein, dass ihr die kurzen Haare besser stehen würden, wenn sie ein paar Töne dunkler wären. Also ließ sie sich die Haare färben. Erst jetzt, fünf Jahre später, ist die Sache wieder bereinigt, ist sie wieder sie selber, mit den langen, mittelblonden, glatten Haaren, die ihr am besten stehen und mit denen sie sich am wohlsten fühlt. »Und das alles nur wegen einer nebensächlichen Bemerkung, die irgendein Typ, den ich gar nicht näher kannte, so beiläufig hinwarf«, wundert sich Judith noch heute über sich selber. Barbie – das ist die Idee, dass glamouröse Haare der Weg zum Glück sind.

Eleanore ist Programmiererin, sie hat ein eigenes kleines Büro mit zwei Mitarbeitern, und das alles hat sie sich selber aufgebaut. Daneben erzieht sie alleine ihre Tochter, denn nach der Scheidung wanderte ihr Mann in die Schweiz aus. Auch Eleanore hat einen großen Bekanntenkreis und viele Freizeitinteressen, nur ihr Liebesleben lässt zu wünschen übrig. Der verheiratete Freund kann sich nicht zwischen Frau und Freundin entscheiden. Und es gibt Stunden, da fragt sich Eleanore, ob das nicht vielleicht mit ihrem zu selbstständigen Auftreten zu tun hat. Vielleicht müsste sie irgendwie weiblicher sein, raffinierter. Vielleicht müsste sie manipulieren, Szenen machen, sich anklammern, ihm mehr schmeicheln … diese ganzen Spielchen spielen, die ja offenbar doch immer noch wirken. In solchen Stunden gibt Eleanore ihren Eltern die Schuld dafür, dass der Geliebte sich noch nicht von der Gattin losgerissen und zu ihr bekannt hat. Die haben sie immer darin bestätigt, dass sie gescheit ist, dass sie alles kann und ihren Weg machen wird. Die haben sie ermutigt, ihren mathematischen Begabungen nachzugehen. Das ist ja alles schön und gut, sie fühlte sich wohl damit und freut sich jeden Tag auf die Herausforderungen, die der Job bringt, aber vielleicht hat sie dadurch nie gelernt, wie man Männern gefällt. Dieses ganze alberne Mädchengehabe, wenn sie da kichernd auf irgendeinem unmöglichen Schuhwerk herumstolpern und mit den Jungs flirten, das hat sie sich nie aneignen können, weil das in ihrer Schule einfach nicht so lief. Dort war der Umgang kollegial. Und so angenehm das war, jetzt fehlt ihr das vielleicht. Denn bei wem bleibt er, ihr Geliebter? Bei seiner manipulativen, schluchzenden, klammernden Ehefrau, die mit ihren weiblichen Schikanen und Auftritten Erfolg hat!

Schließlich noch Vicki. Vicki ist einundzwanzig Jahre alt. Sie war Sekretärin in einer Investmentfirma, ein Job, mit dem sie sich über Wasser halten wollte, während sie eine Karriere als Top-Model anstrebte. Im Büro fiel sie dem aufstrebenden jungen Mitarbeiter Helmut sofort auf. Er lud sie zum Abendessen ein, sie lehnte ab. Er bemühte sich immer hartnäckiger um ein Rendezvous, sie aber empfand ihn bloß als lästig. Er gefiel ihr nicht und seine sentimentale Art, um ihre Gunst zu werben, ging ihr auf die Nerven. Er suchte in der Personalakte ihre Telefonnummer heraus und rief sie auch zu Hause an. Vicki ging zum Chef und beschwerte sich. Sie werde, kündigte sie an, eine Klage wegen sexueller Belästigung einreichen, wenn dieser lästige Typ sie nicht sofort in Ruhe ließe. Helmut wurde zum Chef gebeten und dort eindringlich ermahnt. Drei Monate vergingen. Vicki war unglücklich, weil die Model-Karriere so gar keine Fortschritte machte. Die Agenturen verlangten Geld für Fotomappen, schickten sie hin und wieder zu Vorstellungsterminen, doch nie wurde daraus ein Auftrag, und die Agenturleiterin war nicht sehr ermutigend. Eigentlich war Vicki schon ein bisschen alt, ihre Schultern zu breit, ihre Gesichtszüge zu unregelmäßig … Gleichzeitig erfuhr sie mehr über Helmut. Und zwar erfuhr sie, dass er ein Topverdiener in der Firma war, mit einem Gespür für die Börse, einem tollen Auto, einem Luxuspenthouse und einem Time-Share in der Karibik. Sie ahnen den Rest: Plötzlich fühlte sich Vicki nicht mehr belästigt, wenn Helmut ihr hoffnungsvoll zulächelte. Mitarbeiterinnen, die sich mit ihr solidarisiert hatten, als sie noch gegen seine Interessensbekundungen protestierte, registrierten es mit Verblüffung, dass sie alsbald zu ihm ins Penthouse zog, doch sie hatten keine Gelegenheit, die Sache mit ihr zu besprechen. Vicki kündigte nämlich und nahm ihr abgebrochenes Studium wieder auf, freundlich finanziert durch Helmut. Hier haben wir es, das ist offenkundig, mit einer sehr berechnenden, charakterlosen Person zu tun, die sich aus blankem Kalkül mit einem gut verdienenden Mann einlässt, obwohl sie ihn gar nicht mag. Doch sei's drum, uns interessieren die Meinungen anderer Frauen dazu. Die schütteln den Kopf. Die wollen nicht mit ihr tauschen, sondern haben lieber einen Mann, der ihnen gefällt, ein unabhängiges Leben und ihre Selbstachtung. Doch es gibt kaum eine Frau, die nicht irgendwo auch mit Neid auf Vicki reagiert. Vicki setzt sich ins gemachte Nest. Vicki fährt in die Karibik. Vicki schminkt sich ihr ausdrucksloses Gesicht (Faltenvermeidung!) mit Mac und kauft mit fremden Kreditkarten in Boutiquen ein. Will man mit ihr tauschen? Nein. Beneidet man sie? Ja. Dieser Neid auf etwas, was man letztendlich gar nicht haben will, wird von Barbie geweckt und genährt, und das ist wohl ihr negativster Beitrag zur Mädchenpsyche. Die großen dicken NEIN NEIN NEIN, die Mädchen auf ihre Antwortzettel schrieben, brachten wohl genau dies zum Ausdruck.

2
Ein Mädchenreport – Wie es Mädchen heute geht

Für Außenstehende, und leider oft auch für Nahestehende, sind Mädchenköpfe ein Buch mit sieben Siegeln. Worüber kann man sich zweieinhalb Stunden lang am Telefon unterhalten? Worüber denken sie eigentlich nach, wenn sie grübelnd in ihren Zimmern hocken und niemanden sehen wollen? Darüber Auskunft zu erhalten, ist nicht immer einfach. Worüber redet ihr? Über nix Besonderes. Woran denkst du? An nix. Wie geht's dir? Geht schon so. In diesem Kapitel sprechen sehr unterschiedliche Mädchen über ihr Leben und über das, was ihnen wichtig ist. Bei aller Verschiedenheit können wir bei jeder das Bemühen sehen, sich einen Weg durch das Gestrüpp von klischeehaften Erwartungen zu bahnen.

Rike ist siebzehn Jahre alt und besucht das Gymnasium. Sie lebt mit ihrer Mutter. Rike ist auffallend hübsch, sie ist lässig, aber sehr bewusst gekleidet (»Kleidung ist ein statement«, meint sie), sie wirkt selbstbewusst und aufgeschlossen.

»Ich fand es nie besonders toll, ein Mädchen zu sein. Dieser Klimbim, der das Mädchenleben normalerweise versüßt, hat mich nie interessiert, ich brauche nicht irgendwelche Spitzenstrümpfe und Glitzersträhnchen.

Meine Mutter war immer schon sehr locker, das ist angenehm. Mein Vater hat bis zu meinem neunten Lebensjahr bei uns gewohnt, er hat versucht, das große Tier, das er in seiner Firma darstellt, auch bei uns hervorzukehren. Heute denke ich, er war letztendlich nicht so übel. Er hat halt seine fixen Vorstellungen gehabt, die nicht zu uns passten, zu mir nicht und zu meiner Mutter auch nicht. Ich sollte so ein adrettes Mäderl werden, das war ich aber nie. Meine Mutter ist auch mehr auf der burschikosen Linie, die betritt freiwillig keine Parfümerie, also diesen Zugang finde ich ja auch schon wieder etwas überzogen. Meinen Vater habe ich zuletzt gesehen, als ich zwölf war, die Kontakte sind verflacht. Er lebt in derselben Stadt wie wir, aber in einer anderen Welt. Er hat eine neue Frau, Typ Platin-Tussi, mit der hat er Zwillinge. Die vereinbarten Alimente hat er gezahlt und auch noch üppig aufgestockt, das find' ich großzügig von ihm. Meine Mutter sagt, er kann sich das leisten, aber ich seh' das anders, er müsste ja nicht. Ich wäre schon neugierig auf ihn, aber ich will auch nicht zu ihm kriechen, und er meldet sich nicht. Kannst nix machen, auch okay.

An die Volksschulzeit habe ich hauptsächlich die Erinnerung, dass es ganz wichtig war, wer die beste Freundin von wem ist. Die Mädchen waren nur mit Freundschaften und kleinen Geheimnissen beschäftigt, ständig wurde geflüstert. Die Buben waren anders, die haben nicht so viel gequasselt. Die waren immer aktiv, sind immer durch die Gegend geflitzt, wir hingegen haben am liebsten in kleinen Grüppchen geplaudert. Ich wundere mich selber, ich bin nämlich sehr sportlich, in der Volksschule war ich schon die erfolgreichste Judoka in meiner

Sportgruppe, aber in der Schule hätte man mir das nicht angemerkt. Dort wollte ich nicht auffallen.

Wir hatten einen Lehrer, der hat sich die wildesten Buben herausgefischt und mit denen in den Pausen Fußball gespielt. Wir Mädchen waren für ihn komplett uninteressant, wir sind nie zu irgendetwas animiert worden. Ich glaube, dass viele Mädchen so tranig in den Turnstunden rumhängen, weil sie nie gelernt haben, dass Sport auch für sie was sein könnte. Turnen macht in unserer Schule auch wirklich keinen Spaß, wir machen ewig dieselben Gerätesachen, der Turnsaal ist klein und kalt, es ist ungemütlich. Ich mache daheim jeden Tag harte Gymnastik, weil ich an meiner Figur arbeite, ich glaube, das macht insgeheim fast jedes Mädchen.

Was mich an meiner Figur stört? Ich bin nicht dick, aber irgendwie ist mein Körper nicht so, wie ich ihn mir vorstelle. Ich krieg' oft so ein Schweregefühl, ich kann es nicht ausdrücken ... Ich könnte ganz gut ohne meinen Popo leben, da in der Mitte herum ist alles zu viel. Diäten habe ich schon viele ausprobiert, das tun wir alle. Es fängt mit den ersten Pickeln an, da heißt es dann, fettfreier essen. Plötzlich achtet man auf jeden Bissen. Da war ich zwölf, dreizehn. Das war eine ganz schlechte Phase. Ich weiß noch, wie ich mich damals gehasst habe. Wir hatten eine mit Bulimie in der Klasse, als es bekannt wurde, kam sie in eine Klinik. Ich kann mich gut erinnern. Sie hat einen großen Hamburger gegessen und dann drei Softeis, danach verschwand sie lange in der Toilette und hat alles wieder abgegeben. Ich hab' sie beneidet und gedacht, die macht's gut, Genuss ohne Reue. Heute weiß ich, dass die gestört war.

Sicher würde jede gern so aussehen wie Cindy Crawford, aber das spielt's einfach nicht. Mit viel Disziplin kann man erreichen, dass man nicht so füllig dahinwabbert wie die meisten Frauen. Meine Mutter ist zweiundvierzig. Sie ist schlank und insgesamt flott, aber sie legt keinen Wert auf ihr Äußeres, ihre Freundinnen auch nicht. Ich weiß eigentlich gar nicht, wer diese ganzen Fummel und dieses Zeugs von der Kosmetikbranche eigentlich kauft.

Mit den Burschen bin ich immer ganz okay ausgekommen in der Schule, da gab es nie Konflikte, obwohl mich vieles geärgert hat. Ich bin in naturwissenschaftlichen Fächern ganz gut und werde sicher Physik oder Chemie studieren. Bei den Versuchen in der Chemiestunde sind immer die Buben die Bonzen, selbst wenn ich als Erste und Einzige in Rekordzeit einen Versuch hinkriege, ist es beim nächsten Mal so, als wäre es nicht geschehen und schon wieder hängt eine Traube von Buben um den Bunsenbrenner, und der Lehrer ist ganz für sie da und ich bin Luft. Und die übrigen Mädchen lesen inzwischen die *Brigitte*.

Freund hab' ich keinen, ich will auch keinen, zumindest nicht aus meiner Schule. Das kommt mir babyhaft vor. Wir reden schon viel über Sex in der Freundinnengruppe, ich glaube diejenigen, die bereits Erfahrungen haben, haben es gar nicht so toll gefunden, aber das geben sie sicher nicht zu. Weggehen macht mir großen Spaß, ich war bei einigen Clubbings, wo es egal ist, wer mit wem tanzt. Meine Mutter hat aber eine harte Deadline fürs Heimkommen, und zwar Mitternacht am

Wochenende. Da fängt es meistens gerade an. Aber es hat keinen Sinn, mit ihr zu verhandeln, sie bleibt hart, und ich will sie nicht provozieren, weil dann lässt sie mich im Sommer nicht nach England fahren, und dort kann ich eine Menge nachholen.

Bravo, Mädchen und dieses Zeugs, das ist Prolo-Lektüre. Ich lese nicht allzu viel, Biografien von Naturwissenschaftlerinnen interessieren mich sehr, da ist ja in letzter Zeit ganz schön viel herausgekommen, wie die heruntergemacht wurden. Das finde ich spannend.

Sportlich hätte ich gern einen Mannschaftssport. Die meisten Burschen in meiner Klasse spielen Fußball oder Basketball, aber ich kenne kein Mädchen, das organisiert spielt. Ich bin sehr groß und habe daher beim Basketball eine relative Treffsicherheit. Kürzlich haben wir meinen zwölfjährigen Cousin besucht, die wohnen in einem Haus und haben im Hof einen Korb. Ich spiele dort also ein bisschen für mich, ich ziele gerade wieder, da schlägt mir dieser zwölfjährige Zwerg den Ball aus der Hand und sagt: »Das is nix für Mädchen!« Ich hab' ihm eine über die Rübe gezogen, er hat sich bei seiner Mutter beschwert. Ich hab' mich nicht gerechtfertigt, es klingt ja blöd, wenn man den Vorfall dann erzählt.

Mit dem Lernen hab' ich keine Probleme, ich bin ganz gut und versuche, mit dem Minimalaufwand durchzufahren. Mir ist langweilig in der Schule, meist zeichne ich und hör' so nebenher zu. Nur Physik find ich ganz toll, Mathe eigentlich auch, die Beispiele sind eine Herausforderung, wie ein Rätsel oder so.

Wenn ich die Wahl hätte, wär' ich lieber ein Bursche, das Leben wäre einfacher, es glauben dann nämlich alle an dich, das ist ein Faktum.«

Rike bringt einige gute Voraussetzungen mit. Dazu gehören ihre Begabung in naturwissenschaftlichen Fächern und die Freude, die sie daran hat. Auch das Desinteresse der Lehrer und deren Verabsäumung, sie zu fördern, haben ihr diese Freude noch nicht verderben können. Die Mutter wäre hier schon längst aufgefordert gewesen, mit den betreffenden Lehrern zu sprechen, denen ihr eigenes Verhalten vielleicht nicht bewusst ist.

In der Pubertät hat Rike Probleme mit ihrem Körper. Das ist normal. Das Gefühl der Schwere, das Gefühl, dass manche Körperpartien aus dem Lot sind, das ist normal in dieser Zeit der Schwankungen und Veränderungen. Sport und andere Beschäftigungen und Ablenkungen sind in dieser Zeit besser als Diäten. Mit den aufgewühlten, »wilden« Buben spielt der Lehrer Fußball bis zur Besinnungslosigkeit; die Mädchen bleiben sich selber überlassen. Das ist schlecht.

Rike gefällt ihre Mutter. Dennoch zeichnet sich stillschweigend folgende Lektion ab: Die burschikose Frau, die sich nicht um ihr Aussehen kümmert, verliert den Ehemann (den sie aber auch gar nicht haben will) an die schwer geschminkte »Tussy«. Diese hoffentlich ja nur zufällige Korrelation wäre korrigierbar gewesen, wenn der Vater seine Beziehung zur

Tochter aufrechterhalten hätte. Er hätte sie in ihrer sportlichen, nicht-tussyhaften Weiblichkeit bewundern und bestärken können. Besonders in diesem Alter können Väter sehr viel zum Selbstbewusstsein einer Tochter beitragen, indem sie mit ihr reden, sie bestärken, sie gut und schön finden und mit ihr viel unternehmen. Kritik ist tödlich, knapp gefolgt von Nicht-Beachtung als zweitem Stoß in das Herz eines Teenagers.

Rike hat auch ein paar typische Probleme. Die sexuelle Aufklärung in ihrer Clique ist mangelhaft, was zu einem unsicheren, tendenziell ablehnenden Umgang mit diesem Lebensbereich führt. Eine häufige Thematisierung von Sexualität in Medien und Öffentlichkeit bedeutet noch lange kein echtes Wissen darüber, was man empfinden wird, was man erwarten soll und wie man diesen essentiell wichtigen Aspekt des Lebens für sich selbst am besten gestaltet. Als Resultat bleibt Sexualität entweder eine unbekannte Größe, verschlingt auch viel unproduktive Zeit – die Diskussionen in der Mädchengruppe führen nirgendwohin, da letztendlich keine der Teilnehmerinnen Bescheid weiß – oder aber sie führt dort, wo sich die Mädchen auf Experimente einlassen, meist zu einem unbefriedigenden Erlebnis. Für junge Frauen ist es aber besser, gut informiert in ihr sexuelles Leben hineinzugehen, da ihre Sexualität sowohl in körperlicher als auch in emotionaler Hinsicht komplizierter ist als die von Männern.

Celia ist fünfzehn Jahre alt und besucht eine Alternativschule in Bochum.

»Ich bin ganz normal aufgewachsen. Nur, dass der Vater nicht da war. Ich glaube, ich war wohl zwei Jahre alt, als er weggegangen ist. Ich hatte überhaupt kein Problem damit, ich hab' das gar nicht mitgekriegt. Der ist dann noch öfter vorbeigekommen und wollte dann doch wieder Familie oder so'n Scheiß haben. Ich wollte das gar nicht, hab' das auch nicht gebraucht. Ich bin so erzogen worden, dass ich selbstständig bin. Ich hatte viel Freiheit und so. Wir haben immer in einer WG gelebt. Es waren immer viele Freunde meiner Mutter da. Das war alles kein Problem. Ich denke schon, dass die Mädchen total gleich sind wie die Burschen einerseits, andrerseits auch total anders. Mädchen dürfen nicht hauen und so'n Scheiß. Aber das habe ich nicht so mitgekriegt in der Alternativschule.

In der Volksschule haben wir »Buben abküssen« gespielt, also wir Mädchen. Den Buben hinterherrennen, Kuss geben. Später haben wir Pflicht, Wahl oder Wahrheit gespielt. Das spielen Mädchen und Jungen gemeinsam.

In den Alternativschulen, wo ich war, war das Verhältnis Jungen – Mädchen eigentlich ziemlich locker. In der Schule habe ich mich besser mit den Burschen vertragen. Bei den Mädchen war das so, als ich kam, da waren die schon eine Gruppe. Da hat man bestimmte Sachen haben müssen oder tun müssen, um dazuzugehören. Für mich war das was ganz Neues, was die Mädchen da drauf hatten. Ich war nicht bereit, das mitzumachen. Die Mädchen waren tussenhaft. Ich war anders als die Mädchen dort. Ich hatte dann mehr mit den Burschen zu tun.

In der Klasse, in der ich jetzt bin (4. Klasse Gymnasium), sind wir vier Mädchen und fünfundzwanzig Burschen. Das ist lässig. Ich hab' mir die Klasse selber ausgesucht, ich wollte lieber in die Bubenklasse, weil ich kannte schon einige von den Burschen, und ich wusste, die respektieren mich. Von den Mädchen habe ich nur mit einer mehr zu tun.

Zu meiner Mutter war die Beziehung immer angenehm. Sie hat mir viel Freiheiten gelassen. Sie hat akzeptiert, dass ich rauche, weil sie gewusst hat, wenn sie es mir verbietet, mach' ich es heimlich. Da war ich zwölf Jahre. Ich kann auch abends so lange wegbleiben, wie ich will.

Meine Mutter hat mich so erzogen, dass ich mich nicht unterkriegen lasse von den Typen.

Mit Barbiepuppen hab' ich gespielt, da war ich sechs oder sieben. Wir haben aber nicht so normal gespielt. Wir haben zum Beispiel eine Zeit lang Sandler (Penner) mit denen gespielt. Die hatten dann so Wollpullover an. Auch dann musste ich meine beste Freundin eher erpressen, dass sie das mit mir gespielt hat. Wenn sie wollte, dass ich irgendwohin mitkomme, sagte ich: aber erst spielen wir 'ne Stunde Barbie.

Durch meinen Background in der Alternativschule bin ich jetzt anders als die anderen. Ich bin eine Ausnahme in meiner Schule, aber nicht negativ. Ich kann besser sprechen als die anderen, das gefällt den Professorinnen und Professoren. Sehr praktisch.

In der Alternativschule lernt man andere Sachen. Man lernt diskutieren. Jeden Tag hatten wir ein Plenum in der Früh, da konnten dann alle sagen, was ihnen am Arsch geht. Konnten, sie mussten nicht. Dann wurde darüber diskutiert. Das gibt's in der Regelschule nicht.

Und zwischen Burschen und Mädchen war es auch anders in der Alternativschule, viel lockerer. In der Regelschule gibt's die Mädchengruppe und die Jungengruppe. Die sind getrennt. Ich kannte das nicht, bevor ich herkam.

Hier reden die Mädchen hauptsächlich über Jungs und die Kelly Family. Das ist wirklich der einzige Gesprächsstoff. Das ist traurig, sehr schlimm. Ich krieg' mit, dass die Mädchen mich oft total beneiden, weil ich zu den Burschen so ein lockeres, offenes Verhältnis habe. Ich denke, wenn sie das lässig finden, dann sollten die das halt genauso halten. Ich versteh' nicht, warum die so tussenhaft sind. Sich nicht trauen, mit den Typen zu reden. Kichern, weggehen, rot werden. Ja gut, wenn ich in einen Typen verliebt bin, dann bin ich vielleicht schüchtern. Aber wenn ich in einen Typen nicht verliebt bin und der kommt mir blöd, dann ist mir das doch egal. Ich schätze, wenn die Mädchen aus der Pubertät raus sind, werden sie wieder ganz normal werden. Heißt, dass sie wieder mit Typen reden können, ohne zu kichern.

Doch, es gibt noch ein Thema bei den Mädchen. Alle reden darüber, dass sie zu dick sind. Aber ich glaube, die meisten sagen das nur, um zu hören, dass es nicht stimmt. Ich sehe auf keinen Fall perfekt aus, auf keinen Fall. Aber so will ich ja gar nicht aussehen. Es ist verschieden. Es gibt Tage, wo ich denke, ich sehe gut aus, und es gibt Tage, *wo ich denke, Gott bitte, meine Haare! Ich bin zu blass, ich habe Augenringe, blabla. Ich bin zwar nicht ganz total zufrieden, aber ändern möchte ich auch nichts. Ich hab' sowieso keine Lust, so zu sein wie die anderen, echt nicht. Ich will auch nicht anders sein, aber halt nicht so, wie sie, weil sie einfach zu viele Sachen machen, die ich nicht machen will.«*

Die drei Mädchen, deren Berichte nun folgen, lassen auf den ersten Blick keine besonderen Enthüllungen erwarten.

Helena wird heuer ihr Abitur machen und es sicherlich bestehen, denn sie ist Klassenbeste. Außerdem ist sie Schulsprecherin und ihre couragierte Ausübung dieses Amtes ringt den LehrerInnen Bewunderung ab, auch wenn ihr resoluter und hartnäckiger Einsatz für die Interessen der Schüler und Schülerinnen ihnen manchmal lästig ist.

Tanja ist ein ganz durchschnittliches Mädchen, eines der Mädchen, die nachmittags mit Freundinnen durch die Fußgängerzone ziehen – und genau dort haben wir sie auch getroffen. Sie scheinen, außer der Haftung ihres dunkelvioletten Lippenstiftes, keine Sorgen zu haben – doch dieser Eindruck kann trügen.

Elsa ist die Tochter eines angesehenen Soziologen, der sich in der Jugendforschung einen Namen gemacht hat. Bei seiner Tochter hätte es einiges zu erforschen gegeben, doch das hat er übersehen.

Wir wählten Helena zum Interview aus, weil wir ein Mädchen suchten, das in der Schule Erfolg hatte und bei ihren Mitschülern angesehen war. Wir hatten keine Ahnung, dass wir bei ihr stattdessen auf einen extremen Mutterkonflikt und eine emotional sehr belastete Jugend stoßen würden.

Tanja interessierte uns als Vertreterin der Untere-Mittelschicht-Mädchen, wie sie in auffallender Modekleidung zahlreich in allen Großstädten vorhanden sind.

Und Elsa wollten wir sprechen, weil es uns interessierte, wie ein »Expertenhaushalt« mit den Problemen einer Tochter umging. Stattdessen stellte sich heraus, dass die Probleme der Tochter in diesem Haushalt überhaupt nicht wahrgenommen wurden. Obwohl sie unseren Intentionen nicht entsprachen, lassen wir die drei Berichte stehen, als Mahnmal für Eltern und LehrerInnen, genauer hinzuschauen. Und als Appell an den jeweils »anderen«, nicht-dominanten Elternteil, den Partner, der offensichtlich etwas falsch macht, nicht ungehindert weiterwirken zu lassen, sondern sich für das Kind einzusetzen.

Helena ist siebzehn, fast achtzehn Jahre alt, und wird heuer das Abitur machen.

»Ich hab' nie mit Puppen gespielt. Ich hab' immer mit den Buben gespielt, weil ich die Mädchen so zickig fand. Heute bist du meine Freundin, heute du … oder die hat das gesagt und

die hat das gesagt ... Die Buben waren im Vergleich dazu straighter in dem, was sie gesagt haben. Da gab es keine Herumrederei. Es war von Anfang an klar, wer was macht, wer welche Position hat, und auch ich erlebte dort eine andere Akzeptanz als bei den Mädchen. Ich war sozusagen akzeptiert als Halbmann, weil ich eben nicht mit den Mädchen spielte, mich nicht für ihren Kram interessierte und nicht irgendwelche Kleider anschauen wollte. Mit den Buben habe ich mich verstanden, hab' mich auch geprügelt mit denen und alles. Wir haben über Autos geredet, über Fußball. Ich hab' da nicht drüber nachgedacht, ob das jetzt komisch ist, dass mich das interessiert, es war mir einfach angenehmer, mit ihnen zusammen zu sein.

Ich hatte allerdings auch eine beste Freundin, sie hat neben mir gesessen, ich hab' viel von ihr abgeschrieben und sie von mir. Sie war das typische Mädchen, gescheit, sportlich schon auch, aber immer schön gekleidet, mädchenhaft und so. Ich wollte nie Röcke und Kleider tragen. Meine Mutter fand das schlimm, sie wollte eine zierliche, weibliche Tochter. Einmal hat sie gesagt, dass ich grob bin, ich weiß nicht mehr genau wann, aber das Wort hab' ich mir gemerkt, es hat mich wohl sehr gestört. Grob.

Nachmittags hatte ich keinen Kontakt mehr mit den Buben aus der Klasse, da war ich meist allein. Ich durfte nicht weggehen und meine Mutter hätte niemals Spaß daran gehabt, so eine Kinderjause oder so was zu organisieren, sie hatte keine Zeit. Ich hab' alles selber gemacht, bin heimgekommen, hab' gekocht, gegessen, ferngeschaut. Die Hausaufgaben hab' ich nie gemacht, nur so zwischen Tür und Angel.

Dann kam ich ins Gymnasium, dort ging es weiter wie gehabt. Ich war die Einzige, die sich freiwillig neben die Buben setzte, und ich hab' mich weiterhin gut mit ihnen verstanden. Ich hatte damals auch ziemlich viel Übergewicht, das muss ich wohl dazu sagen, und so war ich, alles zusammen, für die Mädchen eine komische Erscheinung. Weder ein Mädchen noch ein Junge, sondern immer nur die Helena. Wobei es ihnen Spaß machte, mit mir zusammenzusein, weil ich immer irgendwelche Scherze gerissen habe. Aber sonst gehörte ich nicht dazu, schon deshalb, weil ich mit den Buben spielte. Bei den Pausenschlachten war ich dabei, ich fand es halt lustig. Ja, wenn der Schwamm dich erwischt, der nasse, dann bist du halt nass, mein Gott. Also ich hatte Spaß mit denen. Die Mädchen sagten, ja, du gehörst nicht zu uns. Weil du mit den Buben spielst und weil du uns beschießt. In der zweiten Klasse hat sich das geändert, ich hatte dann auch einige Freundinnen und überhaupt ist die Klassengemeinschaft mittlerweile super.

Was ich hatte, waren Probleme mit meiner Mutter. Ich weiß nicht, ob die als Kind geschlagen wurde vielleicht, aber mich hat sie jedenfalls, wenn ich ihr auf die Nerven gegangen bin, ab und zu gegen einen Kasten geworfen, oder sie hat mich mit ihren Ringen geschlagen, davon hatte ich dann solche Ritzen. Oder sie hat mich halt nur geohrfeigt. Ich hab' das mit der Zeit schon regelrecht ausgeblendet, es fiel mir erst wieder so richtig auf, wenn jemand anderer dabei war und sich aufregte, meine ältere Cousine zum Beispiel. So wie einmal, wir fahren im Auto, ich bin acht oder neun, mein Vater fährt, meine Mutter ist auf dem Beifahrersitz, meine Cousine, die schon neunzehn ist, ihre Freundin und ich sitzen hinten. Wir hören eine Kassette, Nena, und plötzlich nimmt meine Mutter die Kassette raus und sagt, das reicht ihr jetzt, weil Nena ist eine Schlampe, hat Scheißtexte und eine beschissene Musik. Das hat mich sehr gekränkt, weil Nena war mein Idol. Ich hab' dann geantwortet, dass das Zeugs, das sie hört, auch nicht besser ist. Und sie dreht sich um, langt nach hinten und schafft es, mir eine Ohrfeige zu geben, dass ich blute. Von den Ringen. Meine Cousine ist mit ihren ganzen achtzehn Jahren erstarrt und ihre Freundin hat gezittert, aber ich war ganz cool und hab' gleich wieder zu lachen angefangen. Ich kann mich auch erinnern, ab dem fünften Lebensjahr oder so, da hab' ich meiner Mutter oft gesagt, wart nur, bis ich achtzehn bin. Dann werde ich es dir zeigen. Das hatte ich im Kopf, schon von klein auf. Ich dachte mir, okay, du musst nur warten, die Zeit wird schon vergehen, sie wird vergehen. Aber es kam mir so ewig lang vor. Dann war ich acht und ich dachte mir, jetzt noch zehn Jahre ...

Mein Vater war manchmal dabei, aber er hat nichts gemacht. Hat auch nichts gesagt zu ihr.

Letztendlich musste ich dann nicht ganz so lang warten, sondern ich bin letzten Sommer ausgezogen, zu einer Freundin. Sie waren im Urlaub und ich hab's ihnen am Telefon gesagt. Meine Mutter sehe ich jetzt nicht mehr, reden tu' ich schon lange nicht mehr mit ihr. Mein Vater ist so ein halber Bezugspunkt, weil ich einfach Geld brauche. Und auch weil ich das Gefühl habe, dass er sich wirklich um mich bemüht. Ich weiß zwar, er hat beim Schlagen zugeschaut, also hat er genauso viel Schuld wie meine Mutter, aber darüber will ich im Moment nicht zu viel nachdenken. Für mich ist er im Moment kein guter Typ, aber ein O.K.-Typ. Im Moment geht's halt nicht anders.

Übergewicht hab' ich schon lange nicht mehr, das hab' ich so etwa mit sechzehn abgelegt, weil ich mich selber nicht mehr im Spiegel sehen konnte. Das kam nicht von außen, denn als ich den Beschluss fasste abzunehmen, war ich von der ganzen Klasse, von der ganzen Schule schon total akzeptiert, so wie ich war. Und es haben sich auch einige Burschen für mich interessiert, wo ich mir vorher schon Sorgen gemacht hatte, ob die in mir vielleicht ewig nur den Kumpel sehen werden, und auf die zickigen Mädchen fahren sie dann ab. Aber es war nicht so.

Dann gab es noch so einen Vorfall im Urlaub, ich war fünfzehn, und im Hotel war da so ein Bursche, und am letzten Abend waren wir im Billardzimmer, nur er und ich, und er hat mich geküsst. Und plötzlich hör' ich meine Mutter rufen, Helene, Helene, wo bist du. Ich bin also rausgesaust und sie wollte wissen, wo ich gewesen bin, also hab' ich es ihr gesagt. Weil sie immer gemeint hat, andere Töchter reden auch mit ihren Müttern, und ich soll sie nicht ausgrenzen, ich bin doch so jung, und ich soll ihr immer sagen, was ich mit den Männern mache. Also hab' ich ihr gesagt, dass ich mit dem Burschen im Billardzimmer war. Und sie fragt weiter und schließlich erzähl' ich ihr, dass er mich geküsst hat. Da schreit sie mich vor allen Leuten an, sie brüllt über den ganzen Tisch, ja wenn das so ist, du Schlampe, dann gehen wir sofort zum Arzt, wenn wir zu Hause sind, und der soll dir die Pille verschreiben, man kann ja nie wissen, was du noch alles machst, wozu du im Stande bist. Das ganze Hotel hat sich nach mir umgedreht, es war mir so peinlich. In dem Moment hab' ich gewusst, okay, ich erzähl' der nie wieder was. Ich weiß nicht, was mit ihr los ist. Ich kann mich auch nicht erinnern, dass meine Eltern sich jemals geküsst hätten oder so.

Ein paar Monate später lernte ich dann meine erste große Liebe kennen, er war Däne, der Sohn von Diplomaten hier und war ein missbrauchtes Kind gewesen, eigentlich. Er war auch geschlagen worden und total vernachlässigt. Er hat mich irrsinnig interessiert und ich hab' ihn irrsinnig geliebt, obwohl er um einiges älter war als ich, schon Anfang zwanzig. Wir waren ein Jahr zusammen, dann fuhr er nach Hause, und dort hat er sich umgebracht. Meine Eltern wussten überhaupt nichts, sie wussten nicht einmal, dass ich einen Mann kannte, geschweige denn, dass ich ihn liebte und ein Jahr lang eine Beziehung zu ihm hatte. Ich machte es so, dass ich zu Hause bloß noch freundlich ›Hallo‹ sagte und sonst nichts, und entweder in meinem Zimmer war oder weg. Als mein Freund sich dann umbrachte, habe ich mich ziemlich schwer getan damit, mir nichts anmerken zu lassen. Aber ich wollte auch nichts erklären müssen.

Geschlagen hat mich meine Mutter nur, bis ich dreizehn war. An das letzte Mal kann ich mich ganz genau erinnern, sie war schrecklich zornig, und ich hatte total Angst davor, was ich jetzt abkriegen würde, und bin davongelaufen, durch das Zimmer, und sie mir nach, und plötzlich dachte ich, jetzt ist Schluss. Ich bleib' stehen und dreh' mich um, sie braust an und will ausholen, und das war das erste Mal, dass ich meine Mutter geschlagen habe. Also eigentlich hab' ich sie eher so weggestoßen, aber sie merkte wohl, dass ich nicht mehr wehrlos bin. Danach hat sie sich vom Schlagen aufs Reden verlegt. Wenn ich abends heimkam, hat sie mich beschimpft, was ich so lange in den Lokalen machen würde, und dass meine Freundinnen und ich in den Puff gehören würden, sie wisse ganz genau, dass wir uns alle von den Typen ficken lassen und so weiter. Das machte sie, wenn ich um neun Uhr heimkam, und irgendwann dachte ich mir, kannst ja gleich bis Mitternacht wegbleiben, das Zeug musst du dir so und so anhören, bleib also länger weg und hab ein paar Stunden länger Spaß. Aber dann haben die letzten Stunden gar keinen Spaß mehr gemacht, weil ich innerlich ständig denken musste, ich komm' zu spät, es wird zu spät …

In der fünften Klasse wurde ich Schulsprecherin, ich war die jüngste Schulsprecherin in der Geschichte der Schule. Das war toll, obwohl es deprimierend war zu sehen, dass es den meisten total wurscht ist, was in der Schule politisch läuft. Ich hab' dann angefangen, mich stark zu machen für die Schüler. Die Lehrer und die Schüler waren gespalten in ihrer Meinung über mich, aber das ist immer so. Es gibt kaum Menschen, die mich kennen lernen, denen ich egal bin. Entweder man hasst mich, oder man liebt mich, wenn ich es mal krass ausdrücke. Ich bin dein Typ oder nicht. Und mit dem Schulsprecherding, da war es genauso. Die einen sagen, du bist toll, mach weiter so, es hilft. Die anderen sagen, ich mach' mich wichtig. Aber ich denk' mir, ich hab' die Verantwortung übernommen und dann tu' ich auch was damit. Den anderen ist es vielleicht alles scheißegal, aber mir ist es nicht scheißegal. Ich habe versucht draufzukommen, was die Interessen der Mehrheit der SchülerInnen abdeckt. Ich habe ja von den KlassensprecherInnen nie eine Antwort bekommen, was ihre Leute wollen, so hab' ich es halt selber entschieden. Aber was ich leider gesehen habe ist, dass kaum jemand sich dafür interessiert, wie lebt man Demokratie.

Auf der Beziehungsebene war es so, dass mir klar wurde, eigentlich interessieren mich Frauen. Da war eine Frau, ich bin mit ihr in Urlaub gefahren, weil sie mich interessiert hat, weil ich mit ihr Zeit verbringen wollte, mehr wusste ich noch nicht. Anfangs war das bloß umarmen, streicheln. Dann hab' ich bei ihr geschlafen, dann haben wir uns geküsst, ihr hat es auch gefallen. Mittlerweile weiß ich felsenfest, ich bin lesbisch. Ich habe auch nachgedacht über früher, ob mir nicht Frauen immer schon besser gefallen haben als Männer, wobei mir Männer auch gefallen haben ... Es ist schwer, darüber nachzudenken, weil in der Schule gibt's ja nur die Heteros und sonst gibt es nichts. Schwul wird nur als Schimpfwort verwendet. ›Glaubst du, ich bin schwul?‹, ›Hau ab, du Schwuchtel‹. Oder über eine Lehrerin, die nicht verheiratet war, hieß es verächtlich: ›Die ist sicher lesbisch.‹

Wie es für mich weitergeht, will ich nur mit einem Zitat beantworten, mit einem Zitat von Nestroy: ›Wenn alle Stricke reißen, hänge ich mich auf.‹«

Helena ist eine bemerkenswerte Person, umso mehr deshalb, als sie ihre Entwicklung fast ausschließlich sich selber zu verdanken hat. Ihr Schwanken zwischen den

Geschlechteridentitäten spiegelt nicht nur ihre Biografie wider, sondern ist auch eine deutliche Reaktion auf das Unbefriedigende an den existierenden Schablonen – und auf das Fortwirken des Barbie-Ethos in der Erziehung junger Frauen. Heterosexuell, aber keusch, lautet die Devise. Positiv an Helenas Geschichte sind die Freiräume, die sie entdeckt hat. Obwohl sie sich so oft konträr verhielt zu den Regeln und Erwartungen, hat man sie nicht nur akzeptiert, sondern sogar in eine Führungsrolle gehoben.

Tanja ist sechzehn Jahre alt. Wir angeln sie aus einer Freundinnengruppe heraus, mit der sie gerade durch die Fußgängerzone zieht. Dort haben sie die Blicke ihrer älteren Mitbürger auf sich gezogen, weil ihre Schminke sehr lila, ihre Ohrringe sehr zahlreich, ihre Kleidung sehr eng und ihre Absätze sehr hoch sind.

»Ich bin aufgewachsen mit meiner Mutter, sie war Putzfrau. Einen Vater hatte ich nicht, hab' ihn auch nie kennen gelernt. Ich hab' keine Geschwister.

Wenn ich von der Schule heimgekommen bin, hab' ich mir ein Essen gewärmt vom Vortag. Danach habe ich immer das Geschirr abwaschen müssen, schon mit sieben. Aber es war nicht viel, wir haben ja allein gelebt. Nicht so wie meine Freundin (deutet auf ihre Begleiterin), die viel mehr machen musste, die hatte noch zwei Brüder.

Würde nicht sagen, dass mein Vater mir gefehlt hat. Schlimmer war, dass wir kein Geld hatten. Ob das dran gelegen hat, dass wir keinen Vater hatten, weiß ich nicht. Andere Freundinnen von mir, die hatten zwar Väter, aber auch nicht mehr Geld. Mir hat das nicht so schlecht gefallen, keinen Vater zu haben, im Vergleich mit denen. Bei uns hat es keine Ohrfeigen gegeben, meine Mutter war meist sogar zu müde, um richtig mit mir zu schimpfen.

Sie hat auf verschiedenen Stellen geputzt, auch abends musste sie öfter mal arbeiten.

Ich war viel allein zu Hause. Am Abend hat meine Mutter das Essen gemacht und ich hab' es mir zu Mittag aufgewärmt.

In der Früh bin ich aufgestanden, da war meine Mutter meist schon weg. Dann habe ich halt Kakao getrunken und ein Brot gegessen, und dann schnell in die Schule. Ich musste meist noch schnell die Schulaufgaben abschreiben von den anderen. Dann halt Schule, Heimkommen, Essen ... dann ist meist eine Freundin gekommen und wir haben gespielt. Im Sommer waren wir draußen, im Park oder auf der Straße, sind zu zweit oder zu dritt mit dem Rad gefahren. Rollschuhe hatten wir auch. Im Winter haben wir viel zu Hause gesessen. Wir haben Kochen gespielt. Da haben wir Zucker und Kakao zusammengerührt. Wir haben auch viel geredet. Wir haben uns verkleidet und Modeschauen gemacht oder gesungen.

Dass meine Mutter zu wenig Zeit hatte, fand ich eigentlich nicht. Nur bei den Schulaufgaben habe ich zu wenig Hilfe gekriegt, also keine eigentlich. Sie war sehr wenig da. Später, mit zwölf, dreizehn war ich immer sehr lange weg abends, weil meine Mutter war ja nicht da. Sie hat in einem Gasthaus abgewaschen und kam oft erst gegen dreiundzwanzig Uhr heim. Von da hat sie auch oft Essen mitgebracht, für den nächsten Tag zu Mittag, da brauchte sie dann am Abend nicht mehr zu kochen.

Ich war viel mit meinen Freundinnen unterwegs, aber auch mit Burschen. Die ersten Zigaretten sind von den Burschen gekommen.

Wichtigste Themen unserer Gespräche waren das Anziehen, Schminke, Burschen. Das mit dem Anmalen und der Schminke war auch schon für sich selber alleine ein Spaß, aber im Hinterkopf war auch, den Burschen zu gefallen. Das erste Mal habe ich mich mit zwölf verliebt. Er war drei Jahre älter und eigentlich war es bloß ein Schwarm. Eine sinnlose Kicherei hat begonnen, wenn der an uns vorbeigegangen ist, er hat uns überhaupt nicht angeschaut. Wenn der mit seinen Freunden irgendwo gestanden ist, dann sind wir immer vorbei, das war eher so eine kollektive Verliebtheit.

Meinen ersten Freund hatte ich mit vierzehn. War ein bisschen spät, es hat Mädchen in der Schule gegeben, die haben schon ihren zweiten Freund gehabt. Das war aber kein Muss, es hat auch Mädchen gegeben, die keinen Freund hatten, die waren dann halt miteinander zusammen. Die Mädchen, die einen Freund hatten, die hat man nicht mehr so viel getroffen. Da war ihnen die Freundinnenschaft nicht mehr so wichtig. Bei den Burschen hatte ich den Eindruck, dass es gar keine richtige Freundschaft unter ihnen gab. Wir Mädchen haben schon zusammengehalten. Wir haben uns auch oft gegen die Burschen verbündet.

Mein Freund, der war verliebt in mich, ich war dann auch verliebt. Mit dem habe ich aber bloß geküsst.

Meine Mutter wollte immer, dass ich sauber gekleidet bin und mich nicht schmutzig mache. Und dass ich schon früh sparen lernen muss. Ihre größte Sorge war immer, dass ich früh ein Kind kriege, und sie muss dann auf das Kind aufpassen.

Zum langen Wegbleiben hat sie nichts gesagt, das hat sie ja auch nicht gewusst. Über meine Regel oder so hat sie nicht mit mir gesprochen. Ich war natürlich schon informiert; als ich dann angefangen habe zu bluten, hat sie mir Binden gegeben, das war's. Ansonsten reden wir überhaupt nicht über Sex.

Früher habe ich *Bravo* gelesen. Gefallen hat mir die Mode und was über Popstars drinsteht.

Keine Ahnung, wie es mit mir weitergeht. In der Schule bin ich nicht so gut. Vielleicht sollte ich das Abitur machen und dann studieren, aber ich glaube, das schaffe ich nicht. Ich würde schon gern studieren. Die haben mehr Zeit und lange Ferien, da muss man nicht so viel arbeiten. Aber ich glaub', das schaff' ich nicht, das viele Lernen.

Ich möchte so bald wie möglich von zu Hause ausziehen und mit mehreren zusammen in einem großen Haus wohnen. Am liebsten würde ich irgendetwas arbeiten, vielleicht in einer Buchhandlung oder in einer Bibliothek, dort könnte ich dann auch viel lesen.

Zusammenwohnen möchte ich lieber nur mit Freundinnen. Da gibt es weniger Streit. Auch die Hausarbeit wird besser verteilt. Burschen, die machen ja meist keine Hausarbeit.

Für meine Mutter würde ich mir wünschen, dass sie nicht so viel arbeiten muss. Früher haben wir noch Dinge *zusammen gemacht, so spazieren gehen, mit dem Bus irgendwo hinfahren ... jetzt machen wir kaum noch was und sie lässt mich auch in Ruhe. Sie will nur nicht, dass ich als Putzfrau ende, so wie sie. Sie hätte gern, dass ich ein bisschen mehr lerne in der Schule. Ich würd' das auch gern machen, aber ich werd's nicht schaffen. Das macht meine Mutter ein bisschen unzufrieden, aber sonst ist sie eigentlich auch stolz auf mich.«*

Was aus diesen Zeilen in erster Linie spricht, ist Erwartungslosigkeit.

Die zweite Botschaft, die sich vermittelt, ist Einsamkeit. Beide Grundhaltungen sind das Ergebnis von Tanjas bisherigen Erfahrungen. Die Mutter schuftet den ganzen Tag und Teile der Nacht, Vater gibt es keinen, gäbe es einen, wäre das vielleicht auch nicht besser, denn die Väter in Tanjas Umfeld sind weder freundliche Pädagogen noch einsatzkräftige Familienernährer. Tanja fühlt sich von der Mutter geliebt, aber nicht umsorgt. Das Essen wird auffallend oft genannt, wahrscheinlich weil es zu einem Symbol für Versorgung geworden ist. Man muss es selber wärmen und alleine essen. Während man in gehobeneren sozialen Schichten oft Urteile und Vorwürfe der Kinder hört, fehlen diese hier. Die Mutter war ja auch nicht Tennis spielen, sondern putzen. Ihre Abwesenheit war unvermeidbar. Angesichts dessen, dass eine ungeplante Schwangerschaft der Tochter zu ihren Hauptängsten gehört, ist es schon erstaunlich, dass über Sex in dieser Familie nicht gesprochen wird. Somit fällt Tanja zum Thema des

Frau-Werdens in erster Linie ein: Blut, Binden und ungewollte Schwangerschaft. Kein Wunder, dass die weiblichen Kompensationsfreuden der Mode, Schminke und romantischen Verbundenheit mit Popstars attraktiv erscheinen.

Ansonsten ist alles ziemlich trüb. Abitur und Studieren wären schön, schafft sie aber sicher nicht. Ein Job wäre auch schön, aber sie kann keine realistischen Lehrberufe nennen, die ihr Spaß machen würden, sie spricht nur vage von Buchladen und Bibliothek. Burschen sind interessant, aber das zukünftige Zusammenleben mit ihnen erscheint wenig reizvoll. Die Arbeit musst du dann sowieso alleine machen, da sie im Haushalt nicht helfen. Als verlässliche Familienversorger treten sie nicht mehr auf. Gute Ehen und nette Väter fallen ihr aus ihrem Umfeld keine ein.

Die Gruppe der Tanjas ist groß. Von ihnen ist zu erwarten, dass sie in der Schule wenig lernen, danach keine echte Berufsplanung betreiben, sondern in irgendeinem wenig qualifizierten Dienstleistungsberuf landen.

Elsa ist zwanzig Jahre alt und soeben unter stürmischen Umständen von zu Hause ausgezogen. Die Mutter wollte unbedingt, dass sie während ihres Studiums noch zu Hause wohnt, vor allem auch deshalb, weil Elsas letzter Freund der Mutter so ganz und gar nicht genehm war und sie ihre Tochter lieber noch im Auge behalten hätte.

Elsas Vater ist, wie schon gesagt, ein bekannter Jugendforscher. Ihre Mutter arbeitet bei einer Presseagentur. Beide Eltern sind, wie Elsa es formuliert, »karrieregeil«, wobei das in ihren Augen noch kein Kritikpunkt ist. Sie bemängelt vielmehr die eigenartige Mischung aus Überaufsicht und Vernachlässigung, die ihr Aufwachsen gekennzeichnet hat.

»Von Geburt an war ich bei der Tante Gruber, sie war keine richtige Tante, sondern so eine Art moderne Ziehmutter, kann man sagen. Da gab es diesen Oma-Dienst, so hieß das, die vermittelten ältere Frauen zum Babysitten. Meine Mutter ist zwei Tage nach meiner Geburt wieder in der Arbeit gewesen. Ich glaube nicht, dass sie mich gestillt hat oder so. Die Tante Gruber blieb bei uns, bis ich zwölf war, danach bekam ich meinen eigenen Schlüssel und war hier dann alleine. Das war für mich schlimm, das Haus ist ja sehr isoliert und auch sehr groß, drei Stockwerke, das war ein komisches Gefühl. Es war auch nicht erlaubt, Freunde mitzubringen, meine Mutter mochte das nicht.

Meine Eltern sind sehr liberal, aber ich glaube nicht sehr menschenfreundlich. Man sollte denken, wenn drei Leute in einem Haus mit drei Stockwerken wohnen, dann müsste es doch möglich sein, dass jeder seinen eigenen Bereich hat und Freunde einladen kann. Das war für mich aber immer unmöglich. Andere Leute hätten sie gestört. Das ging hauptsächlich von meiner Mutter aus. Mein Vater hat immer erzählt, wie ganz anders es in seiner Kindheit war, dass es da immer ein volles Haus gab und viele Freunde, aber er hat sich nach mei-

ner Mutter gerichtet. Manchmal war er anderer Meinung, doch dann sagte sie immer, ›Du wirst mir doch nicht in den Rücken fallen!‹

Manchmal gab es großen Krach zwischen meiner Mutter und mir. Einmal war es wegen einer lächerlichen Latein-Nachhilfestunde. Das war wirklich schlimm für mich. Mein Nachhilfelehrer sollte am Tag vor der Schularbeit am Nachmittag kommen. Er hatte aber keine Zeit und kam erst am Abend. Ich fand das nicht so schlimm, aber als er kam, fing meine Mutter total zu schreien an. Ich fand es nett von ihm, dass er überhaupt kam, wo er den ganzen Tag ohnehin schon unterwegs gewesen war und eigentlich gar keine Zeit hatte. Ich fand das toll von ihm. Meine Mutter aber hat geschrien, dass das eine Frechheit sei und sie ihn hinauswerfen werde. Ich weiß noch, dass sie in der dritten Person geschrien hat. Also nicht: Sie fliegen raus! Sondern: Er fliegt raus! Das war ein ziemliches Theater. Er ist dann gegangen. Ich versuchte, mit ihr darüber zu reden und ihn zu verteidigen. Sie hat mir in blinder Wut eine runtergehauen, aber eine zünftige. Es war nicht die Ohrfeige an sich, aber meine erste Ohrfeige, mit fünfzehn, wegen so einem nichtigen Anlass.

Danach haben wir die Lateinstunden bei der Tante Gruber gemacht. Der Lehrer hat gesagt, dass er nur wegen mir weitermacht. Weil er weiß, dass ich ja nichts dafür kann.

Zu meiner Schulzeit war der Tagesablauf so: Meine Mutter hat noch geschlafen, wenn ich aufgestanden bin, weil sie hat meist bis spät in die Nacht hinein gearbeitet. Ich habe schnell gefrühstückt und ab in die Schule. Am Nachmittag war ich allein, oder ich ging manchmal noch zur Tante Gruber. So gegen zwanzig Uhr waren wir dann zusammen. Wir haben relativ schnell zu Abend gegessen, länger als eine Viertelstunde sicher nicht. Danach haben sie beide weitergearbeitet. Sie sind wirklich beide karrieregeil, absolut. Das ist schon eine Überbetonung. Wenn ich mir vorstelle, dass ich Kinder habe, dann ist das doch das Wichtigste in meinem Leben. Selbst wenn ich einen Beruf habe, irgendwie kann ich dem Kind doch zeigen, dass es für mich die Nummer eins ist. Als ich klein war und immer bei der Tante Gruber, haben die Leute manchmal gesagt, dass sie das komisch finden von meinen Eltern. Ich hab' sie dann immer verteidigt, aber nun denke ich, dass sie im Prinzip Recht hatten. Meine Eltern haben immer gearbeitet, am Sonntag, in den Ferien, immer. Manchmal kam so eine Pseudoaktion wie Spazierengehen dazu, aber es gab kein Zusammenleben, kein Familienleben. Die Esssituation hat mich angekotzt. Immer so schnell und immer nur Wurst. Jetzt hab' ich nicht mehr so viele Probleme mit dem Essen, seit ich allein lebe und mir kaufen kann, was ich mag. Ich bin Vegetarierin. Aber früher ... auch jetzt graust mir manchmal noch vor dem Essen. Ich wollte immer dünn sein, noch lieber dürr. Ich finde es schön, eine Frau zu sein und möchte kein Mann sein. Aber meine Brust fand ich immer schon zu groß und das hat mich angekotzt. Meine Mutter war ein schlechtes weibliches Vorbild. Sie kann ihre Weiblichkeit absolut nicht ausstehen. Nur deswegen habe ich mich immer bemüht, meine Hüften und meinen Busen und so weiter zu lieben. Meine Mutter hat eine voll schlechte Beziehung zu ihrem Körper. In ihrer Jugend war sie sehr dünn, aber jetzt ist sie eher sehr füllig. Natürlich denkt man sich dann als Tochter, so möchte ich nicht aussehen. Was ich an meiner Mutter mag, ist ihre Stärke. Aber ich will nie so aussehen wie sie. Schon der Gedanke ist furchtbar. Jetzt geht es ja, aber es gab Zeiten, da war ich sehr pummelig.

Mit dreizehn, vierzehn kam ich dann einfach nicht mehr heim nach der Schule, sondern hing in der Stadt herum. Dort waren Leute, die etwas zu erzählen haben, die gezeichnet sind. Rückblickend sehe ich, dass ich dort an die sensibleren Leute geraten bin, ich hätte auch Pech haben können, dort gab es auch noch ganz andere.

Ich wollte alles ausprobieren, LSD, Bewusstseinserweiterung. Ich muss aber sagen, dass ich mich mit den Drogen immer auseinander gesetzt und viel darüber gelesen habe. Ich habe mir immer genau ausgesucht, von wem ich sie bekomme, mit wem ich sie nehme, wo ich sie nehme, wann ich sie nehme – das mach' ich noch immer so. Abgekommen bin ich von den Halluzinogenen, weil ich mich danach selber immer so ins Lot bringen muss, das ist zu mühsam. Die Sachen, die ich jetzt nehme, haben immer einen bestimmten Anlass. Ich spare immer Energie und Geld, und dann empfinde ich Vorfreude auf einen ganz bestimmten Anlass, zum Beispiel auf einen Gasometer-Rave. Dann sag' ich mir, okay, ich spare einen Monat darauf, dann kaufe ich mir den besten Rave und nehme ihn mit meinen besten Freunden. Es soll dann schon ein vollkommener Abend sein. Und danach reicht es wieder für eine Weile. Ich finde, dass alle im Leben alle Freiheiten haben sollen. Man sollte niemanden einschränken. Jeder sollte in der Lage sein, sich alles reinzuspritzen, sich umzubringen auch. Auch wenn es ins Negative läuft, man hat nun einmal die Freiheit.

Ich finde es grotesk, dass Selbstmord strafbar sein soll, einfach grotesk.

Was mich bei meinen Eltern gestört hat, war nicht so sehr, dass ich oft alleine war, sondern eher, *wie* sie die Zeit verbracht haben, die sie mit mir verbrachten. Bei meiner Mutter war es noch extremer als bei meinem Vater. Ihre irrationalen Wutausbrüche …

Was ich mir gewünscht hätte, ist ganz leicht zu sagen. Was ich mit meinen Kindern machen will ist, dass ich mit ihnen über alles rede. Mit meinen Töchtern zum Beispiel über Frauensachen. Das habe ich mit meiner Mutter überhaupt nicht gehabt. Sie hat mich nicht aufgeklärt, alles war ihr so peinlich. Unglaublich. Sie hat mich immer für dumm und naiv gehalten.

Sie glauben, dass ich meinen ersten Freund mit sechzehn gehabt habe. Ich bin aber mit zwölfeinhalb so quasi vergewaltigt worden. Es war ein Freund von meinem Cousin. Er war achtzehn. Wir haben ihn öfter besucht, in seiner Wohnung. Wir haben dort gespielt – ›Mensch ärgere dich nicht‹ und so. Und ich war irgendwie in ihn verliebt. Ich wollte ihn gerne einmal küssen. Mein Cousin ist dann einmal früher weggegangen und wir haben uns geküsst und so. An den Rest kann ich mich nicht mehr genau erinnern, ich weiß nicht einmal mehr, wie er ausgesehen hat, das ist wohl so eine Art Verdrängungsmechanismus. Und danach … es war kein Riesentrauma oder so, es war eher ein Aha, das war es also, und das brauch' ich nicht unbedingt noch einmal. Ich hab' es keinem erzählt.

Mit fünfzehn hatte ich dann einen richtigen Freund. Meinem Vater habe ich von ihm erzählt, aber nicht meiner Mutter. Ich hätte ja gerne mit ihr geredet, aber man wusste nie, *wie sie reagieren wird. Das wusste man nie bei ihr. Sie sagte es nie, wenn etwas sie störte. Zuerst kamen so zweideutige Bemerkungen, dann irgendwann der große Ausbruch. Man war nie vorbereitet. Wenn ich ihr etwas erzählt habe, habe ich es oft bereut.«*

Dieses Mädchen, obwohl aus bestem Haus und sogar in der Obhut eines pädagogischen »Experten«, ist genauso vernachlässigt wie die Tochter einer alleinerziehenden Putzfrau. Dass ihr Kind vergewaltigt wurde, dass es mit Heroinsüchtigen verkehrt und in jungem Alter mit Drogen experimentiert hat, wissen die Eltern bis heute nicht.

Die Hauptkritik der Tochter gilt ihrer Mutter. Was hinter der Überreiztheit der Mutter steckt, können wir nicht wissen, wenn wir auch als neutrale Außenstehende kritisch bemerken, dass der Vater, als Jugendsoziologe sicher für die Miterzieherrolle geeignet, die Erziehungsverantwortung trotzdem an seine Frau abgab und sich damit begnügte, der Nettere zu sein.

Nicht alle Lektionen, die Elsa aus dieser Kindheit mitnahm, sind schlecht. Sie erhielt Fürsorge und Zuneigung von Fremden und lernte dadurch, Menschen positiver zu beurteilen und sich mehr von ihnen zu erwarten, als ihre diesbezüglich viel misstrauischeren, introvertierten Eltern. Ihr Umgang mit Drogen hätte, wie sie selbst nicht unrichtig feststellt, weitaus schlimmer ausgehen können; hier sorgte eine natürliche Vorsicht für Mäßigung.

Was diese Mädchengeschichten in der Summe in uns bewirkten, war eine Korrektur des immer noch nachwirkenden Bildes vom Mädchenleben als eine insgesamt behütete, geschützte Phase. Ob mit Zungenpiercing oder im Benetton-Shirt, von der durchschnittlichen Fünfzehnjährigen kann nicht mehr angenommen werden, dass sie sich zu Hause geborgen fühlt, dass sie versorgt und gefördert wird.

3
Verspielte Chancen – rosa Gift in Spielzeugschachteln

Möchten Sie einmal das Schwindel erregende Gefühl der Zeitlosigkeit erleben? Dann gehen Sie in ein Spielwarengeschäft und besorgen Sie sich den Lego-1997-Katalog. Wir übertreiben nicht, wenn wir Ihnen versprechen, dass Sie damit ein Zeitdokument in Händen halten und dass damit auf knappen 60 Seiten eine Weltanschauung vor Ihnen liegt.

Lassen Sie zuerst die Optik auf sich wirken und die Farben zu Ihnen sprechen. Sie beginnen vorne. Die Farben: Primärfarben, gelb, grün, blau, rot. Ansprechende runde Formen, gerade richtig für eine Kinderhand, liebe Dinosaurier, putzige kleine Flugzeuge, ein Bauernhof, ein Zoo, ein Bummelzug und dazu niedliche kleine Mädchen und Jungen, die in harmonischer Eintracht bauen und schieben und spielen. Wir blättern weiter auf Seite 22, doch hoppla, plötzlich sind wir in einer Pastellwelt angelangt. Das sind die neuen Serien »Scala« und »Belville«, und auch ohne den rosaroten Bildhintergrund würden wir erkennen, welche Hälfte der Kinder diese Serie ansprechen soll. Ein fröhliches Mädchengesicht, umringt von einem Herzen, hält verzückt eine Barbie ähnliche, extravagant behaarte Spielfigur in der Hand und lächelt auf die blumenumrankte Seite hinunter. Blumen, Kätzchen, Schmetterlinge, Schleifchen und viele kleine Herzchen laden ein zum Spiel in einer Welt aus Sonnenschein und Tralala.

Derweilen darf ihr Bruder sich mit der immer noch in Primärfarben gehaltenen Serie »Stadt« befassen, deren Name ein wenig irreführend ist. Oder besteht eine Stadt vielleicht ausschließlich aus Benzinstationen, Feuerwehrautos, Baufahrzeugen und gepanzerten Wagen? Wo liegt diese Stadt überhaupt? Denn während die Mädchenwelt von Hündchen, Kätzchen und Pferdchen bevölkert ist, besteht die Fauna der Jungen-Stadt nur aus Krokodilen. Während in der Mädchenwelt hauptsächlich äußerst glamouröse Mütter, Babies und Kinder leben, ist die Jungen-Stadt von Polizisten, Bankräubern und Rennfahrern bewohnt.

Wir blättern weiter mit dem Gefühl, tiefer und tiefer in einen Wald zu gehen, denn es wird dunkler und immer dunkler. Die Farben Schwarz, Rot und Braun gewinnen die Oberhand. Nun geht es um komplizierte Großbahnhöfe, auf denen es nicht einen einzigen Reisenden gibt, dafür aber sehr viele uniformierte, mit Helmen bedeckte Arbeiter. Es geht um Piratenschiffe, Geisterschlösser, Wild-West-Festungen, den Weltraum, die Unterwasserwelt und schließlich die Technik-Reihe. Mit Drähten und Kabeln montierte, komplizierte Gefährte, keines davon dem »zivilen« Lebensbereich angehörend, sondern allesamt schwere Industriegeräte, fordern den im Begleittext angesprochenen jungen »Profi« heraus, den wir auf Seite 58 auch abgebildet sehen. Im weißen Labormantel steht er da, das Gesicht verdeckt durch irgendeine mysteriöse Schutzbrille, deren Zusammenhang zum Bau-Set wir nicht erkennen können und von der wir auch nicht glauben, dass die Zielgruppe der Neun- bis Sechzehnjährigen sie für das häusliche Spiel tatsächlich tragen wird. Er hantiert mit einem Scanner, um den soeben montierten Lastwagen vor und zurück zu bewegen.

Betrachten wir uns das alles noch einmal und in Ruhe. Die Serie Scala ist ganz neu, offenbart uns also die Früchte des pädagogischen Nachdenkens der Firma Lego, das Mädchen von heute betreffend. Scala besteht aus einem Bausatz, doch wir sehen sofort, dass dieser sich erheblich von den anderen Lego-Bausätzen unterscheidet. Während die anderen Serien aus kleinen Bausteinen bestehen, ist das Scala-Haus aus Fertigteilen zusammengesetzt. Ganze Wände, Erker und so weiter sind in einem Stück gegossen und müssen nur installiert werden. Im Prospekt sehen wir, wie die Mutter-Figur ihr Haus zusammenbaut. Sie sieht ganz anders aus als alle anderen Lego- oder Duplo-Figuren und sie ist ein offensichtliches Barbie-Imitat. Sie hat »echte« Haare, die enorm hochtoupiert sind, darin vorne eine gelbe Schleife. Für ihren Tag auf der Baustelle hat sie sich ein trägerloses Top angezogen, dazu einen engen, kurzen Rock. Es gibt auch ein Baby und einige Teenager und wir erfahren im Text, dass sie alle der »Familie Sonnenschein« angehören. Es sind allesamt Töchter. Beim Bauen hat noch ein junger Mann geholfen, ein offensichtliches Ken-Plagiat, aber seine Beziehung zum Rest der Figuren ist nicht klar, jedenfalls scheint es sich nicht um den Vater zu handeln, denn er gratuliert der Mutter mit Geschenken zum Einzug in »dein neues Heim«. Und der Text unter dem abgebildeten »Kinderzimmer« erklärt, dass aus dem Kinderbett auch »ganz leicht« zwei Sofas entstehen können, »damit Mutter mit Max (dem Baby) dort schlafen kann.«

Als zusätzliche Elemente zum Puppenhaus sind folgende Sets erhältlich: ein Schminktisch, ein Schrank für Accessoires, ein Kinderzimmer und ein Waschraum mit einer kleinen Waschmaschine und winzigen Kleidungsstücken, die auf einer kleinen Wäschespinne aufgehängt werden können.

Hier der Werbetext, den wir – wir schwören es – nicht erfunden, sondern von der Seite 24 des Katalogs getreulich abgeschrieben haben:

»So beweglich wie die Bewohner ist fast alles im Puppenhaus. Es geht puppenleicht, die Wände und sogar die Möbel umzubauen. Wenn Mama und die Teenies sich dabei auch noch die Haare verwuscheln, machen sie sich mit ihren kleinen Haarbürsten schnell wieder hübsch.«

Fassen wir zusammen: Mädchen und Frauen interessieren sich in erster Linie für ihr Aussehen, ihre Kleider und ihre Frisur. Dinge, die sie selber zusammenbauen sollen, müssen sehr einfach sein, damit die eitlen, dümmlichen Dinger nicht überfordert werden. Botschaft an das Mädchen: Wir, die Hersteller dieses weltbekannten Produkts, trauen dir nichts zu. Wir sehen dich als rosarotes Zuckerpüppchen. Wenn wir dies mit den Jungen-Serien vergleichen, könnten der Kontrast und die Botschaft nicht stärker sein. Die Jungen werden sachte, aber systematisch zu steigender Kompetenz hingeführt, angefangen von einfachen Steckmodellen bis hin zu Serien, die nur noch in einer halb-englischen technischen Fachsprache beschrieben sind:

»Mit Sound und Bewegungen durch den neuen 9V Power Motor. Der Truck wird mit dem Code–Pilot durch einfaches Abscannen auf der beiliegenden Barcode-Tafel programmiert.«

Bei den technischen Serien mit Jungen-Ambiente ist ein Konzept ersichtlich. Sie werden allmählich schwieriger; das Kind lernt, die Anweisungsbögen zu entziffern, und somit verliert es sukzessive seine Angst im Umgang mit der Technik.

Die Serien für Mädchen wirken demgegenüber wie eine Parodie.

Familie Sonnenschein, sexy aber asexuell, auf Männer hinlebend, aber ohne männliche Gesellschaft, tanzt sich durch einen Fantasietag. Nichts wird hier gelernt, nichts vorbereitet, die Serie führt nirgendwo hin außer vielleicht zur Valium-Flasche, wenn erwachsene Frauen erkennen, dass aus ihrem Leben leider doch keine rosarote Paradies-Welt geworden ist.

Abgesehen von den reinen Bau-Serien, sind auch die restlichen Jungen-Serien weltanschaulich aussagekräftig.

Time Cruiser, eine Sciencefiction-ähnliche Serie. »Das Reisen durch die Zeit ist gefährlicher geworden. Aus den dunklen Winkeln vergessener Zeitzonen kommen grausliche Geister und Skelette in unheimlichen Kisten, die immer zu gemeinen Späßen aufgelegt sind. Schlag sie in die Flucht, damit sie in einer anderen Zeitzone von der Unruhe der ewigen Zeit gefangen genommen werden.«

Zur Serie gehören Totenköpfe, Geister und zahlreiche Waffen.

Piraten. Neben dem Piratenschiff und der Galeone plus den dazugehörigen Besatzungen haben wir: viele Skelette, viele Totenköpfe. Natürlich sind alle Figuren bewaffnet bis an die Zähne.

Burg. Obwohl sich gerade eine Burg fabelhaft für Fantasiespiele auch von Mädchen eignen würde und das Mittelalter eine besonders farbenprächtige Zeit war, die Anregung gibt für viel Zubehör, ist die einzige hier angebotene weibliche Spielfigur eine Hexe. Sonst gibt es nur Ritter, einen Grafen und einen König. Und natürlich: Skelette, Totenköpfe und Waffen. Langsam kristallisiert sich eine bedenkliche Diagnose heraus: Irgendjemand im Planungsstab von Lego scheint an Nekrophilie zu leiden. So viele Skelette und Totenschädel, das ist schon pathologisch.

Western. Wurde der Wilde Westen nur von männlichen Siedlern erobert? Es scheint so. Denn wir haben hier Soldaten, Banditen, einen Indianerhäuptling, einen Medizinmann, einen Sheriff, einen Kundschafter, Adler und Pferde. Ach ja, und als Accessoire des Häuptlings gibt es auch ein Pferd, einen Totempfahl und Squaws.

All diese Spielszenarien könnten für Mädchen interessant sein – wenn sie etwas anders gestaltet wären. Wäre zum Beispiel Time Cruiser eher futuristisch im Sinne der Jetsons, sodass man sich spielerisch damit befasst, wie man in der Zukunft vielleicht lebt, gäbe es einen neutralen Spieleinstieg. Für Skelette und Totenköpfe aus der Zukunft werden Mädchen nicht zu begeistern sein.

Wäre bei den Piraten eher die Schatzsuche im Vordergrund, mit geheimnisvollen Karten, die enträtselt werden müssen, so könnte auch dies ein neutrales Spiel sein. Aber schon die optische Gestaltung zeigt, dass es hier nur um Kampf, um hässliche Piraten und um Skelette und Totenköpfe geht.

Bei der Burg ist nicht viel Nachdenken erforderlich, um zu wissen, wie man sie spielerweiternd gestalten könnte. Ein Zauberbrunnen, Prinzen und Prinzessinnen, ein mittelalterliches Dorf.

Doch bei all diesen Schwerpunkten gewährleisten schon die Farbgestaltung und die Themenvorgabe, dass nur Jungen sie interessant finden werden.

Mit umso größerer Hoffnung schauen wir uns die neue Spielserie »Aquazone« an. Hier geht es um die Unterwasserwelt, um Korallenriffe und Unterwassertiere; es gibt auch eine Forschungsstation, in der man kleine irisierende Kärtchen unter ein »Mikroskop« legen kann, insgesamt also eine viel versprechende Prämisse für das Spielen beider Geschlechter. Doch die Ausführung ist auch hier mädchenabweisend. Keines der Haupt-Bau-Sets und keines der kleineren Ergänzungssets beinhaltet eine weibliche Taucherin, alle sind erkennbar männlich. Man hätte hier der Gestaltungsfreude viel Raum geben können mit verschiedenen Korallenzweigen, die man zu kleinen Riffs baut, und man hätte sogar eine ökologische Note hineinbringen können, doch stattdessen hat man darauf verzichtet und ist in die alten Schablonen zurückgefallen. Die Taucher sind bewaffnet, die Schiffe haben bedrohliche Gesichter, es gibt Tiefseediebe und eine Comic-mäßig eingefügte Spielvorlage, bei der es um Jagd, Verfolgung und Kampf geht: »Pass auf! Oh, verflixt! He, he! Er hat den Kristall! Wir kriegen ihn! Hinterher! Wir nehmen ihn in die Zange!«

Diese Art von Dialog bietet Mädchen bestimmt keinen Spielanreiz, sondern signalisiert ihnen eher, dass es schon wieder um so ein Buben-Verfolgungsspiel geht.

Wissen die lieben Lego-Leute denn überhaupt, was sie da tun? Wir beschlossen, Ihnen einen Brief zu schreiben. Wir ließen ihn von einer Freundin verfassen, die zwei Töchter hat. Sie fragte darin, warum die Unterwasserwelt keine weiblichen Spielfiguren habe, und warum überhaupt das Lego-Angebot so deutlich auf vermeintliche Buben-Interessen ausgerichtet sei.

Prompt eine Woche später lag der Antwort-Brief vor. Es lag ihm sogar ein kleines Päckchen bei mit zwei kleinen weiblichen Lego-Figürchen, einer anderen Spielserie entnommen und nun mit winzigen Taucherbrillchen ausgestattet.

Hier der Brief:

»Sehr geehrte Frau X,

Wir freuen uns, dass Ihre Töchter gerne mit der neuen Unterwasserwelt spielen würden und bedauern sehr, dass der Grund, dies nicht zu tun, die männlichen Taucher sind. Die Lego System Paradisa Spielwelt ist bevölkert mit weiblichen Spielfiguren und diese können sehr leicht in Taucher verwandelt werden.« Das heißt also, ein Mädchen soll sich, wenn sie mit der Unterwasserwelt spielen will, ein völlig anderes Spiel kaufen, zum Beispiel den Paradisa Country Club mit Dachgarten, nur um die weiblichen Spielfiguren zweckentfremden zu können.

»Gerne möchten wir auch zu Ihrem Vorwurf, wir benachteiligten die Mädchen, Stellung nehmen. In fast allen Produktgruppen, in denen Spielfiguren vorkommen, gibt es auch Mädchenfiguren:

Lego System Stadt/Paradisa
Lego System Belville
Lego System Burg [dort haben wir keine gefunden]
Lego System Western [Indianer-Squaw]

Keine weiblichen Figuren sind in den Themen Space und Piraten zu finden, aber dies einzig allein aus dem Grund, dass auch im wirklichen Leben bei diesen Themen kaum Frauen aufscheinen.« [Also, entweder Pirat ist ein Fantasiespiel, oder es ist aus dem wirklichen Leben gegriffen. Worauf tippen Sie? Und was den Weltraum betrifft, so gibt es mittlerweile schon zahlreiche Astronautinnen. Außerdem sollen die Mädchen, die heute mit Lego spielen, im dritten Jahrtausend leben. Sind Weltraum und Zukunft auch dann noch nicht ihre »Realität«? Kümmert es die Fünf- bis Zwölfjährigen, in welch vermoderte alte Realität ihre Elterngeneration sich hineinmanövriert hat, oder gönnen wir ihnen neue Horizonte?]

»Unsere neue Produktgruppe Lego Scala ist ausschließlich auf ein Rollenspiel, das gerade Mädchen im

Alter von fünf bis zwölf Jahren sehr gerne spielen, ausgerichtet. Es ist erwiesen, dass Mädchen nicht gerne sehr lange bauen, dafür aber umso länger mit dem Rollenspiel beschäftigt sind. Und nur diesem Umstand wurde bei dem Produkt Scala Rechnung getragen.

Mit freundlichen Grüßen …«

Bei diesem letzten Argument haben wir es mit einem besonders unsinnigen zu tun. »Rollenspiel« ist es auch, wenn man sich vorstellt, Pirat oder Sheriff zu sein. Beim Rollenspiel geht es um die Inhalte, die unterschiedlichster Art sein können.

Neben den zwei Taucherinnen sind auch eine Menge Informationshefte beigelegt, uns interessiert vor allem das Heftchen »Die Entwicklung einer Spielidee«. Die Broschüre stammt aus dem Jahr 1997 und gibt ernüchternden Einblick in das Weltbild des Spielzeugherstellers.

Wir erfahren darin, dass die Spiele tatsächlich nach Geschlechtszugehörigkeit konzipiert sind. Beim Spielhaus für die zwei- bis fünfjährigen Kinder heißt es, es vermittle »Mädchen (und hoffentlich auch Jungen)« Familienerlebnisse. Indem man die Jungen in Klammern setzt, gibt man zu erkennen, wie wahrscheinlich man dies findet.

Bei einem Bau-Spiel für drei- bis sechsjährige Kinder heißt es: »Werkzeug fasziniert alle Kinder, *besonders Jungen*, Übung macht auch hier den Meister.«

Eine sehr frühe Weichenstellung wird hier vorgenommen und sehr kleine Mädchen werden bereits von

Fertigkeiten ausgeschlossen, die für das Leben in einer modernen, von technischen Geräten durchsetzten Alltagswelt – von beruflichen Chancen ganz zu schweigen – eigentlich unabdingbar sind. Angesichts der Vielfalt von Spielfeldern, die Lego anbietet, wirken die Mädchenspiele wie eine Art harmloser Parkplatz. Dort setzen wir die niedlichen kleinen Dinger ab und sie sollen spielen, während die kreativen Menschen der Lego-Gruppe sich um die Entwicklung und Schulung der anspruchsvolleren Kinderhälfte bemühen. Das ist jedoch nur eine äußerst kurzsichtige Marketing-Strategie. Zudem transportiert sie den Mädchen eine vernichtende Botschaft. In der Vergangenheit, bei den Rittern und Piraten, da hatten Frauen noch nichts zu melden, weswegen wir sie bei den Reisen in die Vergangenheit auch gar nicht mehr bedenken müssen. Und in der Zukunft haben sie auch keinen Platz, weil sie schon mit drei Jahren als unfähig aussortiert werden, technische Zusammenhänge zu begreifen.

Lassen Sie Ihre Tochter nicht für dumm verkaufen. Schreiben auch Sie an Lego, an Ravensburg und an jede andere Firma, die den Verstand ihres weiblichen Nachkömmlings beleidigt. Die Adresse findet sich stets irgendwo auf der Verpackung. Es ist den Firmen keineswegs gleichgültig, was Sie über deren Produkte denken, und Ihre Briefe stellen ein wichtiges Korrektiv dar. »Es ist erwiesen, dass Mädchen x und y nicht gerne machen«, diese Sätze haben kein Fundament. Erwiesen ist lediglich, dass irgendjemand in der Abteilung für Produktentwicklung die Mentalität eines Steinzeitmenschen besitzt. Belehren Sie ihn eines Besseren. Schließlich wollen diese Firmen verkaufen – und zwar an Sie.

Ein paar Adressen für den Anfang:

LEGO Deutschland;
D-24594 Hohenwestedt/Holstein
Telefon: 04871/2 90

LEGO Österreich;
A-1147 Wien
Albert Schweitzer Gasse 11
Fax: 0043-1-9 79 15 62

Vorhandene Spiele lassen sich sehr gut umfunktionieren. Sie müssen nicht wegwerfen, was Sie schon haben. Durch gezielte Umdefinitionen und Ergänzungen können Sie und Ihre Kinder damit so spielen, wie es Ihnen gefällt.

Ein persönliches Beispiel: Mein Fünfjähriger, Max, hat erwartungsgemäß noch kein sehr ausgeprägtes Problembewusstsein in Geschlechterfragen. Aber er ist sehr bekümmert, als er mit mir Aquazone spielen will. Für sich hat er schon einen kleinen Taucher ausgestattet, das Riff ist aufgebaut, das Boot montiert, auch ich soll tauchen, doch nun findet er keine Figur, mit der er mich darstellen kann. Er sucht seine Schachtel durch, doch alle Männchen sind eben Männchen, die durch Schnurrbart, Bart, Uniformjacke, Krawatte und ähnliche Attribute sofort als solche erkennbar sind. Ratlos schaufelt er seine Bestände durch. Erst als unsere Strohfrau auf ihren Lego-Beschwerdebrief Antwort erhält und die zwei kleinen weiblichen Figürchen an mich weiterreicht, ist unser Vorrat entsprechend erweitert. Max freut sich enorm. Obwohl er stets vorgibt, Puppen zu verachten, sind diese Figürchen für ihn offenbar keine Puppen. Mit ihnen befasst er sich gerne, auch wenn ich nicht mitspiele. Er gibt der einen die roten und der anderen die schwarzen Flippers. Wenn sie mit dem Tauchen fertig sind, setzt er ihnen die Haare, die unter der Montur keinen Platz haben und für jeden Tauchgang entfernt werden müssen, wieder auf den Kopf. Außerdem fällt ihm erst jetzt, im Kontrast zu den weiblichen Figuren, störend auf, dass die Männer überhaupt keine Haare haben, sondern nur einen kleinen Lego-Stopsel auf dem Haupte.

Die Spielvorlagen benützen wir nicht, sondern wir erfinden eigene Spiele, und es ist für mich interessant festzustellen, dass Max von sich aus nicht auf Jagen, Untersee-Räuber und dergleichen kommt. Auf Max' Konto gehen vielmehr die Erfahrungen »Party auf der Tauchstation« und – es ist gerade Februar – »Fasching auf der Tauchstation« (die Gäste kommen als Pirat, als Astronaut, als Hexe, wodurch die Spielfiguren der anderen Serien zum Einsatz gelangen). Sehr gerne spielt er Rettungsspiele, bei denen er entweder den Delfin rettet vor Fischern, die ihn irrtümlich für einen Hai halten und töten wollen, oder er selber durch den Delfin gerettet wird, nachdem ihm plötzlich der Sauerstoff ausgegangen ist.

Betrachten Sie die vorhandenen Spiele als Rohmaterial. Verwenden Sie die Teile, die Ihnen gefallen: Sie müssen sich deswegen ja nicht an die Vorgaben halten.

Achten Sie bei Ihren Kindern auf eine möglichst große Bandbreite von Spielverhalten. Durch die Geschlechtertrennung im Spiel fehlen den Buben tendenziell jene Spielvorgaben, die Mädchen verwenden, und umgekehrt. Den Mädchen fehlen Spiele, die Aggression zulassen, die technisches Selbstvertrauen vermitteln und entsprechende Fertigkeiten einüben. Geben Sie einem Mädchen auch die Möglichkeit, etwas Gebautes genussvoll zu zerstören. Die bestehenden Bausätze bieten Dinge an, die für Mädchen eher unattraktiv sind, wie Feuerwehrautos und diverse Baukräne und Lastwagen. Aber auch das kann man, bis die Hersteller endlich zu Verstand kommen, selber umfunktionieren. Alle Kinder, so auch Mädchen, interessieren sich für Exploration, für Umweltschutz, für Tiere und für Abenteuerreisen. Bei Söhnen werden Spiele vernachlässigt, die mit dem Körper, mit Fürsorglichkeit und mit ruhiger Gestaltung zu tun haben. Auch diese sind leicht in bestehendes Spielmaterial zu integrieren.

Kindergärtnerinnen erzählen immer wieder, wie begeistert Buben Spiele aufnehmen, bei denen sie sich verkleiden oder anmalen können. Kochen ist bei ihnen äußerst beliebt und sie interessieren sich sehr für Babies und kleinere Kinder und die Chance, sich ihnen gegenüber »väterlich« zu verhalten. Eine Kindergärtnerin, die früher Friseurin war, erlebte rasante Erfolge mit einem »Friseur-Spiel«. Die Kinder frisierten sich gegenseitig und die Buben wurden dabei sehr ruhig und konzentriert und genossen es.

Handeln ist jetzt angesagt

Leider erst jetzt und nicht schon vor zwanzig Jahren sind wir, überflüssigerweise ausgebildet für die Analyse sozialer Vorgänge, zu einer unwiderlegbaren und recht grundsätzlichen Einsicht gekommen:

Reden bringt nichts. Analysieren, nachdenken und begreifen auch nicht. Es geht alles weiter wie gehabt.

Früher haben wir uns das so vorgestellt: Man erkennt ein Problem oder eine Ungerechtigkeit. Man beschreibt alles genau, um zu beweisen, dass es wirklich so ist. Man erklärt das Zustandekommen. Nun sind alle in der Lage, die Sache zu durchschauen und abzulehnen. Und damit hört sie auf.

Alles stimmte, bis auf den letzten Punkt.

Das Problem war noch lange nicht beseitigt, bloß

weil es für schlecht befunden und als veränderbar identifiziert wurde.

Das war eigentlich nicht anders zu erwarten.

Wenn Sie durch Ihren Garten spazieren und im Blumenbeet Unkraut entdecken, dann reicht es schließlich auch nicht, wenn Sie entsetzt aufschreien und sofort in Ihrem Gartenratgeber nachschlagen, wie diese unerwünschte Pflanze heißt. Danach müssen Sie sich auch noch hinknien und sie ausreißen, am besten mit der Wurzel. Vielleicht brauchen Sie dafür ein Werkzeug. Wahrscheinlich machen Sie sich dabei die Hände schmutzig. Gut möglich, dass das Unkraut nach einigen Wochen wiederkommt, dann müssen Sie sich erneut damit befassen.

In der Geschlechterrollenkritik ließen wir es zu oft beim entsetzten Aufschrei bewenden. Schrecklich! Unkraut in unserem schönen Garten! Gemeinsam standen alle da und schüttelten die Köpfe über das hässliche Zeug. Alle gaben einander Recht: ja, tatsächlich, Unkraut. Weg damit. Indessen wucherten die Disteln munter weiter, unbeirrt von der kopfschüttelnden Missbilligung, die sie umgab.

Für Gärtner reicht es nicht, im Bestimmungsbuch nachzuschlagen, mit welchen Pflanzen und Schädlingen sie es zu tun haben. Sie müssen auch handeln. Diese sehr banale Grundeinsicht haben wir übersehen, aber das soll jetzt anders werden.

Als wir anfingen, den Stand der Dinge im modernen Mädchenleben nachzuprüfen, waren wir zuerst schockiert. So wenig hatte sich verändert! Aber bald kamen wir uns dumm vor. Wie sollte es sich auch verändert haben? Dadurch, dass viele Gleichgesinnte Bücher darüber lasen, sich zu Tagungen zusammenfanden und sich einig waren? In diesem Buch fassen wir uns daher mit den Bestimmungen kurz. Stattdessen wollen wir in jedem Bereich überlegen, was nun praktisch zu tun ist. Ärmel hoch, Spaten raus, auf zu den Regenwürmern.

Weihnachten ist der geeignete Zeitpunkt, um über Spielsachen nachzudenken. Aus allen Tageszeitungen flattern die Werbebeilagen. Was sie anbieten, ist nicht dazu angetan, zu überraschen. Raumschiffe, Autos, Indianer, für wen wohl? Daneben eine Menge rosa Zeugs, Barbie-Puppen und Lego in Pastell mit winzigkleinen Plastikblümchen.

Der Kleinstkinderbereich ist noch neutral. Duplo hält sich an die kräftigen Primärfarben, aber ab drei Jahren polarisiert es sich wie eh und je, wie allemal.

Auf das Spiel, das für uns zum Archetyp für den schiefen pädagogischen Zugang der Hersteller werden soll, stoßen wir ganz zufällig. Es fällt uns auf, weil wir als Kinder auch so etwas Ähnliches hatten. Es ist ein Wissensspiel. Es gilt, Fragen zu beantworten, mittels eines Stiftes mit Metallspitze. Wenn die Antwort stimmt, leuchtet ein Lämpchen auf. Es heißt *Elexikon*, um deutlich zu machen, dass es hier um Wissen, um die Vermittlung lexikalischen Wissens geht. »Für 4-6-Jährige«, steht auf dem Deckel. Doch halt, da sind zwei verschiedene Schachteln. Beide heißen Elexikon. Der Preis ist gleich. Beide sind für Vier- bis Sechsjährige. Aber der eine Deckel ist rosa, der andere dunkelblau. Auf dem einen Deckel sehen wir:

zwei Barbie-Puppen, davon eine im Brautkleid;
ein Pferd;
eine Gitarre;
ein Mädchen an einem Gymnastikgerät;
zwei kleine Mädchen in rosa und violetten Ballerinaröckchen, in Ballerinaposen;
einen Lippenstift.

Auf dem blauen Deckel findet sich:

ein Cowboyhut;
ein Elefant;
ein extrem hässlicher, bulliger Hund;
zwei Autos;
zwei erwachsene Männer, von denen einer den anderen gerade judomäßig auf den Boden wirft;
zwei erwachsene Männer, die Basketball spielen;
ein geöffnetes Taschenmesser.

Wir wenden den Deckel und sehen beim Copyright das Jahr 1996. Muss man für vier- bis sechsjährige Kinder wirklich schon das Lebenswissen differenzieren nach Mädchenwissen und Bubenwissen? Müssen sie sich jetzt schon spezialisieren, gibt es nicht einmal in diesem Alter einen gemeinsamen Fundus an Grundwissen? Sollen vierjährige Jungen wirklich schon mit Taschenmessern spielen? Muss die Welt sich einem vierjährigen Jungen wirklich schon als gröber und hässlicher präsentieren, dem Mädchen sich als niedlicher und harmloser, wie im alten englischen Reim? Sind Mädchen, wie es dort heißt, aus »sugar and spice, and everything nice«, Buben aber aus »mice and snails, and puppy dogs tails«?

Und das ausgerechnet von Ravensburg, bisher in unserem Unterbewussten als ein Synonym für seriöse, hochwertige Spielpädagogik verankert. Wir investieren also siebzig Mark, um uns die Sache genauer anzuschauen.

Jede Schachtel enthält 34 Bildtafeln. Auf der linken Hälfte sind Gegenstände abgebildet, die mit einer rechts erkennbaren Aufgabe zusammenhängen. An den rechten Rand legt man die Schalttafel, auf der man sich dann per Elektrostift an der Auflösung versucht.

Beispiel: Links sind geschenkmäßig verpackte Schachteln zu sehen, in allen möglichen Größen und Formen. Rechts sind Spielsachen abgebildet. Ausgehend von Form und Größe, welches Spielzeug steckt wohl in welcher Schachtel? Dieses Beispiel bezieht sich auf eine der geschlechtsneutralen Karten, die das Spiel enthält, wobei selbst diese mitunter nur auf den ersten, oberflächlichen Blick wirklich neutral sind.

Von 34 Tafeln sind zwölf in beiden Schachteln deckungsgleich. Diese unterteilen sich in neutrale Bilder und in scheinbar neutrale Bilder. Es gibt zum Beispiel Bilder, bei welchen man Tieren die dazugehörigen Tierbabies oder die passende Winterbehausung zuordnen soll, oder Bilder, auf denen Formen und Farben sortiert werden sollen. Diese bezeichnen wir als neutral. Nur scheinbar neutral sind aber die Bilder, auf denen man Marionetten, Zirkusartisten, Kinder in Faschingsbekleidung und Kinder beim Sport sieht. Denn von den Zirkusartisten sind sieben männlich und nur zwei weiblich, von den Marionetten sind sieben männlich und drei weiblich. Diese Proportion stimmt nie mit der tatsächlichen Bevölkerungsstatistik überein. Optisch wird das Männliche zur Mehrheit, das Weibliche zur Minderheit gemacht. Die latente Botschaft ist: Männliche Menschen haben mehr Möglichkeiten. Diese Botschaft wird noch viel vehementer, wenn wir uns die differenzierten Tafeln ansehen.

Die Tafel zum Thema Mädchen und Sport zeigt eine einzige Sportart, nämlich die Gymnastik. Die Tafel zum Thema Buben und Sport zeigt zwölf verschiedene Sportarten. Manche Tafeln haben geradezu bizarre Zuweisungen. Die Bubenschachtel hat eine Tafel, auf der man einen Computer sieht, dessen Zubehör man identifizieren soll: Maus, Mousepad, Laufwerk, Diskette und so weiter. Diese Tafel fehlt im Mädchenkoffer, wo wir stattdessen eine Tafel mit Haushaltsgeräten vorfinden: Bügeleisen, Flaschenöffner, Handmixer, Nähmaschine, Wäschekorb. Ferner können die Mädchen ihr logisches Geschick trainieren in dem Versuch, Frisuren von vorne mit deren Anblick von hinten zusammenzufügen. Ihre Brüder indessen dürfen einen Automotor zusammensetzen und die Teile eines Fahrrades identifizieren. Die kleinen Mädchen sollen auf Kosmetikgegenstände den korrekten Verschluss setzen, also den Deckel auf die Haarspraydose, die Wimpernbürste in die Maskaratube, den Pinsel in das Nagellackfläschchen. Buben unterscheiden derweilen verschiedene Flugzeugtypen, benennen die Utensilien, die man zum Camping braucht, und studieren Dinge, die mit einer nächtlichen Wohnung zu tun haben, also Taschenlampen, Schatten und vieles mehr. Wie sollen wir dies verstehen? Buben sind mutig und haben keine Angst vor der Dunkelheit, den Mädchen wäre dieses Blatt zu gruselig? Nach Meinung der Hersteller zumindest sollen sie inzwischen wohl besser über Keksausstecher sinnieren.

Natürlich sollen auch die Buben wissen, wie man Frauen zuordnet. Elf Menschen müssen auf einer Tafel in das richtige Fahrzeug gesetzt werden. Zwei sind weiblich, neun männlich. Die Männer gehören in Autos, in den Kran, auf den Traktor. Beide Frauen sind einem Fahrrad zugeordnet.

Sobald unser Puls wieder gleichmäßig schlug und wir unserer Stimme wieder mächtig waren, griffen wir unverzüglich zum Telefonhörer und riefen in der deutschen Kleinstadt Ravensburg in Oberschwaben an, wo eine Auskunftsperson uns das Zustandekommen dieses Spiels erläuterte.

Man würde das Spiel in zwei Versionen anbieten, hieß es, weil man nach Buben- und Mädcheninteressen getrennt habe. Damit sei aber noch lange keine Steuerung verbunden. Die Schachteln seien ja auch ganz bewusst nicht rosa und himmelblau, sondern pink und dunkelblau gestaltet worden, dadurch sei es zum Beispiel einem anderweitig interessierten Jungen möglich, zur Schachtel zu greifen, die an sich für das andere Geschlecht bestimmt ist. Grundlage der Bildtafeln sei eine Befragung gewesen, die ergab, dass die Interessen der Geschlechter »sehr weit auseinander klaffen«. Um diese bereits vorhandene Interessenslage der Kinder zu treffen, entschloss man sich zu zwei verschiedenen Köfferchen. Mädchen zum Beispiel hätten mit Fußball überhaupt nichts am Hut. »Es waren ganz simple Erfahrungen, auf die wir zurückgegriffen haben«. In der gesamten Spielwarenbranche gelte es im Übrigen als unpassend, sich »zu stark von gängigen Zuordnungen und Klischees zu entfernen«, und wer das bezweifle, der möge doch eine Spielzeugmesse besuchen. »Ganze Hallen sind dort mit rosa Tüll drapiert und die Mädchen fliegen darauf.« Daher habe eben, meint unsere Gesprächspartnerin abschließend genervt, auch Ravensburger sich hinreißen lassen, »dem kindlichen Schongeprägt-Sein einfach zu folgen.«

Das kindliche Schon-geprägt-Sein. Jubelnde Mädchenscharen vor rosa strahlendem Glitzerkram. Ein angeborenes Interesse an Fahrrädern, Flugzeugen, Computern und Motoren auf der einen, an Wäschekörben, Haargel und dem Herumhüpfen auf Zehenspitzen auf der anderen Seite. War das möglich? Aus rosa werde pink, aus himmelblau werde dunkelblau: Sinnbild für die Quantität an Fortschritt, die in der Geschlechterfrage bislang erzielt worden ist?

Der »Greiftest«, den Ravensburger angeblich zur wissenschaftlichen Grundlage dieses Spiels veranstaltet hatte, machte uns neugierig. Die Kinder selbst waren es also gewesen, die mit feuchten kleinen Kinderpfötchen resolut zur Mädchen- oder zur Jungenbildertafel gegriffen hatten? Das wollten wir sehen. Wir packten die Bildtafeln ein und marschierten in Kindergärten.

Der 10. Bezirk in Wien ist ein durchschnittlicher Wohnbezirk mit breiter sozialer Streuung. Die Gruppe der Vier- bis Sechsjährigen erklärt sich bereit, mit uns ein Spiel anzusehen und Bilder auszusuchen, die ihnen gefallen. Wir sind seelisch gerüstet. Wir sind bereit, die Wahrheit in ihrer vollen finsteren Schlagkraft zu erfahren. Wir sind darauf vorbereitet, Püppchen-wiegende Mädchen und Auto-reparierende Knaben kennen zu lernen. Wir wollen es heute wissen, ein für alle Mal. Wir gehen heute aufs Ganze, keiner soll sagen, wir hätten geschummelt. Von Klischees nicht zu stark abweichen? Na gut. Unsere Testpersonen dürfen wählen zwischen den eindeutigsten unter den Tafeln. Wollen sie lieber die Tafel mit den Fischen oder die Tafel mit den Schminkutensilien? Wenn Ravensburger Recht hat, dann müssten die Jungen auf jeden Fall die neutralen Fische der Kosmetik vorziehen. Aber welch' Überraschung. Unsere Untersuchung nimmt den verheißungsvollen Anfang damit, dass drei kleine männliche Zeigefinger dezidiert auf die Schminkutensilien deuten. Was? Jetzt haben sie sogar uns überrascht. »Was sieht man denn auf diesem Blatt?«, fragen wir unschuldig den kleinen Alexander. »Christbaumkugel«, erklärt er uns und deutet auf die geöffnete Nagellackflasche, die tatsächlich rund und glitzrig ist und für eine solche gehalten werden könnte. »Und das?«, fragen wir, auf das Haarspray deutend. »Zahnpasta«, sagt Manuel. Die anderen nicken, auch die Mädchen. Ja ja, das ist eine Zahnpastatube. Der Maskarastift ist für Thomas ein »Schraubenzieher«. So viel zu den wissenschaftlichen Vorerhebungen der Hersteller; in einem ersten Anlauf wussten die meisten Kinder nicht einmal, was das Zeug auf den (objektiv wirklich auch schlecht und wenig ansprechend gezeichneten) Bildtafeln überhaupt sein sollte. Lediglich ein einziges Mädchen erkannte den Maskarastift als etwas, das mit den Augen zu tun hat und ihr von der Mutti als potenziell verletzend als Spielzeug verboten wurde. Der Puderpinsel, darin sind sich Kinder beiderlei Geschlechts einig, ist ein Malpinsel. Zum Bildermalen. Wie sie in der Malecke ihres Kindergartenzimmers welche haben.

Als nächstes Klischeebild nehmen wir die Tafel mit dem Fußballspiel. Generell ist an dem Bild zu beanstanden, dass nicht spielende Kinder, geschweige denn eventuell sogar mitspielende Mädchen, sondern männliche Erwachsene abgebildet sind. Es würde uns daher auch nicht überraschen, wenn die Mädchen bei diesem Bild »abschalten« würden. Kaum aber halten wir es in die Luft, rufen etliche Mädchen schon laut heraus: »Fußball!« Und etliche fügen sofort spontan hinzu: »Das spiele ich auch!« Die Jungen desgleichen. Das eine Mädchen, das nicht Fußball spielt, gibt den Grund gleich mit an. »Ich bin noch zu klein.« Ein paar gleichaltrige Mädchen distanzieren sich schnell von dieser Aussage. Sie sind nicht zu klein. Tiefergehendes Wissen über das Spiel ist bei Vier- und Fünfjährigen sehr beliebt. Das Tor können alle benennen. Die gelbe Karte, die der Schiedsrichter in der Hand hält, kennt in dieser Gruppe niemand, auch nicht die kleinen Jungen.

Unser nächstes Blatt zeigt den Computer und seine Bestandteile. Zunächst sind die Kinder ratlos. Wie auch schon bei einigen anderen Blättern begreifen wir, dass es für Vier- und Fünfjährige nicht leicht ist, mehrere Gegenstände sofort in ihrem Zusammenhang zu sehen.

Erst als wir auf die Gegenstände einzeln deuten, können sie erkennen, dass es um einen ganzen Sachbereich geht und um welchen. Zwischen Mädchen und Jungen tun sich dann keine Unterschiede auf. Manche sind für ihr Alter umwerfend kompetent, kennen CD-Rom und Keyboard und Maus und Laufwerk und Joystick und Disketten und dürfen zu Hause den Computer auch selber benützen. Andere erkennen nichts davon. Andere wissen, dass es ein Computer ist und dass ihre Eltern auch so einen haben. Interessiert daran sind sie in gleichem Maße.

Wir wiederholen unseren Konsumententest noch in drei anderen Kindergärten in insgesamt zwölf Kindergruppen, mit einem absolut deutlichen Non-Ergebnis. Für die Vierjährigen ist alles offen. Das sportliche Interesse ist bei allen Kindern sehr groß und noch sehr vielfältig. Die Bereitschaft von Buben, sich sogar öffentlich, also in Gegenwart anderer Kinder zu einem Interesse an Teddybären, Frisuren und sogar Puppen zu bekennen, war größer, als wir gedacht hätten. Kein Junge sprach den Mädchen die Fähigkeit ab, Fußball zu spielen. Auf die Idee, Flugzeuge oder Autos geschlechtsspezifisch zuzuordnen, kamen die Kinder überhaupt nicht. Nur ein einziger Verhaltensbereich wurde von den Kindern geschlechtsspezifisch zugewiesen, und zwar mehrfach. Angesichts eines mittelalterlichen Ritters und von Judo-kämpfenden Männern meinten die Kinder, Kämpfen sei etwas für Buben. »Mädchen sind keine

Ritter. Buben sind Ritter.« »Buben kämpfen und Mädchen nicht.« »Karate und Boxen ist für Buben, weil Buben gern kämpfen.«

Anlässlich unserer Besuche sprachen wir auch mit den anwesenden Kindergärtnerinnen, die Kindern bis fünf Jahren eine sehr große Offenheit attestierten. Die Jungen in ihren Gruppen, erzählten sie, interessierten sich ausgesprochen stark für Kochen, mehr als die Mädchen, vielleicht weil sie es zu Hause nicht dürften. Sehr gerne würden sich alle Kinder gegenseitig frisieren und das Schminken, Anmalen und Verkleiden begeistere sie alle. Dabei würden die Jungen auffallend ruhig und ausgeglichen, vielleicht durch die Beschäftigung mit sich selber und mit der Fantasie, im Gegensatz zu ihrer sonst auf Hochtouren gehaltenen Motorik.

Das Spiel Elexikon wird somit keinem Kind gerecht. Statt zu informieren, versucht es zu prägen. Was die Mädchen anbelangt, so lanciert es auf zwei Ebenen einen *Angriff auf deren Selbstbewusstsein*. Erstens werden sie auf platteste Weise einer Klischeewelt zugewiesen: Frauen gehören zu den Haushaltsgeräten und der Kosmetik, haben dafür mit Autos, Flugzeugen und dem Computer nichts zu tun. Das ist schon schlimm genug, ist aber dingfest zu machen und somit auch leichter korrigierbar. Die zweite Ebene ist fast noch schlimmer, sie betrifft die bösartige Beschneidung von Möglichkeiten. Dem Männlichen wird ein weiter Horizont zugebilligt, dem Weiblichen ein viel engerer, und zwar generell und überall. Im Marionettenspiel kann das Männliche sieben verschiedene Rollen spielen, das Weibliche nur drei. Im Zirkus gibt es sieben Rollen für Männer, die einzigen zwei Frauen sind Artistinnen in engen Trikots. Bei der Faschingsbekleidung sind männliche Rollen nicht nur zahlenmäßig stärker vertreten, sie sind auch allesamt aktiv: Der Pirat ist abgebildet mit gezücktem Schwert, der Zauberer schwenkt seinen Zauberstab, der Clown seinen Hut und einen Federwedel, der Indianer steht in Kampfpose und hat einen Speer, der Astronaut winkt vom neuen Planeten herunter, der Cowboy schreitet. Die fünf Mädchen stehen alle bloß da, zwei von ihnen sogar mit verschränkten Armen. Die Chinesin, die Prinzessin, das Mädchen, als Blume verkleidet, die alte Frau und das nicht einzuordnende Mädchen im Nachthemd sind allesamt völlig statisch, schon die abgebildete Körpersprache macht aus ihnen untätige Püppchen, aus den Buben aber forsche Handelnde.

Dann das Blatt mit den Fahrzeugen. Laut diesem Blatt können Männer Traktoren fahren und Limousinen, Abschleppwagen und Rennautos, Motorräder und Taxis, Ambulanzen und Feuerwehrautos. Die drei weiblichen Personen sind eine junge Frau mit Fahrradhelm, ein kleines Mädchen und eine Großmutter. Ihnen gehören die drei Fahrräder – das Dreirad, das sportliche Fahrrad und das altmodische Rad mit dem Einkaufskorb.

Auch die Sportlichkeit wird sehr ungleich verteilt. Die Buben bekommen folgende Sportblätter: Fußball, junge Leute und Sport (zwölf Sportarten abgebildet) und Männer und Sport (zwölf Sportarten). Bei den Mädchen gab es ein einziges Blatt, auf dem Mädchen an Gymnastikgeräten zu sehen sind; es sei denn, wir rechnen Ballett als Sportart dazu, dann gibt es zwei Blätter.

Wir legten unseren kleinen Testpersonen das Blatt mit den jungen Sportlern vor. Wir fragten sie, welche der Sportarten sie kennen und welche sie selber gerne einmal ausprobieren würden. Das Blatt erweckte bei den Mädchen ebenso wie bei den Buben, für die es ja alleine vorgesehen ist, reges Interesse. Die Mädchen wählten Wandern, Eis laufen, Skifahren, Schwimmen, Kegeln und Tauchen. Sie wollten Tennis spielen und Bogen schießen.

Ein Mädchen sah sich das Blatt lange an, überlegte sichtlich konzentriert hin und her, und mochte sich dann nicht entscheiden. »Ich mag alles auf der Welt«, sagte sie.

Genau das will Ravensburg ihr aber anscheinend nicht zubilligen. Spiele, die unseren Mädchen die Welt kleiner machen, sollten heutzutage nicht mehr möglich sein.

An geschlechtsspezifischen Spielsachen wird mittlerweile seit Jahrzehnten fachkundige Kritik geübt. Kritische Aufsätze und Analysen interessieren die Spielzeughersteller offensichtlich aber nicht die Bohne. Sie interessiert der Umsatz. Es ergibt sich ein Teufelskreis: Gekauft wird, was es im Handel gibt, und da es gekauft wird, schließen die Erzeuger auf Zufriedenheit und stellen es weiter her.

Welche Absicht aber steht hinter der geradezu karikaturhaften Zweiteilung der Spielzeugwelt? Wenn Sie einen Sohn und eine Tochter haben, kaufen Sie vielleicht zweimal das Elexikon und verdoppeln damit den Umsatz, aber bei anderen Spielen würde der Marktverstand ein anderes Vorgehen gebieten. Zwischen den beiden Erklärungsmöglichkeiten, Ideologie oder Einfallslosigkeit, tippen wir daher auf zweitere. Die Firma Lego könnte ihren Umsatz erheblich steigern, wenn sie etwas mehr Kreativität in der Wahl ihrer Sujets zeigen würde. Piratenschiffe, auf denen rein männliche Kampfbesatzungen einander gefangen nehmen und in kleine Käfige sperren, sind für Mädchen nicht attraktiv und für viele Jungen auch nicht. Ein geschlechtsneutrales Abenteuerspiel fände eine weit größere Zielgruppe. Gehen Sie in ein Spielwarengeschäft, stellen sie sich vor das Lego-Regal, und lassen Sie das Angebot auf sich wirken. Als Erstes wird Ihnen auffallen, dass fast alles schwarz ist. Als Nächstes werden Sie die Allgegenwart von Waffen bemerken. Schließlich können Sie noch beobachten, wie eine anfangs noch bunte, freundliche Duplo-Welt sukzessive schrecklicher und finsterer wird. Die Sieben- bis Zwölfjährigen – wobei Text und Gestaltung ganz deutlich machen, dass Jungen angesprochen sind – leben nur noch in Kampf, Raub und Grusel.

Lego bietet Spiele, die Abenteuerzusammenhänge anbieten, kombiniert mit der Möglichkeit, die Spiele durch individuelle Gestaltung der Elemente aktiv mitzuformen. Aus der enormen Fülle möglicher Abenteuer werden solche ausgesucht, die für Mädchen eher nicht interessant sind, oder sie werden so präsentiert, dass ihre Optik und ihre Darstellung Mädchen abschreckt. Das ist kein Zufall. Die Spielfiguren sind männlich, mit Ausnahme der Serie Belville und Paradisa, wo die Steinchen rosa sind und es darum geht, Barbie-ähnliche Oberschichtszenarien (ein Butler serviert Sekt) nachzubauen. Innerhalb der 1997 neu produzierten Serie Belville gibt es Möglichkeiten zu geschlechtsneutralem Spiel, die aber sofort wieder zurückgenommen werden dadurch, dass die Steinchen dafür rosa sind. Die Belville-Kinderklinik, das Belville-Sommercamp und der Hundetraum wären an sich ideale Möglichkeiten für geschlechtsübergreifendes gemeinsames Spielen. Das penetrante Rosa und die übertrieben süßliche Präsentation auf den Schachteln und in den Prospekten schreien: Mädchen, Mädchen, Mädchen!

Wenngleich Camping und Krankenhaus als Spielvorlage schon besser sind als Bügelbretter und Waschmaschinen, so stellen sie gemessen am Gesamtangebot immer noch eine enorme Eingrenzung dar. Warum sollen nicht auch das Mittelalter, die Unterseewelt und die intergalaktische Zukunft für Mädchen bespielbar sein? Sie sind es allerdings nicht, wenn es primär um Gruseliges geht und die Spielfiguren nur männliche Akteure darstellen: nur Ritter, nur Piraten, nur Weltraumkrieger.

Bei dem nächsten Spiel **Girls Party** (ab acht Jahre, zwei oder mehrere Spielerinnen) handelt es sich, wie die Spielwarenhändlerin uns versichert, um das brandneue Spiel für Teenager. Beeindruckt studieren wir den erklärenden Text auf der Rückseite der Schachtel und erfahren, worum es geht:

»Nina beschert dir eine fantastische Frisur… ihr teilt eure tiefsten Geheimnisse miteinander… ihr redet über die Boys, die ihr am meisten mögt – GIRLS PARTY ist das coole Spiel für echte Freundinnen.«

Im Wesentlichen, so wird erläutert, besteht das Spiel aus Mutproben und aus dem Spaß an der Gemeinsamkeit in einer Mädchenclique. Wer die Mutprobe verweigert, bekommt zur Strafe einen roten Punkt ins Gesicht geklebt, die besonders Ängstlichen also sehen gegen Spielende aus, als hätten sie Masern. Wer sich der Aufgabe hingegen stellt, sammelt Pluspunkte, und wer als erster 25 Punkte ergattert hat, hat gewonnen. Der Lohn für die Siegerin? Im Lauf des Spiels verteilen die

Mädchen Karten aneinander, aus denen ersichtlich ist, was sie voneinander halten. Aber nur die Gewinnerin darf am Schluss auch ihre Karten lesen.

»Nur die Gewinnerin erfährt, was ihre Freundinnen von ihr halten – dass sie eine wirklich gute Freundin ist, tolle Haare hat oder unheimlich clever ist. Willst du nicht auch erfahren, wie deine Freundinnen dich sehen?«

Gespannt auf die Mutproben erstehen wir sofort das aufregende Spiel und tragen es zwecks sorgfältigem Studium heim. Wir packen es aus, es besteht aus einem Brett, auf dem man wie üblich durch Würfeln vorankommt. Das Feld, auf dem man landet, gibt die Aufgabe vor. Nachdem wir die Aufgaben betrachtet haben, sehen wir gleich, dass sie in drei grobe Kategorien fallen. Da gibt es zuerst die neutralen Mutproben. Man muss ein Gedicht aufsagen, Singen, Tanzen, Gesichter schneiden oder Ähnliches. Die zweite Kategorie kommt uns schon weniger unverfänglich vor, hier handelt es sich um Psycho-Fragen, die zum Teil schon sehr persönlich sind. »Was ist deine schlimmste Kindheitserinnerung?« »Beschreibe im Detail die schlimmste Zeit, die du jemals erlebt hast.« »Hast du jemals etwas getan, was du wirklich bedauerst? Was?« »Was war die größte Lüge, die du deinen Eltern jemals erzählt hast?« »Bitte jede Mitspielerin, dir zu sagen, was sie an dir ärgert.«

Möglich, dass dies alles lustig abgehandelt wird. Aber es stellt sich doch die Frage, wozu das gut sein soll und wie verantwortlich junge Mädchen »ab 8 Jahren« mit solchen Aufforderungen umgehen werden. Deine schlimmste Kindheitserinnerung, im Rahmen eines Party-Spiels? Die Erfahrung, in geballter Form zu hören, was Freundinnen an dir nicht mögen? Das Spiel gibt die Möglichkeit, solche intimen, emotionalen Fragen entweder ganz seicht abzuhandeln und sie damit billig zu machen, oder sie ganz ehrlich anzugehen und dann mit allen Folgen und Gefühlen dazustehen. »Gibt es in deiner Klasse eine wirklich unausstehliche Person? Wen?« Wird diese »Person« nicht bald erfahren, dass sie als solche erwählt wurde? Lohnt sich das, nur um einen roten Papierpunkt im Gesicht zu vermeiden? »Was ist dein geheimstes Geheimnis? Na los, uns kannst du es erzählen!« Alle Gruppendynamiker wissen, wie schnell solche Situationen ohne entsprechend geschulte Steuerung entgleisen können.

Die dritte Kategorie von Aufgabenstellungen bezieht sich auf das andere Geschlecht. »Bist du jemals richtig geküsst worden? Wenn ja, beschreibe es.« »Warst du jemals in den Bruder einer Freundin verliebt? In wen?« »Was ist das Peinlichste, das dir jemals in Anwesenheit eines Jungen passiert ist, den du magst?« »Ruf einen Jungen an und sag ihm etwas Grobes.« »Bist du jemals von einem Jungen geküsst worden? Von wem?« (Auch heute küssen Mädchen nicht, sie werden geküsst.) »War jemals ein wirklich doofer Typ in dich verliebt? Was hast du getan?«

Abgesehen davon, dass ein erheblicher Teil der Fragen für achtjährige Mädchen etwas verfrüht erscheint und abgesehen davon, dass man das Spiel anders als andere Brettspiele nicht sehr oft spielen kann, außer natürlich mit einer immer anderen Mitspielerinnengruppe, fällt in erster Linie die jämmerlich eingegrenzte Vorstellung von Sujets auf, an denen Mädchen ihren Mut erproben sollen. Ein seelischer Striptease bedeutet Mut, ebenso eine Annäherung an die Welt von Buben und Sex, und das war's dann.

Doch dieses Spiel gehört zu den anspruchsvolleren, verglichen mit einem anderen Renner der Saison, dem **Electronic Traum Telefon.**

Es ist für ein bis vier Spieler ab neun Jahren, und es ist teures Vergnügen, 120 Mark beziehungsweise 980 Schilling müssen dafür hingeblättert werden. Auf dem Deckel sehen wir zwei Mädchen, die mit begeistertem Gesichtsausdruck gemeinsam an einem pinkfarbenen Telefonhörer lauschen. Im Bildhintergrund schweben junge Männer, Herzen und Telefonnummern.

Das Spielbrett ist diesmal sechseckig. Jede Seite zeigt vier junge Männer, nach ihrem Aussehen zu schließen dürften sie sechzehn oder siebzehn Jahre alt sein. Jede Seite repräsentiert ferner einen Lieblings-Aufenthaltsort dieser recht gestriegelten Yuppie-Typen. Da gibt es: das Fitnesscenter, den Promi-Treff, die Snack-Bar, das Kultfilm-Kino, den Freizeitpark und den Badestrand. Das sind die Lokalitäten, an denen unsere jungen Schickimicki-Herren sich aufhalten. Auf den Abbildungen sehen wir, wie sie sich dort jeweils zu viert vergnügen. Sie tummeln sich am Strand, sitzen lässig herum und unterhalten sich, wahrscheinlich über ihren Junior-Investmentfonds. Mädchen sind keine dabei. Die Jungen sind sozusagen in ihren Revieren und man kann sich an sie heranpirschen.

Der Spielverlauf ist nun so, dass jede Spielerin einen Zettel bekommt, auf dem die Namen aller vierundzwanzig Burschen stehen. Einer dieser Burschen hat an ihr Gefallen gefunden? Sie muss nur herausfinden, welcher von ihnen ihr heimlicher Verehrer ist. Das tut sie, indem sie Hinweise über ihn sammelt. Was ist sein Lieblingssport? Was isst er am liebsten? Welche Bekleidung bevorzugt er? Tipps gibt das Traum-Telefon, indem es ihr zuflüstert, dass er »am liebsten Jeans trägt« und »nie Volleyball spielt«. Indem sie diese Tipps akribisch sammelt, die vorliegenden Jungen ganz genau studiert und intensiv über sie nachdenkt, kann sie immer mehr Burschen eliminieren, weil auf dem Bild zum Beispiel ersichtlich ist, dass »Jens« eben doch Volleyball spielt. »Viel Glück bei der Jagd«, wünscht die Spielanleitung, doch es ist eher ein konzentriertes Studium, was von den Spielerinnen verlangt wird. »Du brauchst einen Stift, um dir Notizen zu machen«, gemahnt die Anleitung. Ziel des Spieles: als Erste seinen »geheimen Bewunderer« korrekt zu identifizieren.

Wer meint, genügend Hinweise gesammelt und den Kandidaten gefunden zu haben, darf dessen Telefonnummer wählen und mit Herzklopfen das Ergebnis erwarten:

»Nun rätst du. Sagt er: ›Du liegst richtig! Ich mag Dich!‹, hast du das Spiel gewonnen. Du darfst sogar die Wiederholungstaste drücken, um ihn noch einmal anzuhören!«

Aufregend! Man darf noch einmal vom imaginären Pappendeckel-Helden hören, dass er einen mag! Vielleicht lädt er einen dann ein, ins Kultfilm-Kino oder gar in den Promi-Treff!

Was sagt uns dieses Spiel? Beachten wir zunächst einige Details. Hier werden Mädchen ab neun Jahren animiert, ihr Glück darin zu sehen, auserkoren zu werden. Ihre Rolle ist passiv; nicht sie verlieben sich in einen Burschen und überlegen, wie sie mit ihm in Kontakt kommen, sondern die Initiative liegt bei ihm. Wollen sie den überhaupt? Gefällt er ihnen? Für solche Überlegungen ist kein Platz. Die jungen Männer sind ja auch allesamt begehrenswert, denn an ihrem Aussehen und ihren Ökosystemen erkennen wir, dass sie aus wohlhabenden Familien kommen, es ist also sozusagen egal, welchen man ergattert – wichtig ist vielmehr, dass man schneller ist als die Freundinnen, dass man die Erste ist, die einen Partner findet.

Wie könnte ein vergleichbares Spiel für Burschen aussehen? Ist eine Analogie überhaupt vorstellbar? Würde irgendeine Spielzeugfirma auf die Idee kommen, dass Buben sich zusammenfinden, um ausführlich über die Vorlieben und Stilrichtungen von Mädchen nachzudenken, um zu entdecken, welcher sie gefallen?

In diesem Zusammenhang ist noch die Sprachregelung erwähnenswert, die in den Spielanleitungen verwendet wird. Obwohl dieses Spiel nur für Mädchen (eventuell noch für schwule Jungs) interessant ist, spricht die Anleitung nur von »dem Spieler«, nie von »der Spielerin«. »Jeder darf die Fotokarten der Mitspieler einsehen«, heißt es.

Aber zurück zur Frage der Handlungsvorgaben. Die aktive Rolle bleibt in diesem Spiel den (gar nicht mitspielenden, nur auf Papier vorhandenen) Burschen reserviert. Sie sind es, die ein Mädchen auserwählen. Die Aktivität des Mädchens besteht darin, eine Situation herzustellen, in der ihr Bewunderer ihr seine Gefühle offenbaren kann. Warum ist das notwendig? Sind diese forschen Burschen, lässig an all diesen schicken Orten unterwegs, etwas schüchtern? Oder haben sie anderes im Kopf und das Mädchen muss erst die Gelegenheit für ein Gespräch schaffen? Egal: Die Aktivität des Mädchens beschränkt sich darauf, als Zubringerin für den Burschen zu dienen. Das Wort bleibt bei ihm.

Die Adressen des Spiele-Vertriebs in Deutschland und in Österreich:

MB Spiele
1995 Hasbro International
Overweg 29
D-59494 Soest;

Davidgasse 92-94
A-1100 Wien;

4
Was Ihnen Ihre Tochter nicht erzählt

Eltern seien gewarnt; was Sie in diesem Kapitel erfahren werden, wird Sie nicht erfreuen. Es wird Ihnen einen Einblick in den Schulalltag Ihrer Kinder geben, den Sie vielleicht lieber nicht gehabt hätten. Bei einigen Textstellen haben wir überlegt, ob wir sie wirklich wörtlich wiedergeben sollen. Doch dann entschieden wir: Wenn Sie sich vielleicht von dem einen oder anderen Beispiel unangenehm berührt fühlen, überlegen Sie, wie es Ihnen damit als zehnjähriges Mädchen erst gehen würde.

Dabei sind Mädchen nicht zimperlich. Das können sie sich auch gar nicht leisten, denn in ihrem Alltagsleben müssen sie generell einiges einstecken. Wir sprachen mit Mädchen, die jeden Tag eine Stunde später als nötig von der Schule heimfahren, weil sie schon wissen, dass der Busfahrer des 16.15-Uhr-Busses anzügliche Bemerkungen machen wird, sobald die anderen Passagiere ausgestiegen sind und sie mit ihm die letzten vier Haltestellen bis zur entlegenen Endstation alleine sind. »Er fragt dann, ob ich einen Freund habe und wie ich es mit dem treibe und ob ich stöhne dabei und solches Zeugs. Er fährt dabei auch ziemlich verrückt. Einmal stieg eine ältere Frau zu, da ist der so schnell losgebraust, dass sie quer über den Gang geflogen ist. Die

Endstation ist oft sehr verlassen und er macht so komische Andeutungen, ich hatte einmal Angst, dass er mir nachgeht.« Diese sechzehnjährige Schülerin beschloss schließlich, sich bei der Busfirma über den Fahrer zu beschweren. Dort wurde ihr gesagt, man werde »der Sache nachgehen«, doch bei einer Testfahrt zwei Wochen später war er unverändert im Einsatz. So muss Sabine sich damit abfinden, nach der Schule noch eine Stunde herumzusitzen und den nächsten, zurückhaltenderen Fahrer abzuwarten.

»Eklige« Bemerkungen »älterer« Männer – die sich bei Nachfragen als Erwachsene um die vierzig herausstellen – nehmen jungen Schülerinnen, wie sie uns in einem Fragebogen erzählten, die Freude an der modischen Bekleidung. Ist der Rock kurz, darf man sich auf jegliche Art von Kommentar gefasst machen.

Das alles ist schlimm genug. Dass aber sogar die Schule ein Ort diesbezüglicher Übergriffe ist, stimmt besonders nachdenklich. Wenn es in der Schule, diesem hochoffiziellen, strukturierten, von Regeln und Vorschriften gesteuerten Ort keine Sicherheit gibt, wenn Mädchen sich auch dort nicht unbelästigt bewegen können, ist die Lektion fürs Leben verhängnisvoll. Für die Mädchen sowieso. Aber auch für die betreffenden Knaben, die zwar eine Minderheit der männlichen Schulbevölkerung darstellen, die aber mit allgemeiner Toleranz und konzentriertem Wegschauen rechnen dürfen und zu erwachsenen Männern heranwachsen, ohne jemals gelernt zu haben, wie man sich Frauen gegenüber benimmt und wie nicht. Und auch für die übrigen Jungen, die teils selber den Angriffen dieser Mitschüler ausgesetzt sind, in jedem Fall aber miterleben, dass Übergriffe gegen Mädchen de facto statthaft sind.

Die von Mädchen beanstandeten Erlebnisse beginnen mit verbalen Übergriffen und Beleidigungen und reichen bis zum tätlichen Angriff.

In vielen Schulen herrscht ein atemberaubender Umgangston. Es ist absolut nicht ungewöhnlich, dass Jungen ihre Mitschülerinnen im Streit als Huren, Nutten und dergleichen bezeichnen.* Pin-up-Girls zieren mitunter nicht nur die Bankfächer, sondern auch die Wände der Klassenzimmer, wo sie von männlichen Schülern angebracht und von unsicheren oder möchtegernliberalen Lehrern toleriert werden. Die Besitztümer von Mädchen werden mit ordinären Zeichnungen und Sprüchen ruiniert. Mädchen werden angefasst, mit Getränken und Joghurt angeschüttet oder angespuckt, was auch durch eine freudianische Deutung um nichts angenehmer wird. Sie werden in das Bubenklo gedrängt oder ins Mädchenklo hineinverfolgt; in man-

---

* Gerda Sengstbratl: »Schleich dich, du hurige Schlampe. Verbale Gewalt von Buben gegen Mädchen – ein Bericht aus der schulischen Praxis«, in: *Sprache und Sexualität* hrsg. von Eva M. v. Rastner; Wien, 1996

chen Schulen gilt das schon als ein so unumstößlicher Bestandteil jungmännlichen Benehmens, dass man gar nicht mehr versucht, es zu verändern, sondern die Mädchen routinemäßig fünf Minuten früher aus dem Unterricht entlässt, damit sie unbehelligt auf die Toiletten gehen können.

Die Pausensituation in etlichen Schulen gleicht eher einem Besuch im Schimpansenkäfig, zumindest in Hinblick auf ein affenartiges pantomimisches Ausleben irgendwelcher geschlechtlicher Urimpulse seitens mancher männlicher Schüler. Diese Jungen stellen sich vor den Mädchen auf und täuschen Selbstbefriedigungsvorgänge vor, wofür sie mitunter Kleidungsstücke der Mädchen herannehmen, sie ziehen sich vor ihnen aus oder bedrängen sie. Sie halten sie zu mehreren fest, legen sich auf sie drauf und ziehen ihnen Kleidungsstücke aus. Das sind Grenzüberschreitungen, die in anderen sozialen Situationen wie zum Beispiel am Arbeitsplatz keine Sekunde lang toleriert würden und die zum Teil bereits strafrechtlich verfolgt werden müssten.

Dazu kommen psychische Übergriffe. Jungen kommentieren lautstark die Figur der Mädchen, machen beleidigende Witze über den weiblichen Körper und dessen Vorgänge wie zum Beispiel die Menstruation. Der Gesamteffekt solcher Erlebnisse ist, dass die Mädchen aus dem Gleichgewicht gebracht werden. Die Verkoppelung von männlicher Aufmerksamkeit mit Aggression und Ablehnung verwirrt sie. Sie können sich weder wohl noch sicher fühlen. Außerdem erleben sie, dass sie keine Handhabe gegen Übergriffe auf ihre Person besitzen, dass man ihnen nicht glauben oder sie nicht ernst nehmen wird, dass man eher mit ihren Angreifern sympathisiert. Sie lernen somit, Beeinträchtigungen zu erdulden. Mitunter wird ihnen sogar nahe gelegt, darin masochistisch eine ganz normale, eigentlich doch schmeichelhafte Interessensbekundung seitens des anderen Geschlechts zu sehen und es positiv zu nehmen.

In sehr vielen Schulen wissen LehrerInnen, DirektorInnen und der Schulwart, wie es den Mädchen geht. Dieses Wissen wird aber nicht offiziell.

- Man fürchtet einen Skandal und hat Angst um den guten Ruf der Schule, wenn diese Vorkommnisse publik werden.
- Man fürchtet den Zorn der Eltern, wenn sie erfahren, dass ihre Töchter in der Schule nicht besser geschützt sind.
- Man weiß nicht, was man dagegen unternehmen könnte, und fühlt sich hilflos.
- Einzelne Lehr- oder Verwaltungspersonen sympathisieren mit den Übergriffen.

Wir hatten keine Ahnung, dass solche Übergriffe in irgendeinem nennenswerten Umfang vorkommen. Wir kamen eher zufällig darauf, wie häufig diese stattfinden und wie unangenehm das Schulklima für viele Mädchen (und auch für viele Jungen, die sich nicht daran beteiligen und keinen Spaß daran finden, oder die selber zu Zielscheiben werden) dadurch wird.

Körperliche, insbesondere sexuell gefärbte Übergriffe auf Mädchen in der Schule wurden uns sehr oft im Laufe unserer Gespräche mit Lehrpersonen als ein gerade aktueller »unangenehmer Vorfall« genannt. Erst mit der Zeit, als sich die Hinweise häuften, wurde uns das Problem richtig bewusst. Wie wir entdeckten, gibt es auch Schulen, in denen das Problem offiziell aufgegriffen wird, doch diese Beispiele sind rar.

Vielleicht wird es für Sie ebenso ernüchternd sein zu hören, wie es in den Schulen diesbezüglich zugeht. Nicht in allen Schulen, nicht in allen Klassen, aber doch mit sehr großer Verbreitung wird jungen Mädchen dort eine Behandlung zugemutet, die für ihre Entwicklung sehr schlecht ist und mit der offiziellen Selbstpräsentation der Institution Schule absolut nicht vereinbar ist. Wir waren zwei Jahre lang in diversesten Schulen in Österreich und Deutschland unterwegs, eigentlich in anderen Angelegenheiten, weil wir dort Fragebögen austeilten, LehrerInnen interviewten oder den Unterricht beobachteten. Dabei stießen wir auf das weitgehend geheim gehaltene Problem, dass von einigen Jungen in der Schule gegenüber Mädchen ein aggressives, beleidigendes Verhalten an den Tag gelegt wird, das sich unter Umständen, und zwar gar nicht so selten, auch in Handgreiflichkeiten und sexuellen Übergriffen äußerst.

Später fanden wir unsere Beobachtungen in der Literatur, in anderen Studien und in Erfahrungsberichten von Lehrerinnen auf Fachtagungen bestätigt. Was Wildt und Neundorf aufgrund eigener Unterrichtserfahrungen und einer Befragung von KollegInnen beschreiben, hörten auch wir in Variationen immer wieder:

»Eine vierzehnjährige Schülerin kommt weinend in die Klasse, setzt sich auf ihren Platz, legt den Kopf in die verschränkten Arme und zittert. Später berichtet sie, fünf Jungen aus einer anderen Klasse hätten ihr auf dem Kopf herumgetrommelt. Sie kennt die Jungen nur vom Sehen. Einen Streit hat es vorher nicht gegeben. Auf die Frage, warum die Jungen sie denn geschlagen hätten, antwortet sie schlicht: ›Weil es ihnen Spaß macht.‹

Ein Schüler steht im Unterricht auf, setzt sich neben ein Mädchen und greift ihr zwischen die Beine. Ein Mitschüler kommentiert: ›Zeig ihr, dass du ein Hengst bist.‹

Ein Mädchen kommt weinend die Schultreppe heruntergelaufen. Die Jungen haben ihr in der Pause den Pullover ausgezogen. Ein anderes Mädchen kommt nach der Pause zum Lehrerzimmer und bittet, heimgehen zu dürfen. Sie ist über und über mit Nahrungsmitteln verschmiert. Die Jungen haben sie mit Broten, Tomaten etc. beworfen.

Anrempeln, die Brust angreifen, Röcke hochheben, mit Cola bespritzen und mit Farbe beschmieren sind üblich.

Noch häufiger als körperliche Aggressionen sind verbale Bemerkungen, die sich auf das Aussehen, die Kleidung und das Verhalten der Mädchen beziehen. Im Mathematikunterricht ging ein Mädchen aus der letzten Reihe zur Tafel, um eine Aufgabe zu lösen. Ihr Weg dorthin wurde von mehreren Äußerungen begleitet, die darin gipfelten: ›Guck dir doch mal den fetten Arsch an.‹ Sie konnte die geforderte Aufgabe nicht lösen. Es wäre nicht verwunderlich, wenn sie sich das nächste Mal, wie viele andere Mädchen auch, weigern würde, zur Tafel zu gehen.«*

Nicht nur Schülerinnen sind betroffen.

Ein Fünftklässler ruft, als er die Mathelehrerin den Gang entlangkommen sieht: »Die Mathe-Hur ist im Anmarsch.« Seine Eltern werden vorgeladen.**

In einer anderen Schule, einem Gymnasium, bezeichnet ein Sechstklässler eine Lehrerin in deren Hörweite als »die mit den großen Titten.« Die Eltern werden vorgeladen.

Ein Junge fertigt eine pornografische Skizze an und gibt der Frauenfigur den Namen seiner Lehrerin. Diese beschlagnahmt die Skizze und droht damit, sie der Direktorin zu zeigen. Er fleht sie an, es nicht zu tun, und ist bis zum Abitur ein Musterschüler.

---

* Franziska Stalmann: *Die Schule macht die Mädchen dumm. Die Probleme mit der Koedukation*, München, 1996

** Gerda Sengstbratl, a. a. O.

Auch dort, wo die Lehrerin nicht unmittelbar persönlich betroffen ist, sind ihre Gefühle doch involviert. Eine Lehrerin las im Aufsatz einer Schülerin einen Satz über das grobe Verhalten der männlichen Mitschüler, der sie in seiner lapidaren Resignation nicht mehr losließ. »Sie gehen an dir vorbei und tun dir einfach weh«, hatte das Mädchen geschrieben. »Dies aus der Feder eines zehnjährigen Mädchens zu lesen, machte mich richtig traurig«, erinnert sich die Lehrerin.

Angelika Hering, die in einer (von der sozialen Zusammensetzung her allerdings eher schwierigen) Grundschule in Bremen unterrichtet, erlebt sogar das Verhalten der noch kleinen Jungen als »sehr auffällig, aggressiv den Mädchen gegenüber und demütigend. Wir haben einen hohen Ausländeranteil und die moslemischen Jungen führen Sprüche wie: ›Frauen sind Dreck, man kann sie in die Ecke schmeißen.‹ Zu den Lehrerinnen sagen sie: ›Du bist nur eine Frau, dir brauche ich nicht zu gehorchen.‹ Schon im ersten Schuljahr sind viele dieser Buben sehr mädchen-angreifend, sie ärgern sie und treten gegen ihre Sachen, schubsen und hauen sie grundlos.«

Ihrer Beobachtung zufolge trifft ein diesbezügliches Verhalten auf etwa ein Drittel der Buben zu. Da es sich dabei aber um die besonders lauten und forschen Buben handelt, die auch in der Lage sind, die übrigen

Buben einzuschüchtern oder mitzureißen, dominieren sie häufig die Klassenstimmung.

Ihr Umgang mit jenen männlichen Mitschülern, die nicht zur Gorilla-Clique gehören, verrät eine ähnlich pathologische Richtung. Sie pinkeln ihnen in die Schultaschen und versehen sie mit ordinären Ausdrücken, die oftmals homophoben Charakter haben. Ulrich Hütter, der seit Jahren in der Jungenarbeit tätig ist, kann viele, teils krasse Beispiele nennen, die bis zur halb vollzogenen Vergewaltigung eines Mitschülers reichen. Die dabei bevorzugten rituellen Erniedrigungsakte (Jacke eines Schülers wird ihm entrissen, in den Abfallkübel im Bubenklo geworfen und zu guter Letzt noch angepinkelt; beim Besuch eines Schwimmbades entsteht ein Streit, fünf Jungen halten einen weiteren fest und pinkeln gemeinsam auf ihn) verraten einen präzivilisatorischen, teils vor-menschlichen Charakter, sie erinnern an Verhaltensweisen, die Tierforscher bei Rudeltieren beschreiben.

Wenn ein solch gestörtes Verhalten nicht bloß bei einer einzelnen Person auftritt, sondern sich gehäuft zeigt, ist das ein deutliches Warnsignal. Wenn es also in einer Schule dazu kommt, dass eine Gruppe oder Clique von Jungen sehr feindselig und aggressiv auftritt bezüglich der eigenen sexuellen Identität, und das ausagiert gegenüber Mädchen, dann sollte dies für die zuständigen Erziehungsbeauftragten ein Alarmsignal sein. Stattdessen kehren diese es meist unter den Teppich: aus Unbeholfenheit, weil sie nicht wissen, wie sie damit umgehen sollen, oder aus Desinteresse.

Nachdem sich herumspricht, dass wir uns mit diesem Thema befassen, werden diverse einschlägige Dokumente an uns herangetragen.

Eine aufgebrachte Lehrerin überreicht uns ein Kuvert mit Blättern, herausgerissen aus Schulbüchern ihrer Klasse. Sie unterrichtet in einem Gymnasium in Wien und folgende Geschichte hat sich dort abgespielt. Eine dritte Klasse verlässt für zwei Stunden ihren Raum, weil sie Turnen hat. In diesen zwei Stunden ist eine andere Klasse, eine so genannte »Wanderklasse«, dort einquartiert. In der vierten Stunde kommen die Schüler und Schülerinnen in ihre Klasse zurück, das nächste Fach ist Deutsch. Sie schlagen ihre Bücher auf und die Mädchen der Klasse, zehn- und elfjährige Mädchen, entdecken, dass die Wanderklasse sich an diesen vergriffen hat, in Form von recht eindeutigen Eintragungen. Diese Eintragungen lauten: »Deine Schamhaare schmecken mir.« »Ich fick dich grün und blau.« »Ich mag's von hinten.« Die Eintragungen in zweien der Bücher weisen eine Besonderheit auf. Hier kamen den Verfassern anschließend offensichtlich Zweifel. »Mösenvibrator«, steht da geschrieben, doch das ist dann durchgestrichen und darunter steht: »Tschuldigung.« In einem weiteren Buch steht: »Ich bin geil ich spritz dir die Möse voll.« Durchgestrichen. Darunter heißt es: »Verzeih mir.« Diese Zurücknahme ist auch wieder ambivalent, denn es wäre ja auch möglich gewesen, den ursprünglichen Text durch ein ausführlicheres Durchstreichen unleserlich zu machen, er ist aber nur mit einem einzigen dünnen Tintenstrich annulliert und daher noch deutlich zu lesen.

Als wir in anderen Schulen vorsichtig nachfragten, erfuhren wir, dass Übergriffe dieser Art keine Ausnahme sind. Das einzige besondere Merkmal der besagten Klasse ist, dass die Mädchen sich dort trauten, sich mit den verunzierten Büchern empört an ihre Klassenlehrerin zu wenden, während andere Mädchen solche Funde aus Peinlichkeit für sich behalten.

Das nächste Schriftstück, das wir überreicht bekommen, ist der Brief einer Mutter an den Lehrkörper eines anderen Gymnasiums. In dieser Schule gibt es, wie wir später herausfinden, regelmäßig »Vorfälle«, die von einer bestimmten Jungenclique ausgehen und gegen Mädchen gerichtet sind. Die Mutter schreibt:

»Ich möchte drei Sachen ansprechen.

Erstens: die Mädchen in den Unterstufeklassen wollten nicht mehr Eis laufen gehen, weil sie dort immer von bestimmten Buben angefahren und absichtlich umgestoßen werden. Auf dieses Problem reagierten die Lehrer mit Aussagen wie, ›kommt trotzdem mit, wir reden vorher mit den Buben drüber und wir werden euch beschützen.‹ Ein netter Impuls, aber die Mädchen bleiben damit in der Rolle der Schwachen, die beschützt werden!

Zweitens: Meine Tochter wurde vorige Woche von einem Jungen so fest gegen einen Heizkörper gestoßen, dass sie mit einer blutigen Hand heimkam. Die Mutter dieses Jungen war sehr nett und setzte sich mit dem Klassenlehrer in Verbindung, um vorzuschlagen, dass man doch nun wirklich grundsätzlich etwas unternehmen müsse und mit den Jungen arbeiten sollte etc. Der Lehrer aber meinte darauf nur, das wäre alles nicht so schlimm. Die Kinder in diesem Alter könnten noch nicht zugeben, dass sie sich berühren wollen, und daher suchen sie andere Wege. Eine ganz normale pubertäre Entwicklungsphase sei das.

Drittens: Etliche Mädchen, darunter meine Tochter, beschwerten sich bei Frau X., dass die Buben in den Pausen immer vom oberen Stockwerk auf sie hinunterspucken. Sie müssen immer hinaufschauen, ob sie vorbeigehen können, ohne etwas abzubekommen. Antwort der Lehrkraft: Ich werde mit dem Klassenlehrer reden, aber mir kommt es so vor, als ob ihr eh ganz gern hinaufschaut und euren Spaß mit den Buben habt.

Zu diesen Beispielen würde ich gerne ein paar Dinge sagen. Ist das nur die Pubertät, eine ganz normale Entwicklung, die nichts bedeutet? Warum haben dann die Mädchen ein Problem damit und die Jungen nicht? Dass die Buben die Mädchen angreifen, ist schon so normal, dass es gar nicht als Problem wahrgenommen wird. Die Buben haben ihren Spaß! Und für die Mädchen ist es ja eh nicht so arg!

Ich weiß von meiner Tochter, dass sie es gerne anders hätte. Aber was bleibt den Mädchen über? Sie können in den Pausen an ihren Plätzen bleiben und den Jungen den Raum lassen. Sie können erfolglos zum Lehrer gehen und sich beschweren. Oder sie können den Raum nicht den Jungen überlassen, können mitschimpfen und raufen – und dabei den Kürzeren ziehen. Ich finde, dass die Mädchen mehr Raum bekommen sollten, ohne darum ständig kämpfen zu müssen.

Und noch zu meinem dritten Beispiel. Wenn die Burschen die Mädchen jeden Tag verprügeln würden, würde sicher stärker eingegriffen werden. Aber angespuckt werden ist ja nicht so arg! Liebe Lehrer, wollen Sie gerne jeden Tag in die Schule gehen in dem Bewusstsein, dass jeden Moment, wenn Sie nicht aufpassen, ihnen einer auf den Kopf spuckt und dann lacht?

Für manche Jungen ist ja alles in Ordnung. Sie beschweren sich nicht bei Lehrern und Eltern, sie haben ihren Spaß mit den Mädchen. Mädchen klagen öfters. Werden aber nicht ernst genommen. So arg ist es ja nicht. Besonders dann, wenn man nicht in ihrer Haut steckt.«

Dieser Brief einer Mutter geht einem unter die Haut, weil man ihre Wut herausliest und auch eine gewisse Resignation. Lehrer neigen dazu das Problem zu bagatellisieren; Lehrerinnen sind davon nicht ausgenommen.

Wie es weiterging? Die Tochter bat ihre Mutter schließlich, keine Briefe mehr zu schreiben, weil sie in der Schule schon als »Emanze« verschrien sei.

Unser nächstes Schriftstück geht wieder auf die Intervention eines Elternteils zurück. Diesmal hatte es einen Generalangriff einer Bubenclique auf Mädchen gegeben. Die Jungen hatten die Mädchen in der Pause überfallen, gepackt und festgehalten und hatten dann durch die entsprechenden Körperbewegungen einen sexuellen Akt simuliert. Ein Mädchen beschwerte sich zu Hause; der Vater, ein Psychologe, schritt zur Tat in Form einer Unterschriftenaktion. Folgender Text wurde erarbeitet und zirkulierte zwecks Unterschriftensammlung in der Schule:

»Gegen sexuelle Belästigung. Am letzten Freitag sind einige Buben aus unserer Klasse verrückt geworden. Sie haben Mädchen von hinten bedrängt und haben Geschlechtsverkehr angedeutet. Wir, die hier unterschreiben, wehren uns dagegen, dass Mädchen durch sexuelle Belästigung so erniedrigt, bzw. wie Spielzeug behandelt werden.«

Die Mädchen der Klasse haben das Blatt unterschrieben, zehn Jungen ebenfalls. Die restlichen Jungen haben auch unterschrieben, aber mit Pseudonym: Jack the Ripper, lesen wir da, Michael Jackson, James Bond und Jack Unterweger, Letzterer ein berüchtigter österreichischer Frauenmörder und infolge seiner literarischen Nebenwerke eine Kultfigur der Wiener Szene. Vor einem Jahr wurde er verurteilt, danach beging er in seiner Zelle Selbstmord.

Diese Unterschriften, mit denen die Unterzeichner den Brief verulken wollten, sind ein Psychogramm. Diese Jungen wollen den Fragebogen ironisieren, doch sie tun es mittels bedrohlicher männlicher Vorbilder, die eher Karikaturen sind denn Rollenmodelle. Was wird hier lächerlich gemacht? Der Protestversuch der Mädchen, natürlich. Aber selbst die Karikatur ist wiederum eine Karikatur. Denn was sind diese Figuren anderes – der mittlerweile ziemlich altmodische und in die Jahre gekommene Ladykiller James Bond, der bis zur Unkenntlichkeit schönheitsoperierte, des Kindesmissbrauchs beschuldigte Michael Jackson und die beiden Prostituiertenmörder Jack the Ripper und Unterweger –, wenn nicht auch ihrerseits wiederum Karikaturen von Sex und Hass? Und dennoch sind und bleiben sie Leitfiguren, die unsere Kultur der männlichen Jugend zur Identifikation anbietet, sie gelten als toll und potent. Und so wird aus dieser Unterschriftenaktion, mit der ein Vater versucht hat, einen Aufklärungsimpuls zu setzen, ein tragisches Dokument. Die Mädchen setzen sich darin zwar zur Wehr, sehen sich aber zugleich als Opfer (warum werden sie durch diesen Vorfall »erniedrigt«? Sind es nicht vielmehr die sich dermaßen blöd benehmenden Jungen, denen der Vorfall peinlich sein sollte?). Einige Jungen wollen provozieren und stellen sich zwar bloß durch die seltsamen Macho-Figuren, die ihnen dazu einfallen, sie gehen aber vermutlich weder geläutert noch aufgeklärt aus der Unterschriftenaktion hervor.

Wie kann man mit dieser Thematik auch umgehen? Es gibt, grob gesagt, drei Möglichkeiten. Die erste Möglichkeit: Man ignoriert die Sache, so gut es geht. Diesen Weg beschreiten sehr viele Lehrer. Wir besuchten Schulen, in denen die Mädchen in den Pausen prinzipiell nur in Sichtweite des Schulwarts herumlungern und warten, dass endlich wieder die Glocke läutet.

Die Buben spielen inzwischen Fußball, Ping-Pong, unterhalten sich rund um den Getränkeautomaten, besuchen Freunde in anderen Klassen und so weiter. »Die Mädchen halten sich lieber dort auf, weil dann passiert nichts«, erklärt uns eine Lehrerin. Es habe zu Beginn des Semesters einige »ungute Vorfälle« gegeben, Mädchen wurden »ausgegriffen« und bedrängt, aber im Radius des Schulwarts könne so etwas nicht geschehen, und das sei nun ihr Aufenthaltsort. Man habe daran gedacht, die Vorfälle zum Thema zu machen, doch dann sei die Befürchtung aufgekommen, man würde damit die »Klassengemeinschaft« belasten, die »davon abgesehen« im Allgemeinen recht gut ist.

Eine zweite Möglichkeit, Überschreitungen abzuhandeln, liegt in der Sanktionierung. LehrerInnen, die so handeln, haben das Gefühl, damit nicht zeitgemäß zu sein, sie erzählen es unter Vorbehalt. Als seine Lehrerin Felix dabei ertappte, einen gigantischen Penis auf die Tafel zu zeichnen und einige namentlich benannte

Mädchen aus der Klasse als Empfängerinnen von dessen Zuwendungen gleich dazu, griff sie zu dieser Methode: »Als ich in die Klasse kam und ihn an der Tafel sah, schnappte ich ihn am Krawattl und sagte, das machst du nie wieder. Ich sagte, dein Vater ist Chefarzt, stell dir vor, der tut sowas vor den Schwestern, er hat dann sofort den Betriebsrat am Hals. Das hat er gleich verstanden und es gab mit ihm keine Probleme mehr.«

Doch ist sie mit diesem Ausgang nicht zufrieden. Das Teilziel, sein Verhalten zu bremsen, hat sie erreicht, doch hat sie auch seine Einsicht gewonnen?

Traditionellere Lehrer, meist Männer, plagen sich weniger mit diesem Zweifel. Die Lehrerin T. erinnert sich an einen Vorfall aus ihrem ersten Berufsjahr:

»Ich kam in die Klasse und an der Wand hing ein Playboy-Centerfold. Ich überging es, weil ich mir, ehrlich gesagt, zu dem Zeitpunkt einfach nicht zutraute, es mit der Klasse zu diskutieren. In der Stunde nach meiner kam der Geographielehrer, ein älterer Herr, er nahm das Plakat entrüstet ab und ging damit zum Direktor. Der wiederum ließ mich zu sich rufen und hat mich zur Schnecke gemacht. Er werde mir die Klasse wegnehmen, denn ich sei offenkundig unfähig, und wie könnte ich so etwas an der Wand hängen lassen, und er hat sogar noch einigen umherstehenden männlichen Kollegen das Bild gezeigt und gemeint, seht euch das an, so etwas hängt bei eurer neuen Kollegin in der Klasse. Daraufhin,

immer noch in Rage, fuhr er wütend in die Klasse hinein. Alle Jungen mussten das zehn Seiten lange Schulgesetz abschreiben.«

Solche Disziplinierungen gelten mittlerweile als altmodisch, doch eigentlich zu Unrecht. Junge Menschen, die allesamt aus innerer Überzeugung heraus und freiwillig das richtige Verhalten an den Tag legen, mögen unser pädagogisches Ziel sein. Doch die zweitbeste Variante ist es, zumindest die Einhaltung minimaler Regeln zu erreichen. Wenn wir diejenigen Jungen, die ihren MitschülerInnen Respekt und Sicherheit vorenthalten, gewähren lassen, weil wir ihnen keinen »Zwang« antun möchten, folgen wir einer ziemlich verschrobenen Logik, und wir missachten damit die Existenz der Mädchen. Sie sind dann eigentlich nur Lehrmaterial für die seelische Fortbildung der Jungen.

Die dritte, heute favorisierte Variante des Umgangs mit schwierigen Situationen ist, ein Nachdenken und Umdenken anzustreben. Die Jungen sollen lernen, mit ihren Mitschülerinnen einen guten, fairen, kollegialen Umgang zu pflegen – nicht weil sie sonst eine Strafarbeit schreiben müssen, sondern aus Überzeugung und weil sie der anderen Menschheitshälfte wohlgesonnen sind. Das sind ganz neue Lernziele und diejenigen Schulen und Lehrkräfte, die sie anstreben, sind Pioniere. Dementsprechenden Experimentiercharakter haben ihre Bemühungen. Zwei Beispiele werden wir in diesem Kapitel kennen lernen.

Bereits jetzt können wir erkennen, dass es sich hier um zwei Ziele handelt, die wir zwecks ihrer Umsetzung auch voneinander trennen können – und sollen. Das erste Ziel ist, eine bestimmte Situation herzustellen, nämlich die Situation, dass unsere Kinder – und zwar alle, die schmächtigeren ebenso wie die stärkeren, die ausländischen ebenso wie die inländischen, die weiblichen ebenso wie die männlichen – in der Schule körperlich, psychisch und sozial in Sicherheit sind und keinen Schaden nehmen. Alle, die sich in dieser Institution befinden, sollten einander höflich und friedlich begegnen. Und um das zu verdeutlichen und für alle festzumachen, was damit gemeint ist, gibt es Regeln. Keine Gewalt. Einander Zuhören. Der Verschiedenheit Raum geben.

Wenn das gelingt, ist schon viel erreicht. Möglich, dass die potenziellen Täter sich nur deshalb zurückhalten, weil sie nicht bestraft werden wollen – während es doch schöner wäre, wenn sie sich gar nicht zurückhalten müssten, weil ihnen der Wille zu den bösen Taten fehlt. Das ist aber kein Grund, die Regeln über Bord zu werfen, und eigentlich ist es abwegig, gerade in der Schule, wo es um Kinder und somit um besonders schutzbedürftige Personen geht, so zu denken. In der Erwachsenenwelt erlauben wir Verbrechen ja auch nicht, bloß weil es uns lieber wäre, dass die Verbrecher eine persönliche Wandlung erfahren und nichts Böses mehr tun wollen.

Das nämlich ist ein zweites, langfristiges Ziel: die Änderung der Gesellschaft und Verbesserung des Menschen. Vielleicht entdecken wir dann sogar, dass es hier einen Zusammenhang gibt.

Vielleicht ändert sich der Mensch ja auch dadurch, dass er sich zwölf Jahre lang, von sechs bis achtzehn Jahren Alter, täglich sechs Stunden lang friedlich und höflich benimmt?

Sex am Plakat

Das Schopenhauer-Gymnasium beschließt, drei Wochen lang einen Projektunterricht zu Geschlechterrollen zu machen.

Eine der Aufgaben besteht darin, dass die Jungen und Mädchen jeweils ein Plakat malen zum Thema »meine Traumfrau« beziehungsweise »mein Traummann.«

Die Aufgabe wird gut angenommen, die Klasse teilt sich entsprechend auf, die zwei Gruppen bekommen jeweils eine große Papierrolle und machen sich ans Werk. Die Mädchen beschließen, ihrem Plakat die Überschrift »Für uns gibt es keine Traummänner« zu geben. Jede zeichnet ein Strichmännchen, und daneben listet sie die Eigenschaften auf, die sie an Männern schätzt. Da findet sich: lieb, zärtlich, nett, einfühlsam. Das Aussehen betreffend werden »schöne Augen« und »schöne Hände« gewünscht.

Ein Mädchen hat ihrem Strichmännchen ganz zart, mit Bleistift, einen Strick um den Hals gezeichnet und ihn an einem hingehauchten Galgen aufgehängt. Man muss aber genau hinsehen, um das zu erkennen.

Die Buben haben sich in ein Eck zurückgezogen und gehen mit offenkundigem Eifer ans Werk. Es wird gelacht, gejohlt, applaudiert. Dann ist die Zeit um und die Lehrerin erklärt, dass jede Gruppe nach vorne kommen, ihr Plakat vorstellen und darüber diskutieren soll. Die betreuende Lehrerin erzählt:

»Nachdem die Mädchen ihr Plakat aufgehängt und kurz erklärt haben, sind nun die Buben dran. Aber sie wollen ihr Plakat nicht aufhängen. So gut sie in der Schaffensphase drauf waren, so peinlich ist es ihnen jetzt.

Ich weise auf die Vereinbarungen hin, schließlich entrollen sie zögernd die fünf Meter lange Packpapierrolle und befestigen sie an der Tafel. In der Klasse herrscht betretenes Schweigen. Die aggressive Sexualität, die uns aus dem Plakat entgegenschlägt, verschlägt mir für den ersten Augenblick die Sprache. So ›direkt‹ hatte ich mir's denn doch nicht erwartet. Meine Gefühle sind in diesem Augenblick ganz bei den Mädchen. Ich spüre, wie schlecht es ihnen damit geht, wie hilflos sie sind angesichts dieser geballten, ausschließlich auf Genitalien fixierten Sexualität; auch, wie enttäuscht sie sind. ›Das also denken unsere Buben über Frauen?‹ mögen sie vielleicht denken, aber sie schweigen.

Ich versuche, ein Gespräch in Gang zu bringen, die Mädchen schweigen. Ein Bub, der in der Zeichenstunde nicht dabeigewesen ist, stellt fest, dass die Frauen auf dem Plakat auf nur eine Funktion reduziert seien. Neben vielen nackten Frauen gibt es eine, die an Herd und Kinderwagen gekettet ist. Als sich schließlich ein Mädchen darüber aufregt, dass ihre Telefonnummer auf dem Plakat steht, wird sie von den Buben zurechtgewiesen. Nun kommt ein anderes Mädchen den Buben zu Hilfe, indem sie meint, es sei eben nur Spaß gewesen. Erleichtert stimmen die Buben zu. Natürlich, das war's, und wenn sie gewusst hätten, dass die Mädchen mehr den Charakter beschreiben würden, hätten auch sie ein anderes Plakat gezeichnet!

Nun der Gegenangriff. Einige Buben sagen, dass sie nicht glauben, dass das Plakat der Mädchen ehrlich sei. Den Mädchen käme es doch auch auf den Sex an. Die Mädchen bleiben bei ihrer Darstellung. Die Stunde geht zu Ende – und die Mädchen haben mit nur zwei Ausnahmen geschwiegen. Ich habe es nicht geschafft, sie dazu zu bringen, ihre Gefühle zu äußern. Da mich ein Bub direkt fragt, was ich von dem Plakat halte, versuche ich das Ende der Stunde dazu zu nützen, meine Betroffenheit sichtbar zu machen.

Die Geschichte hat kein befriedigendes Ende. Tags darauf versuche ich, Querverbindungen zu den noch hängenden Plakaten herzustellen. Weil ich meine, dass es den Mädchen doch nicht angenehm sein kann, diese Obszönitäten ständig vor Augen zu haben, dass es aber vielleicht auch manchen Buben peinlich ist, gebe ich zu bedenken, dass diese Plakate eben eine Momentaufnahme einer Stunde seien und nicht für alle Zeit gelten müssen. Sie könnten das Plakat oder beide Plakate auch wieder herunternehmen, wenn sich die Situation für sie geän-

*dert hat. Am nächsten Tag wird das Bubenplakat beim Fußballspielen in der Klasse beschädigt, heruntergenommen, zerknüllt und auf den Kasten gelegt.«**

Es lohnt sich, die beschriebene Episode genauer zu studieren, um herauszufinden, was genau geschehen ist und wie man eventuell anders damit hätte umgehen können. Zuerst einmal fällt uns auf, dass hier eine absolut viktorianische Interaktion ablief, und das bei jungen Menschen knapp vor der Wende zum 21. Jahrhundert. Das ist auch schon unser erster Hinweis darauf, dass die Geschehnisse mit den jungen Leuten selbst wenig zu tun hatten, sondern dass hier ein Automatismus ablief.

Versetzen wir uns in die Lage der Kinder. Sie sind zu jung, um selber schon Beziehungen gehabt zu haben, um ihre eigenen Gefühlslagen in Hinblick auf das andere Geschlecht zu kennen und beschreiben zu können. Aufgaben wie die in dieser Projektwoche vorgesehene Plakataktion erwecken den Eindruck, dass sie Kreativität fördern. Doch in Wahrheit drückt man damit nur auf eine Eingabetaste und die junge Person gibt wieder, was in ihr unter dieser Rubrik gespeichert wurde.

Die Mädchen und Jungen haben daher keineswegs »in Gruppen erarbeitet«, was ihre inneren Wünsche und Vorstellungen wären, sondern sie haben gemein-

---

* Christa Twaroch: in »Geschlechtshomogen geteilter Unterricht«, Wien 1995

sam das zu Papier gebracht, was im Laufe ihres jungen Lebens an sie herangetragen worden ist. Beim Thema »das andere Geschlecht« werden Mädchen und jungen Frauen vorwiegend romantische, angepasste Vorstellungen vermittelt. Die Mädchen der Klasse haben ebensolche dann auch folgerichtig auf das Plakat gezeichnet. Buben und junge Männer hingegen bekommen zu diesem Thema keine Inhalte übermittelt, die mit Zusammenleben und Häuslichkeit, mit Gefühl und Innigkeit zu tun haben, sondern es wird ihnen eine aggressive, kommerzialisierte, entpersönlichte Sicht eines verfügbaren, dargebotenen Frauenkörpers geboten. Sex, das ist eine nackte Frau auf einem Titelblatt, es darf auch eine seriöse Zeitschrift sein, und die Frau darf auch Fesseln tragen. Gehen Sie an einem Kiosk vorbei und Sie haben auf einen Blick die beiden Versionen von Sexualität vor sich, die der männlichen und der weiblichen Gesellschaftshälfte jeweils angeboten werden. Da sind die Frauenzeitschriften, mit lieben, konstruktiven, gut gemeinten Artikeln über Partnerschaft und Familie, über hübsche Einrichtungen und schöne Kleider. Und dann haben Sie ein enormes Angebot an entblößten Frauenkörpern in Positionen von variierender Deutlichkeit. Was soll den Jungen schon anderes einfallen, wenn man sie einlädt, über Frauen und Sexualität nachzudenken? Ein einziger Vorwurf ist ihnen zu machen: Sie haben noch nicht begriffen, da sie zu jung sind, dass diese Vorlagen zwar absolut öffentlich sind, dass auch der *Stern* sie drucken, *Focus* damit ein Titelthema verzieren darf, dass sie aber trotzdem nur für den männerinternen Diskurs gedacht sind, dass man also in Anwesenheit »anständiger« Frauen und an Orten wie Schule oder Arbeitsplatz so tun sollte, als würde eher die weibliche Beziehungsvorgabe gelten. Als würde man auch als Mann eher an die gardinenbehangene Reihenhausvariante von Liebesbeziehung denken und an Blumensträuße und Verlobungsringe.

In der öffentlichen Darstellung meint »Sex« nur den Frauenkörper. Es ist kein Wunder, dass den Mädchen zur männlichen Körperlichkeit nichts einfiel, während die Buben spontan in der Lage waren, nackte Frauen in pornografischen Posen zu zeichnen. Genauso ist es öffentlich vorgegeben. Lediglich das korrekte Gespür für die Situation fehlte den Jungen. Und selbst darin gehorchten sie den Vorlagen. Die Mädchen erledigten ihren Auftrag wie erwartet, die Buben »störten«, preschten vor und forderten, wie es sich für Buben gehört. Das Schweigen der Mädchen und das anfängliche Zögern der Jungen, sich zu ihrem Plakat auch zu bekennen, waren Ausdrücke der beiderseitigen Unfreiheit. Wie Marionetten hatten beide Seiten ihren Auftrag durchgeführt. Die Buben waren sich lediglich unsicher gewesen, wie der Auftrag lautete. Hätten sie erkannt, dass der Auftrag an sie in ihrer Eigenschaft als Schüler ging, so hätten sie – wie sie auch sagten – ein anderes Plakat gemalt. Beim Begriff der Traumfrau dachten sie aber, dass der Auftrag an sie als angehende Männer ging. Erst, als sie sich damit vor die Klasse stellen sollten, wurde ihnen der Konflikt bewusst.

Nun zur Bearbeitung des »Vorfalls« in der Klasse. Als die Lehrerin erkannte, dass das Bubenplakat »entglitten« war, wollte sie eine Erörterung grundsätzlicher Dinge erreichen. Sie hoffte, dass die Mädchen heftig darauf reagieren würden und die Buben so erkennen könnten, wie ihre Sichtweise bei der Gegenseite ankommt; sie erhoffte sich also eine Annäherung und einen aufklärerischen, versöhnlichen Effekt. Damit überforderte sie die Mädchen total. Ferner brachte sie alle Kinder in die Situation, etwas zu rechtfertigen beziehungsweise zu verändern, das gar nicht von ihnen kommt, sondern sie massiv umgibt und sich ihnen als Realität präsentiert.

Den Buben war sofort klar, dass ihr Werk sich nicht zur Präsentation eignete. Sie mussten gezwungen werden, es vorzustellen. Eine andere Möglichkeit wäre gewesen, ihr Plakat mit ihnen alleine, getrennt von den Mädchen zu besprechen. Das wäre den Mädchen gegenüber besser gewesen und hätte auch die Chance erhöht, dass die Jungen reflektieren. Im Idealfall wäre es dann möglich gewesen, mit ihnen darüber zu sprechen, dass ihre beginnenden, auch für sie unvertrauten sexuellen Impulse, die sich tatsächlich nicht in der schöngeistigen Suche nach einer Partnerin mit edlen charakterlichen Eigenschaften erschöpfen, deshalb aber nicht gleich gesetzt werden müssen mit Pornografie der untersten Schublade. »Die Jungen haben enorme Probleme mit ihrer Sexualität und wir tun so, als ob nichts wäre«, merkt obige Lehrerin noch an. Kein Wunder. Dass sie die krassen Vorlagen nicht ohne Ambivalenz übernehmen, spricht für sie. Dass die platte Form von männlicher Draufgängersexualität sie nicht begeistert, ist ein hoffnungsvolles Zeichen.

Die Bubengruppe warf den Mädchen vor, auf ihrem Plakat nicht ehrlich gewesen zu sein. Da dies im Streit geschah, als Antwort auf die Kritik an ihrem Opus, wurde diese Meldung – wie die Lehrerin auch sagt – als »Gegenangriff« empfunden. Aber haben die Jungen damit nicht trotzdem Recht? Erschien die männliche Sexualität in dieser Plakataktion als zu ausufernd, brutal und frauenverachtend, so stellt sich die weibliche auf dem Mädchenplakat als beschnittenes, viktorianisches Reststück dar, als unglaubwürdiges Exponat des züchtigen Weibes. Auch aus diesem Grund wäre es sinnvoll gewesen, die anschließende Diskussion nach Geschlechtern zu trennen und gemeinsam mit den Mädchen zu überlegen, welche Gedanken und Regungen sie sich schon jetzt verbieten und warum. Finden sie sich wirklich vollständig wieder im asexuellen Bild, das sie zeichneten?

Als die Lehrerin uns das Mädchenplakat schilderte, mussten wir an einen Artikel denken, den wir einmal für die Zeitschrift *Brigitte* verfasst haben. Die Redakteurin jener Zeitschrift strich aus unserem Beitrag das Wort »Phallus« heraus, das noch dazu dem Zitat einer

Psychologin entstammte, die wir für den Artikel interviewt hatten. Als Begründung gab die Redakteurin an, die *Brigitte*-Leserinnen würden diesen Begriff nicht kennen – offenbar auch keinen Ersatzterminus, denn der ganze Satz wurde gestrichen.

In dieser Schulklasse, und sie ist zweifellos typisch, hatten die Jungen keine Hemmungen, in geschmackloser und unpassender Weise über den Frauenkörper zu verfügen. Der Männerkörper aber war für die Mädchen tabu, gerade noch Augen und Hände waren statthaft für ihre Aufmerksamkeit.

Konfrontiert mit einem Plakat, das ihre sensiblen Empfindungen recht verletzt, schweigen die Mädchen. Darin zeigt sich der ambivalente Charakter von sexuellen Verstößen. Der »Täter« benimmt sich daneben, sein Verhalten gilt als primitiv, aber er erzielt damit einen unleugbaren Effekt, es gibt ihm Macht. Voraussetzung für diese Macht ist das Gefühl der Peinlichkeit bei seinem Opfer. Wenn *sie* schweigt, kann *ihm* nichts passieren. Und es trifft ihn auch nicht die allgemeine Ablehnung seines Verhaltens, die er sonst zu erwarten hätte.

Ihr Schweigen wiederum kann verschiedene Gründe haben. Es kann sein, dass sie sich keine Unterstützung erwartet, sondern meint, durch den Vorfall selber in ein schlechtes Licht zu geraten. Es kann aber auch sein, dass ihre Hemmungen zu groß sind. Sie kann nicht melden, was zu ihr gesagt oder ihr gegenüber getan wurde, weil es ihr zu peinlich ist. Dann ist diese Peinlichkeit ein Machtmittel gegen sie.

Wir sehen unsere Kultur als frei und freizügig im Vergleich zu anderen Kulturen, die ihren Frauen eine strenge, keusche Zurückhaltung in sexuellen Dingen abverlangen, und doch ist es bei uns nicht grundlegend anders. In fast jedem Kapitel dieses Buches werden wir einen weiteren Beleg, ein weiteres Mosaikteilchen im Bild für die von Frauen geforderte Zurücknahme und Selbsteinbremsung finden.

Reden, reden, lasst sie reden

Die betreffende Schule zeichnet sich dadurch aus, dass einige Lehrkräfte hier dezidiert einen Geschlechterschwerpunkt setzen wollen. Sie befassen sich mit Fragen der Koedukation und der Konfliktlösung und versuchen, ein offenes Ohr für die sozialen Vorgänge in ihren Klassen zu behalten. Mädchen und Jungen, das ist hier Thema.

Zu dem Zeitpunkt, an dem wir die Schule besuchen, schwelt dort gerade ein recht heftiger Konflikt. Die Jungen haben es sich angewöhnt, die Mädchen mit sehr ordinären, beleidigenden Ausdrücken zu versehen. Die Mädchen beschwerten sich und fanden bei einer Klassenlehrerin Gehör. Nun wird versucht, das Problem im Rahmen der Klassenlehrerstunde, einer Stunde also, die einmal in der Woche speziell für die Abhandlung organisatorischer und sonstiger Anlässe zur Verfügung steht, aufzuarbeiten. Dabei ist man auf die Idee gekommen, die Klasse zu teilen. Vierzehntägig haben Mädchen und Jungen die Gelegenheit, unter sich und unter Betreuung einer gleichgeschlechtlichen Lehrperson über alle Belange zu sprechen, die sie gerade bewegen. Die nächste Stunde findet dann wieder gemischt statt.

Wir dürfen einer Mädchenstunde beiwohnen. Der hierfür vorgesehene Aufenthaltsraum ist komfortabel. Es gibt überzogene Schaumgummimatratzen und große Kissen, Stühle und ein abgenutztes, aber bequemes Sofa. Die Mädchen finden ihre Plätze, eine meldet sich als Schriftführerin, und schon sind wir beim ersten Punkt. Der heißt Müller. »Der Müller«, Anführer der aggressiven Bubenclique, bietet viel Stoff für Beschwerden. Nach der Mathestunde hat er seine Hose runtergezogen und sich unvermutet der Nadja präsentiert, sie hat dafür zwei Zeuginnen. Das Protokollbuch der Mädchengruppe hat er an sich gerissen und zerfetzt. Die Julia packte er von hinten am Nacken und schüttelte sie fest, als sie ahnungslos mit einer Freundin über den Gang ging. Ein anderes Mädchen wurde von ihm gewürgt. Der Müller hat zwei Bilder genommen, aus einer Zeitschrift, sie aufeinander gepresst, sie einem Mädchen ins Gesicht gehalten und damit Geschlechtsverkehr nachgespielt, inklusive Stöhnen und Grunzen. Er hat sich zu einer Mädchengruppe gestellt und gesagt: »Ich will euch verspermen.« Ein anderes Mädchen hat er an der Hüfte gepackt und gemeint: »He Süße, mach'n flotten Dreier mit mir.« Gemeinsam mit seinen Freunden hat er allen Mädchen die Mützen weggenommen und sie in Joghurt getaucht.

Die Lehrerin hört sich das eine Weile an, dann meint sie, die Mädchen sollten jetzt endlich eine Lösung finden, denn man könne doch nicht die ganze Stunde diesem Müller widmen.

Doch nun bricht es erst richtig aus den Mädchen hervor. Was sollen sie denn tun? Sie haben zum Beispiel beschlossen, es dem Müller und seinen beiden Kumpanen heimzuzahlen. Sie wollten den Spieß umdrehen und die drei mal im Klo einsperren, wie sie es umgekehrt ja dauernd tun. Sie lauerten ihnen auf, doch gerade dann kam die Gangaufsicht und drohte mit einer Klassenbucheintragung. Wenn die Gangaufsicht mal beim Müller so zimperlich wäre! Was der tut, das registrieren die schon gar nicht mehr!

Nun melden sich auch ein paar Mädchen, die bis jetzt noch nichts gesagt haben. Eine traurige Litanei wird vorgetragen. »Die Buben schimpfen uns immer Hure und Nutte und die Regeln werden überhaupt nicht eingehalten, wenn es um die geht. Wir werden gehaut und mit Essen und Trinken überschüttet. Und die Lehrer, wenn wir denen das sagen, dann machen die überhaupt nix. Sie sagen jaja, aber sie machen überhaupt nix. Das ist urgemein. In den Klassenregeln steht, dass der Lehrer was machen soll. Die dürfen uns einfach Nutte schimpfen, das ist doch urgemein. Und wenn sie uns was tun, die haben noch nie was gutgemacht, obwohl das auch in den Schulregeln drinsteht.«

Die getrennte Mädchengruppe, murmelt eine weitere abschließend, bringt auch nix. Denn es wird geredet, aber nichts wird anders dadurch.

Nun meldet sich die Lehrerin zu Wort. Sie ist sichtlich aufgewühlt durch die Mitteilungen der Mädchen. Das sagt sie ihnen auch; sie sagt ihnen, dass es ihr schlecht gegangen ist beim Zuhören. Sie sähe jetzt, meint sie, dass beim nächsten gemischten Treffen unbedingt darüber gesprochen werden müsse. »Ihr müsst denen sagen, was euch stört«, trägt sie den Mädchen auf. »Wenn sie es dann wieder machen, muss das Problem zum Direktor. Aber vorher müsst ihr den Buben all das sagen, was ihr heute gesagt habt, und ihnen auch sagen, was ihr von ihnen wollt.«

Die Mädchen schütteln die Köpfe. Es hat schon so viele Abmachungen gegeben, das nützt doch nichts. Zum Beispiel gab es das Abkommen, dass, wenn man einem anderen einen Schaden zufügt, man ihn wieder gutmachen muss. Und das wurde überhaupt nicht eingehalten. Heute schon wieder nicht, heute müssen die Mädchen ihre Mützen heimtragen, voll mit Joghurt und nass und stinkig.

Die Lehrerin wehrt ab. Nein, um die Mützen wird sie sich persönlich kümmern, sie wird herausfinden, wer von den Buben dafür verantwortlich ist und die sollen die Mützen mitbekommen und fein sauber gewaschen zurückbringen.

Eine Woche später. Die Klasse trifft getrennt ein, da sie vom getrennten Turnunterricht kommt. Zuerst kommen die Buben. Sie setzen sich auf die Sofas und die davorstehenden gepolsterten Hocker. Die beiden Lehrpersonen sind auch schon da, die Lehrerin sitzt inmitten der Bubengruppe, der Lehrer für sich allein hinter einem Schreibtisch. Dann kommen die Mädchen. Sie finden Platz auf einer Matratze an der Wand, auf halbhohen Kästen und auf einem freigebliebenen Sofaelement.

Noch ein weiterer Teilnehmer stellt sich vor, es ist »Freddi«. Freddi ist ein ausgefranster Wollhandschuh, dem die Kinder Augen und einen Mund aufgemalt haben. Unter den missbilligenden Blicken der Lehrer, die schon beginnen wollen, entsteht ein Geplänkel zwischen »Freddi«, auf der Hand eines Jungen, und einigen Mädchen. Thema: »Freddi« ist verliebt, soll er der Angebeteten einen Heiratsantrag machen?

Die Lehrerin ruft zur Ordnung und trägt die heutigen Gesprächspunkte vor. Also – es geht darum, dass Herbert ein Mädchen als Superhure beschimpft hat; dass die Buben Bayern-München-Plakate anbringen, die Kelly-Familie-Poster der Mädchen aber herunterreißen; und dass Franz dauernd Sex-Zeitschriften und Poster in die Schule mitbringt.

Statt auf diese Inhalte zu reagieren, kommen die Kinder nun auf »Freddi« zurück. Er soll doch der Sarah (einem Mädchen aus der Klasse) einen Heiratsantrag machen. Das tut er. Sarah lehnt mit einem schüchternen Kopfschütteln ab. Alle johlen, ein Bub ruft: »Jetzt ist Freddi blamiert vor allen!«

Es entsteht eine längere Diskussion über einen gewissen Ali. Dieser würde in den Pausen immer gerne herumraufen. Dann würden die anderen Kinder intervenieren zugunsten seiner Opfer, nur um von ihm angebrüllt zu werden, dass es nur ein Spiel sei und sie dann ihn gefälligst in Ruhe lassen sollten. Diesen Standpunkt bezieht Ali auch jetzt. Die anderen sollen sich nicht einmischen, wenn er eh nur spielt.

Der Schriftführer, ein sichtlich intelligentes, eher ruhiges Kind, wirft ein: »Bei dir erkennt man fast nicht mehr, wann es Spaß ist und wann nicht.«

Damit hat er ein ganz wichtiges Thema angeschnitten, die Frage der persönlichen Grenzen nämlich, es wird aber nicht aufgegriffen.

Stattdessen meint die Lehrerin, es »öde sie irrsinnig an«, dass hier von Spiel geredet werde, obwohl es immer wieder zu Verletzungen komme. Und außerdem würde es die anderen Kinder stören, wenn ständig am Gang herumgerauft wird.

Wir sitzen ganz hinten und haben einen guten Überblick über die Gesamtgruppe. Während einige sprechen, sind die anderen nicht untätig. Ulrike und Robert verständigen sich per Zeichensprache. Sie sind nicht die Einzigen, die die formale Geschlechterfront durchbrechen. Alexander sitzt am äußersten Ende des Jungensofas, dort, wo nach einem Abstand das Sofaelement der Mädchen angrenzt. Im Zuge der Stunde bewegt er sich immer weiter in Richtung des Spaltes, bis nun schon seine Füße, seine Ellenbogen und seine Knie »bei den Mädchen« sind. Es kann kein Zufall sein, denn er hat genug Platz auf dem eigenen Sofa, und seine jetzige Position »zwischen den Fronten« ist höchst unbequem. Es ist auch keine Provokation. Er sucht keinen Körperkontakt, nur Nähe, und sein Hinzukommen stört die Mädchen nicht.

Nun ist die Gruppe beim Punkt der Mädchen-Beschimpfungen angelangt. Die Mädchen wiederholen ihre Beschwerde von der vorangegangenen Woche, die Klassenkameraden würden sie als »Hure« beschimpfen. Benni entgegnet kämpferisch: »Gibt's Zeugen?«

Ilse setzt ihren Plan von der Vorwoche um und stellt Benni zur Rede. »Er soll sagen, was eine Hure ist. Er weiß es gar nicht.«

Darauf Benni: »Ilse, was ist eine Hure?«

Ilse: »Weißt du's nicht?«

Benni: »Sag's doch.«

So geht es eine Weile hin und her, die Stimmung ist sehr aufgewühlt und chaotisch, bis Benni schließlich sagt: »Es ist eine Frau, die für Geld mit Männern schläft, so!«

Es entsteht kurzes Schweigen, dann bricht der Tumult

los. Die Buben verspotten Ilse, weil sie es nicht gewusst hat, die Mädchen verteidigen sie.

Evi: »Sicher weiß sie's, aber glaubst du, sie sagt es vor allen?«

Frank: »Benni hat es ja auch gesagt!«

Evi: »Ja, er ist ja auch ein Trottel!«

Obwohl sie aus dieser Runde als Sieger hervorgegangen sind, wirken die Jungen nun etwas bedrückt. Die Passage war ungut und sie spüren das.

Nun meldet sich der berüchtigte Müller zu Wort, ein eher schmächtiges Kind, das im Lauf der Stunde immer wieder den Kasperl abgegeben hat: »Ich schimpf' die Mädchen nicht Hure oder Schlampe. Ich sag' immer nur, schleich di!«

Die Mädchen brechen in stürmischen Protest aus, es stimmt doch, sie alle haben es gehört, er hat es doch gesagt, und nicht nur einmal!

Müller wehrt sich mit einer Gegenbeschwerde. Immer würden sich alle nur mit den Beschwerden der Mädchen befassen und was ist mit deren Vergehen? Zum Beispiel stellen sie ihre Schultaschen immer vor seinem Spind ab und er kann dann nicht hinein, doch das interessiere ja keinen.

Ali bestärkt ihn, vorgestern hätte ein Mädchen seine Hand im Spind eingezwickt und ihn verletzt und was sei denn damit?

Der Schriftführer widerspricht. Es gehe ihm auf die Nerven, wie wehleidig Müller und Ali seien, das seien doch Kleinigkeiten.

Hier wäre ein guter Ansatz für eine Intervention. Der Bubengruppe war der Verlauf der Auseinandersetzung auch nicht angenehm, Müller befand sich auf dem Rückzug, die Solidarität der Jungen war durch die Kritik an Ali und Müller durchbrochen. Aber der Lehrer hat die ganze Stunde lang kein einziges Wort gesagt und das wird auch jetzt nicht anders. Auch die Lehrerin greift nicht ein. Stattdessen merkt sie an, dass sieben Kinder heute überhaupt nichts gesagt hätten, und es würde sie interessieren, was die zu dem Ganzen meinen. Ohne ihnen aber die Chance zu geben, dieser Aufforderung auch nachzukommen, geht sie nun zum nächsten Thema über, dem »Tiertag«, an dem jedes Kind ein Haustier mit in die Schule bringen darf.

Der Lehrer springt unvermittelt auf und läuft aus dem Zimmer.

Es wird noch eine Weile durcheinander geredet, dann läutet die Glocke. Die Stunde ist vorbei.

Im Lehrerzimmer zeigt sich die Lehrerin frustriert. Also, es reicht ihr nun, das alles bringe doch überhaupt nichts, die gemischten Stunden seien besonders sinnlos, die männlichen Lehrer würden einen total im Stich lassen und hätten wohl auch keine Ausbildung. Auf diese Weise sei die Sache nicht zu bewältigen und ihr reiche es.

Es scheine wohl keine Alternative mehr zu dem Plan des Direktors zu geben. »Er zieht jetzt die Schrauben an«, das heißt, bei jeder Verfehlung gibt es eine Vorladung der Eltern, eine Klassenbucheintragung oder eine ähnliche Disziplinarmaßnahme. Denn schließlich gehe es ja nicht, dass sich die Mädchen ordinär beschimpfen lassen müssen.

Grundsätzlich habe sie das Gefühl, dass es nicht zwei Gruppen gibt, sondern drei: die Mädchen, die wilden Buben und die ruhigen Buben. Sie überlege, ob man die Klassenstunde dritteln könne in eine reine Mädchengruppe, eine wilde Jungengruppe und eine gemischte Gruppe für die Mädchen, die das wollen, und für die ruhigeren Buben.

Nun betritt der männliche Lehrer den Raum, nimmt sich einen Kaffee und lässt sich erschöpft neben uns auf das Sofa fallen.

Helmut: »Mir geht das auf den Geist, das ist ja die Mauer zwischen den Buben und den Mädchen.«

Wir fragen ihn, wie er die Stunde fand.

Helmut: »Also, ich bin am Ende mit meinem Latein.«

Obwohl sie vorher noch wütend auf ihn war, weil er wie eine Topfpflanze in der Stunde gesessen hatte und sie ganz allein gelassen hatte, ist seine Kollegin jetzt anteilnehmend.

Susanne: »Ja, das stimmt, das ist schon heavy für dich. Du brauchst Rückendeckung. Vielleicht kannst du die Jungengruppe gemeinsam mit dem Rudi machen.«

Dann schlägt sie noch vor, dass man sich ein gezieltes Programm überlegen sollte, statt den Dingen einfach ihren Lauf zu lassen. Helmut nickt zustimmend, kann aber nicht bleiben, um es mit ihr auszudiskutieren, denn er muss dringend eine Zigarette rauchen und geht daher ins Raucherzimmer.

Die Kollegin bedenkt ihn mit einem resignierenden Schulterzucken. Es ist ja so schwer, überhaupt Kollegen zu finden, die mit den Jungen arbeiten wollen. Die meisten männlichen Lehrer haben keinen Standpunkt zur Geschlechterfrage, ihr maximaler Standpunkt ist: »Ich bin auch arm.«

In unserer Eigenschaft als Zaungäste fiel es uns natürlich leichter als denjenigen, die dicht im Geschehen standen, die Dynamik dieser Gruppe zu beobachten. Aber was da stattfand, war sehr interessant. Zunächst war offenkundig, dass die echten Störungen von einer ganz kleinen Minderheit ausgingen. Ein erheblicher Teil der Klasse hätte von sich aus, das war evident, überhaupt keine »Fronten« empfunden. Sie konnten sachlich miteinander umgehen, wobei durchaus schon erste Anzeichen für gegengeschlechtliches Interesse erkennbar waren. Während die »unbeholfenen Annäherungsversuche« grober Burschen bei Lehrern mitunter Verständnis finden, erhielten die freundlichen Annäherungsversuche jedoch keinen Raum. »Freddi« hätte in dieser Gruppe eine pädagogisch nützliche Funktion erfüllen können; so aber verkam er zum Pausenfüller. Dabei war ersichtlich, dass die Kinder ihn sich als Dolmetscher zwischen den Linien erfunden hatten. Über seine Vermittlung kamen legitime Fragen in den Raum, die Kinder in diesem Alter sehr beschäftigen. Zum Beispiel: Wenn ich als

Junge in der Situation bin, dass von mir die Initiative ausgehen soll, wie gehe ich dann mit der Peinlichkeit um, abgewiesen zu werden? Wie zeige ich einem Mitglied des anderen Geschlechts, dass ich mich für ihn/sie interessiere? Was riskiere ich dabei? Wie präsentiere ich mich am besten und so weiter. Logisch auch, dass Mädchen und Jungen in dieser Experimentierphase den Schutz ihrer jeweiligen Gruppe suchen, dass die Buben zu viert »Freddi« für sich sprechen lassen und die Mädchen zu fünft auf Freddi reagieren.

Diejenigen Jungen, die stattdessen aggressiv und abwertend auf Mädchen losgehen, sind eine Minderheit. Weil sie stören, weil sie die Regeln verletzen, verursachen sie starke Reaktionen und gewinnen damit viel Aufmerksamkeit. Wenn sie nicht eingedämmt werden, ist ihre Wirkung völlig disproportional. Sie gewinnen an Kraft und Einfluss, reißen andere mit und können damit die Stimmung kippen. Auch wenn man sie scheinbar ständig kritisiert und schlecht findet, stellt das enorme Maß an Aufmerksamkeit, das sie erhalten, paradoxerweise auch eine Form von Zustimmung dar. Die Erwachsenen nehmen sie ernst, werden mit ihnen nicht fertig. Schwächere Jungen bewundern insgeheim die Wirkung, die sie erzielen, oder schließen sich aus Angst, am Ende selbst noch zu ihrer Zielscheibe zu werden, ihnen an.

Ein Wort zu Müller: »Müller« – eigentlich heißt er Andreas – ist kein sehr sympathisches Kind. Er ist klein, schmächtig und hat als Kompensation ein freches Auftreten erlernt. Er tut alles, um Aufmerksamkeit zu bekommen: blödeln, herumkasperln, jammern, aber auch angreifen.

Andreas lebt seit der Scheidung der Eltern bei seinem Vater. Da die Eltern aus desolaten sozialen Umständen kommen, kümmert sich eine Sozialarbeiterin um ihn. Seit er dieser einmal erzählte, dass er am Besuchstag von seiner Mutter nichts zu essen bekommt, und die Sozialarbeiterin diesbezüglich nachfragte, will seine Mutter ihn nicht mehr sehen.

Vom Vater ist bekannt, dass er Andreas schlägt. Er macht daraus auch kein Geheimnis, sondern sieht darin seinen erzieherischen Beitrag. Seine Gewaltanwendung liegt unter der Schwelle, bei der Sozialarbeiter ernsthaft eingreifen, und besteht hauptsächlich aus Ohrfeigen. Beim Sprechtag hat die Lehrerin versucht, dem Vater klarzumachen, dass die »Mathe-Hausaufgabe nach ein paar Ohrfeigen auch nicht besser gelingen wird,« doch der Vater hält an seiner Methode fest.

Andreas hat noch ein weiteres Problem, nämlich eine Wachstumsstörung. Die wird zwar mit Medikamenten behandelt, aber es ist nicht sicher, ob sie wirken werden. Wie sieht also der Anführer des Macho-Rudels aus? Es ist ein kleines, hageres Kerlchen, von der Mutter verstoßen, vom Vater grob behandelt, das sich Sorgen macht, ob er jemals zu einem richtigen Mann heranwachsen wird.

Statt diesem Kind Unterstützung zu bieten, wird ihm gestattet, sich zum Führer zu stilisieren und die ganze Gruppe auf sich zu fokussieren.

Die Rolle der Lehrkräfte

Das geheim gehaltene Thema der sexuellen Gewalt in Schulen wird begleitet von dem noch strenger geheim gehaltenen Faktum der pädagogischen Ratlosigkeit im Umgang damit.

Leider sind oft weder die männlichen noch die weiblichen Lehrkräfte in der Lage, konstruktiv einzuschreiten. Stattdessen spielen sie oft sogar eine negative Rolle, indem sie der Gewalt nichts entgegenzusetzen wissen und sie damit weiter stärken, indem sie sich sogar mit den Tätern solidarisieren und indem sie die Opfer weiter abwerten.

Bei den männlichen Lehrern kann ausschlaggebend sein, dass sie das Problem entweder gar nicht wahrnehmen oder dass es sie nicht interessiert.

Traditionelle Lehrer haben dabei oft eine wesentlich größere Sensibilität dafür, weil sie ein ausgeprägteres Gefühl für die Regeln besitzen; in ihnen finden Mädchen und weibliche Lehrkräfte oft ihre einzige wirksame Unterstützung.

Wir empfehlen Frauen, solche Rückendeckung unbedingt anzunehmen. Gerda Sengstbratls Anmerkung, die schlimmsten Situationen für Mädchen fänden sich oft an der vermeintlich »progressivsten«, »liberalsten« Schule, deckt sich absolut mit unseren Beobachtungen.

Es gibt allerdings auch traditionelle Lehrer, die einen »boys will be boys«-Standpunkt beziehen und meinen, das »Necken« und Ärgern von Mädchen sei eine im Grunde genommen harmlose Manifestation jungmännlichen Übermutes.

Die verheerendste Rolle spielen jedoch jene Lehrer, die selber noch keine ausgeglichene Haltung zu ihrer eigenen Geschlechtszugehörigkeit gefunden haben und/oder die eine gestörte Beziehung zu Frauen haben. Diese Männer präsentieren sich oft als progressiv, doch wenn man das modische Vokabular wegstreicht, kommt eine starke Gehässigkeit und Ablehnung gegenüber Frauen zum Vorschein. Man bemerkt auch, dass sie vor den aggressiven Jugendlichen Angst haben und bemüht sind, von ihnen anerkannt zu werden. Ein Beispiel aus der Sozialarbeit: In einem Parkbetreuungsprojekt wird das weibliche Teammitglied von einer Bande serbischer Jugendlicher bedrängt und abgetastet. Ihre beiden männlichen Teamkollegen stehen daneben und helfen ihr nicht. Später spielen sie mit den Jugendlichen Fußball, um auf dieser Basis von ihnen »akzeptiert« zu werden.

Auch in Schulen ist bei Lehrern dieser Richtung eine

Identifizierung mit den aggressiven Akten männlicher Jugendlicher zu bemerken, oder aber sie projizieren eigene Probleme auf die Kinder.

»Hier die Unterlagen für die Referate, ich hab' sie gestern Abend im Bett noch einmal überarbeitet«, war die Anmerkung eines Pädagogiklehrers (!), über die seine Schülerinnen sich bei uns beschwerten. Ohne genau festmachen zu können, was sie daran störte, fühlten sie sich ihm gegenüber in eine unpassende Intimität versetzt.

In vielen Gymnasien werden manche Fächer, oft Mathematik, Informatik und Naturwissenschaften, geschlechtsgetrennt unterrichtet.

»Ich darf ja eigentlich gar nicht herein, ich bin ja ein Mann«, kommentiert ein Aushilfslehrer kokett sein Erscheinen in der Mathematik-Mädchenklasse. Eine unbedeutende Nebenbemerkung, doch er vergibt sich damit seine Erziehungsfunktion, vermittelt seine tendenzielle Missbilligung dieses Schulversuchs, hebt das Thema auf die Scherzebene und verrät gleichzeitig, dass er sich in der Gesellschaft von Mädchen unbehaglich fühlt.

»Ich kann sie verstehen, man weiß als Mann ja heutzutage wirklich nicht mehr, wie man auftreten soll«, bemerkt ein weiterer Lehrer. »Soll man Frauen die Tür aufmachen oder ist man dann schon ein Sexist, es ist ja gar nicht mehr so einfach.« In seiner Schule hat es krasse Vorfälle gegeben, in denen Mädchen nach der

Schule von Mitschülern verfolgt und vom Gehsteig gestoßen worden waren, teilweise so fest, dass sie auf eine dicht befahrene, mehrspurige Fahrbahn stürzten. Weder fallen solche Vorfälle in die schwierige Grauzone zwischen altmodischer Ritterlichkeit und neuer »political correctness«, da das Schubsen weiblicher Mitmenschen vor fahrende Autos wohl weder von der einen noch der anderen Weltanschauung gutgeheißen wird. Noch dürfen wir vermuten, dass die betreffenden männlichen Schüler durch die Emanzipation verwirrt sind; das dürfte also sein eigenes, höchst persönliches Problem sein.

Dieser Gruppe männlicher Lehrer fällt es schwer, die Mädchen als Personen wahrzunehmen. Bezeichnend beim oben zitierten Vorfall, wo das Mädchen heimgehen musste, weil Mitschüler sie mit Obst und Tomaten und anderen Lebensmitteln beworfen hatten, war die Reaktion des Lehrers. Er rügte die Schüler schärfstens für ihr Verhalten: Aber nicht im Namen des Mädchens, sondern weil sie auch die Wand hinter ihr getroffen und beschmutzt hatten.

Solche Lehrer interpretieren auch die gewalttätigen oder beleidigenden Handlungen der Schüler gegenüber ihren Mitschülerinnen gerne großzügig als »unbeholfene, aber nicht bös gemeinte Versuche der Kontaktaufnahme«. Die Mädchen werden beim Eis laufen mit hoher Geschwindigkeit angefahren und umgeworfen, sodass Verletzungen entstehen: ein Versuch, körperliche Nähe herzustellen? Sie werden angespuckt: ein ungeschickter Versuch, ihre Aufmerksamkeit zu gewinnen?

Für Mädchen, besonders aber auch für Jungen ist das Vorbild, sind die Botschaften solcher Lehrer äußerst destruktiv. Sie bieten ein katastrophales Rollenmodell.

Lehrerinnen sind vielfach gehandikapt in ihrem Umgang mit schulischer Gewalt.

Erstens haben die meisten von ihnen einen ausführlichen Anpassungsprozess und eine eigene Sozialisationsgeschichte hinter sich, die als Zielvorstellung nicht die starke Pädagogin mit einer ausgeprägten, individuellen Persönlichkeit vorsieht, sondern Schablonen vorgibt. Entweder ist die »nette junge Kollegin« oder die mütterliche Person gefragt, zu viel Exzentrik und Engagement hingegen werden ihnen eher aberzogen. In einer Passage aus einem in Bremen veröffentlichten Reader finden wir das gut ausgedrückt:

»Kinder einer 6. Grundschulklasse spielten einen Unterrichtsvormittag und charakterisieren, vielmehr karikieren ihre Lehrerinnen und Lehrer. Wir müssen lachen über die gekonnte Darbietung, aber wenn wir vergleichen, wie sich die Lehrerinnen und Lehrer den Kindern einprägen, ist es nicht nur lustig. Während die ›Lehrerinnen‹ den Unterrichtsraum durchweg mit leicht geneigtem Kopf, eher fragendem Blick und einem allzu freundlichen ›Guten Morgen‹ betreten, als bäten sie um Entschuldigung für ihr Erscheinen, um dann in bescheidener Weise ihren Platz am Pult einzunehmen, durch-

schreiten die ›männlichen Kollegen‹, feste Entschlossenheit signalisierend, in konquistadorischer Haltung die Klasse, stoßen ein knappes ›Morgen‹ hervor, richten demonstrativ den Hosenbund und beginnen mit ihrem Stoff. Der Raum wird durchstrahlt von einer Aura ›streng aber gerecht‹, und souverän eingeblendete Witzchen lassen an ... Showmaster im Fernsehen denken.« *

Wir lernten im Zuge unserer Erhebungen mehrfach Lehrerinnen kennen, die engagiert, überaus kompetent und in ihrer persönlichen Ausstrahlung sehr moderat waren. Sie waren darauf bedacht, stets sehr sachlich alle Gesichtspunkte zu berücksichtigen, ihr Aussehen und Auftreten waren professionell und nüchtern. Und am Ende der Gespräche vertrauten sie uns fast immer an, dass sie einen schweren Stand in ihrer Schule hätten, da sie als radikal verschrien seien. Wir erkannten, dass das Umfeld Lehrerinnen nur eine sehr geringe Bewegungsfreiheit gewährt und von ihnen einen sehr hohen Grad an Anpassung und Stillhalten verlangt.

Dazu kommt, dass viele Lehrerinnen selbst keinen souveränen Umgang mit Gewalt gefunden haben. Auch auf sie wirken die in Gruppen auftretenden, aggressiven Burschen bedrohlich und unangenehm. Sie denken dabei nicht nur an ihre Schülerinnen, sondern auch an

---

* Sabine Knauer: »Der Mann als Lehrer, der Lehrer als Mann«, in: *Better dead than coed*? Reader zum Geschlechterverhältnis in der Schule; Bremen, o. J.

sich und möchten verhindern, selber zur Zielscheibe dieser Jugendlichen zu werden.

Carle schreibt ganz zu Recht:

> *»Gewalt gegen das weibliche Geschlecht betrifft die Lehrerin immer auch als Frau. Es handelt sich eben nicht nur um einen Übergriff auf ein Individuum, das nicht ich selbst bin, sondern zumeist auch um den Übergriff eines Menschen des anderen Geschlechts auf einen Menschen meines Geschlechts. Als Lehrerin bin ich dann nicht nur durch die Gewalttätigkeit von Jungen gegenüber Mädchen in meiner Erziehungsaufgabe gefordert, sondern auch durch die damit zugleich signalisierte Bedrohung meines Geschlechts persönlich betroffen.«* *

Die Betroffenheit ist nicht bloß intellektueller Natur. Palzkill und Scheffel haben aus zahlreichen pädagogischen Fortbildungen nicht nur viele Beispiele für grenzwertige Situationen und sogar deutlich sexualisierte Übergriffe von Schülern gegen Lehrerinnen gesammelt, sie erkennen dahinter auch ein Muster. Die Lehrerin ist Autoritätsperson und somit den Schülern übergeordnet.

> *»Spätestens mit der Pubertät stellt sich jedoch einem Jungen die Aufgabe, ›zum Mann zu werden‹ und damit in der*

---

* Ursula Carle: »Gewalt im Geschlechterverhältnis – die Rolle der Lehrerin«, in: Astrid Kaiser (Hrsg.) *Frauen Stärken – ändern Schule*, Bielefeld, 1996

auch heute noch wirksamen Geschlechterhierarchie eine Position zu besetzen, die der Lehrerin als Frau übergeordnet ist. Geschlechterhierarchie und schulische Statushierarchie kollidieren im Alltag auf offene und subtile Weise und bestimmen die Interaktionen von Lehrerinnen und Schülern weit mehr, als wir dies zu glauben geneigt sind.« *

»Lehrerinnen haben Angst, dass Schüler ihre Autorität in Frage stellen. Sie haben auch Angst davor, in eine unangenehme Konfrontationssituation mit einem unzurechnungsfähigen Schüler zu geraten und dann nicht weiterzuwissen. Um sich davor zu schützen, entwickeln Lehrerinnen Strategien, die aber allesamt ihre Schattenseite haben. Diese wären: Machtkämpfe mit den Schülern ausfechten und gewinnen; Schüler genauso abwerten, wie diese das mit ihr tun oder tun könnten; ständig Stärke demonstrieren; Vorfälle ignorieren; sich einen Panzer zulegen; sich als ›hilflose Frau‹ zeigen und von den Heranwachsenden ›beschützen‹ lassen, usw.« **

Die zuerst genannten Strategien entsprechen eher dem männlichen Zugang. Die Lehrerin beharrt auf ihrer Vormachtstellung und bemüht sich, durch Einschüchterung Aufmüpfigkeiten zu verhindern.

---

* Birgit Palzkill, Heidi Scheffel: »Selbstbehauptung im beruflichen Alltag von Lehrerinnen«, in: Astrid Kaiser (Hrsg.) *Frauen Stärken – ändern Schule*, Bielefeld, 1996

** Birgit Palzkill, Heidi Scheffel: a. a. O.

Die zuletzt genannte Strategie wird von Palzkill/Scheffel als »das sexualisierte Bündnis« beschrieben. Die Lehrerin strebt – häufig unbewusst oder nur halb bewusst – ein Arrangement mit den Jungen in ihrer Klasse an. Sie begegnet ihnen klassisch »weiblich« in einer der möglichen Varianten, also zum Beispiel kokettierend oder betont mütterlich, schmeichelt ihnen dadurch in ihrer Männlichkeit und gewinnt ihre Schonung und Unterstützung. Warum das schlecht ist? Weil die Unsicherheit und Angst, die hinter der Manipulation steckt, latent für alle spürbar bleibt, weil die Mädchen damit in den Hintergrund treten (sie sind nicht gefährlich und müssen daher nicht umworben oder besonders beachtet werden), und weil die Lehrerin damit vermittelt, dass eine Frau über männliche Personen keine Autorität beanspruchen kann, sondern nur versuchen kann, auf der Basis von Gefälligkeit mit ihnen ein gutes Einvernehmen zu erreichen. Als Überlebensstrategie ist dies verständlich, aber nicht weiterzuempfehlen.

Die meisten Lehrerinnen versuchen in Ermangelung besserer Optionen, die Sache zu ignorieren, Äußerungen zu überhören, Vorfälle zu übersehen, Konfrontationen auszuweichen. Daraus erklärt sich eine weitere Widersprüchlichkeit in diesem Phänomen, dass Mädchen nämlich von neun bis dreizehn Jahren ganz anders und viel aktiver mit dem Problem umgehen als ältere Mädchen. Die jüngeren Mädchen zeigen sich ganz offen schockiert, wütend und aufgebracht über Attacken dieser Art. Sie verfassen kollektive Briefe an die Schuldirektorin, schicken eine Abordnung zum Klassenlehrer, verfassen Protestschreiben, alles aus dem erkennbaren Gefühl heraus, dass ihnen ein Unrecht geschieht und man ihnen, wenn das bekannt wird, helfen wird. Doch mit der Zeit machen die Mädchen die Erfahrung, dass diese Hilfe ausbleibt. Ihr Lehrer bagatellisiert den Vorfall und stellt sie als schnatternde Gänse hin, weil sie sich beschweren. Ihre Lehrerin reagiert unsicher und hat anscheinend selbst Angst. Die Eltern würden vermutlich eher intervenieren, doch sie erfahren selten etwas. Die Vorfälle in einer Gruppe oder in einem Brief wiederzugeben, ist leichter, als sie ganz alleine zu Hause vorzutragen, ferner haben viele Mädchen Angst vor einem allzu energischen Auftritt ihrer Eltern in der Schule, wodurch sie selber zu sehr ins Rampenlicht geraten könnten. Mit sechzehn haben Mädchen gelernt, so zu reagieren wie ihre Lehrerinnen. Sie versuchen, die Vorkommnisse zu ignorieren, ihnen aus dem Weg zu gehen, oder durch ein anbiederndes, kokettes Verhalten die Aggression der Jungen abzuwehren, was einer Art seelischer Prostitution gleichkommt.

Doch wäre es unfair, Lehrerinnen zu viele Vorwürfe zu machen. Wie sollen sie sich verhalten, angesichts ihrer eigenen Grenzen und einem nicht fördernden Schulklima?

Es wird deutlich, dass das vorliegende Problem nicht auf der Basis von Einzelinitiativen zu lösen ist. Vielmehr muss in den Schulen eine Kultur hergestellt werden, die auf einem bestimmten Umgang miteinander insistiert und diesen auch zu vermitteln weiß – angefangen bei den jüngsten Schülern. Lehrkräfte müssen in ihrer Ausbildung auf die realen Konflikte vorbereitet werden, mit denen sie im Unterricht konfrontiert sind, dazu gehört auch das Verhältnis zwischen Jungen und Mädchen. Vor allem aber stellt sich die Frage, ob es nicht die »Fürsorgepflicht des Arbeitgebers wäre, hier einzugreifen?«*

Und was kommt nach der Schule?

Die so genannten »Grapsch«-Affären, wie sie umgangssprachlich salopp genannt werden, haben in den letzten Jahren immer häufiger zu Skandalen geführt und ein trübes Licht darauf geworfen, mit welch unsachlichem Verhalten und unerwünschter »Anmache« sich Frauen in Berufssituationen herumärgern müssen. Geschmacklose Annäherungsversuche gegenüber Mitarbeiterinnen oder Untergebenen in Situationen, wo dies wirklich absolut unangebracht ist oder wo die Frau sich dadurch bedroht, in Verlegenheit gebracht oder beruflich unter Druck gesetzt fühlt, sind zu einem enormen Problem für Firmen und Institutionen geworden.

Eine japanische Autofirma sah sich vor Kurzem mit einer Millionenklage konfrontiert, weil die weiblichen

---

* Ursula Carle: a. a. O.

Arbeitskräfte es satt hatten, von Vorgesetzten abgefummelt und mit schmierigen Witzen und Pornobildern provoziert zu werden. Die Firmenleitung versuchte, die ersten Beschwerden als bedauerliche Einzelfälle abzutun, doch innerhalb kurzer Zeit hatten sich buchstäblich hunderte von Mitarbeiterinnen der Klage angeschlossen. Hinter dem Image des tüchtigen Ingenieurs im weißen Labormantel tat sich ein Abgrund an wahnwitzigen Entgleisungen auf.

Im US-Militär entstand ein Riesenskandal, als Rekrutinnen meldeten, sie würden von ihren Ausbildern sexuell attackiert werden.

Und sogar US-Präsident Clinton sah, wenn die Vorwürfe stimmen, keinen Widerspruch zwischen seiner Rolle als Staatsmann und Gouverneur einerseits und dem krassen Lüstling andererseits, der vor Mitarbeiterinnen einfach die Hose hinunterläßt und sexuelle Zuwendungen erbittet.

Wenn wir kurz über diese Verhaltensweisen von Männern nachdenken, dann fällt auf, wie »kindisch« sie eigentlich sind. Natürlich sind diese Vorfälle auch ärgerlich, mitunter bedrohlich und insgesamt eine Zumutung. Doch abstrakt betrachtet ist daran vor allem erstaunlich, dass erwachsene, vermutlich einigermaßen intelligente Männer in verantworlichen Positionen sich dazu hinreißen lassen. Hochqualifizierte Ingenieure japanischer Großkonzerne, Armeeoffiziere; die geschilderten Entgleisungen passen nicht zum tollen Erscheinungsbild, das diese Männer sonst gerne ausstrahlen.

Denken wir etwa an die berüchtigte Tailhook-Affäre, die zahlreichen hochrangigen Offizieren den Hinauswurf bescherte. Superstar-Piloten der amerikanischen Luftwaffe engagierten dort zunächst im Rahmen eines Fachkongresses einige Prostituierte, um diesen die Beine zu rasieren, was offenbar ein sehr unterhaltsames Unterfangen ist. Nach dieser fabelhaften Unterhaltung betranken sie sich fast bis zur Besinnungslosigkeit und belagerten dann den Hotelflur, um zufällig vorübergehende Frauen, darunter weibliche Offiziere ihrer eigenen Streitmacht, zu überfallen und abzugrapschen. Ein Offizier und Gentleman? Davon war nicht viel zu merken.

Solche Episoden verraten in erster Linie, sagen wir es mal so, auch einen Mangel an persönlicher Reife.

Ferner erstaunt an diesen Vorfällen das schlechte Urteilsvermögen der betreffenden Männer. Sie scheinen anzunehmen, dass sie sich einfach alles herausnehmen dürfen, dass es vollkommen okay ist, sich primitiv, blöd und anmaßend zu benehmen.

Für diese wundersamen Tatbestände haben wir den Ansatz einer Erklärung gefunden. Das Verhalten ist kindisch, weil es seinen Ursprung auch tatsächlich in der Kindheit hat. Exhibitionistisches Experimentierverhalten, Radau im Kreis der Burschengruppe, Mutproben, das alles ist angebracht, wenn Menschen unter zehn Jahren ihre sexuelle Neugierde befriedigen möchten. Danach wird es problematisch, aber Männer setzen es fort, weil sie das Gefühl bekommen, dass sie es dürfen. Dass alle Welt ihre Fauxpas schweigend übergehen wird und die Vorfälle höchstens dem Opfer, nicht aber ihnen als Täter, peinlich sein werden.

Warum benehmen sich die Mitsubishi-Mitarbeiter so daneben? Warum sind die Kampfpiloten so primitiv? Warum agieren sie alle so plump und haben keine Verführungskultur und keine Hemmungen? Weil sie es so gelernt haben. Als wir in Schulen und Gymnasien unterwegs waren, lernten wir dort die nächste Generation von Grapschern kennen.

5
Aufstieg und Fall von Pretty Woman

»Für weniger als 10 000 Dollar am Tag steh' ich in der Früh nicht auf.«

LINDA EVANGELISTA

»Solange ich nicht sprechen muss, kann ich alles.«

LINDA EVANGELISTA

Männer gelten in den Augen der Frauen immer noch als ein möglicher Passierschein in die VIP-Lounge des Lebens. Die Beweise, dass Märchen wahr werden können, sind rund um uns herum. Nicht nur die Groschenromane, nicht nur die Kinderbücher, nicht nur die Heimatfilme sind voll von archetypischen Erfolgsstories dieser Art: Armes Mädchen heiratet Prinzen. Sprechstundenhilfe heiratet Arzt. Prostituierte heiratet Finanzbroker. Wie viele tausend Mal wird uns dieses Strickmuster serviert, in immer neuen Abwandlungen: Lebhaftes, spritziges, impertinentes (und auch schönes/junges) Mädchen weckt die Aufmerksamkeit eines reichen/wichtigen/imponierenden Mannes, dem gerade ihre erfrischende Jugend und Respektlosigkeit gefallen.

Liebe, Heirat, Aufstieg des Mädchens in die High Society. Oder: Schüchternes (aber schönes/junges/tugendhaftes) Mädchen gewinnt die Zuneigung des tollen Mannes: Liebe, Heirat, Triumph des Mädchens über ihre Widersacher.

In solchen Verbindungen sollen wir keine Mesalliancen, sondern im Gegenteil den Stoff, aus dem die Träume sind, sehen. In der sozialsexuellen Gleichung sind Schönheit und Jugend auf Seiten der Frau das Parallelstück zu Ansehen und Wohlstand auf Seiten des Mannes. Und diese Gleichung gibt es in unzähligen Versionen, passend für jede Altersgruppe und Moderichtung. Der Erfolg des Filmes ›Pretty Woman‹ spricht für sich. Und es bleibt nicht bei Film und Fiktion, auch die soziale Realität bestätigt scheinbar immer wieder, dass der einfachste Weg ins Glück über den Fang eines erfolgreichen Mannes gelingt.

Junge Frauen, die zu Luxus und Wohlstand kommen, lediglich mittels ihrer langen Beine und ihrer Bereitschaft, sich mit Männern zu paaren, die wesentlich unter ihrem ästhetischen und erotischen, dafür aber weit über ihrem ökonomischen und sozialen Niveau liegen, füllen die Society-Seiten und die Trend-Lokale. Die Gesellschaft der oberen Mittelschicht ist voll von Paaren, wo die Frau sich hinaufgeheiratet hat zum beruflich und finanziell höherstehenden Mann: Krankenschwestern, die sich einen Arzt, Volksschullehrerinnen, die sich einen Professor beziehungsweise sogar Studentinnen, die sich ihren

Professor, Sekretärinnen, die sich einen Geschäftsmann oder ihren ehemaligen Chef ergattert haben. Und mit ihm einen Lebensstandard, den ihr eigener Bildungsstand und Beruf ihnen nicht so schnell eröffnet hätte.

Am Rande bemerkt: Ein Mann, der auf diesem Weg einen wirtschaftlichen oder sozialen Aufstieg anstrebt, gilt immer noch als Gigolo und als verachtenswert, seine Partnerin als bedauernswertes Geschöpf, das sich infolge einer Geisteskrankheit zu dem lächerlichen Gedanken hinreißen ließ, dass er sie tatsächlich lieben könnte, obwohl sie älter und weniger schön ist als er. Bei Frauen aber wird ein solches Vorgehen als absolut legitim, ja als wünschenswert angesehen, keiner – offenbar auch nicht der betreffende Mann selber – macht sich darüber Gedanken, ob die junge Schöne den reichen Alten auch tatsächlich lieben kann.

Einem ehrgeizigen Mädchen bieten sich somit auf den ersten Blick zwei Erfolgsschienen an: Sie kann entweder durch persönlichen Einsatz, aufgrund ihrer Begabung oder ihres Eifers in irgendeinem Sektor eine qualifizierte Position erreichen. Oder sie kann sich pflegen und fein herausputzen und sich dann einen Mann anlachen, der schon etwas ist und erreicht hat.

»Sie kann durch die Liebe eines tollen Mannes *total* glücklich werden, oder sie kann selbstständig sein, einen tollen Beruf ergreifen, eine Familie haben und *ziemlich* glücklich sein«, so formulierte es eine Diskussionsteilnehmerin in Heidelberg sehr treffend. Warum die Divergenz in der Art des Glücks? Das ist eigentlich klar. Das erste hat Traum-, Märchen- und Fantasiecharakter. Für den zweiten Weg bestehen unsere Vorlagen eher in Berichten, wie wir sie in der *Forbes* oder *marieclaire* oder *Brigitte* lesen, und zwar dahingehend, dass das Leben einer erfolgreichen Frau zwar ganz toll und mittlerweile auch schick, aber auch sehr, sehr anstrengend ist. Während du beim ersten Weg an rauschende Ballnächte, teures Parfüm, Palmenstrände auf den Malediven und so weiter denkst, fallen dir zum zweiten Staatsexamen, Überstunden, Tagesmutterprobleme und Valiumtabletten ein.

Es wäre verantwortungslos von uns, jungen Frauen einen so bequemen Weg ins Glück versperren zu wollen. Sie in trübe Hörsäle einzusperren, wo sie doch stattdessen in den Armen eines tollen Mannes auf einer Yacht durch das Mittelmeer kreuzen oder zumindest händchenhaltend mit dem Allerliebsten durch Einrichtungshäuser spazieren und mit seiner Kreditkarte ein kuscheliges Heim einrichten könnten.

Vergessen wir die protestantische Arbeitsethik, stellen wir unsere persönlichen Standpunkte hintan, bleiben wir wertfrei und studieren wir stattdessen nur eines: Funktioniert er auch wirklich, der Barbie-Weg ins Glück? Tun wir vielleicht realistischerweise wirklich besser daran, in die Garderobe und die Frisur unserer Töchter zu investieren, als in ihr Studium?

Halten wir uns nicht mit der Frage auf, wie gut die Karrierechancen in der Berufssparte »Reichenmann-heiraten« wirklich sind. Das würde eine zwar lohnende, unsere Möglichkeiten aber überschreitende empirische Studie voraussetzen. Wie viele der mühevoll lackierten und gesträhnten, in Lycra gezwängten und auf Plateaus balancierenden jungen Schönen ergattern einen Fortune-500-Großverdiener? Wie viele derjenigen, die sich mit Silikon zur Traumfrau operieren lassen, finden dadurch einen Traummann? Sind die Chancen besser als, sagen wir mal, der aufwandmäßig einfachere Weg, sich einen zerdrückten Jogging-Anzug anzuziehen, zu der nächstliegenden Lottoannahmestelle zu gehen und dort ein Los zu kaufen? Wir wagen keine Prognose.

Stattdessen wollen wir uns ansehen, wie die echten Erfolgsgeschichten aussehen. Führt uns der Barbie-Weg ins Glück?

Ein Schlüsselerlebnis in dieser Hinsicht verdanken wir einer Freundin, die ein *Vogue*-Abo hat. Sie blätterte in der neuesten Nummer und las eine schön aufgemachte Geschichte über die schicke junge Frau des Künstlers Julian Schnabel. Ein Loft hat er ihr eingerichtet und unkonventionell möbliert, halb Fabrikhalle, halb Luxuspalais! Auf den Fotos sah man sie, ihre lange blonde Mähne lässig über die Schultern ihrer Designerkleidung drapiert, das süße kleine Baby im *jacadi*-Outfit dekorativ auf dem Boden krabbelnd, zufrieden, ein wenig arrogant ihr Revier betrachtend. Unsere Freundin studierte die Fotos mit einem seltsamen Déjà-vu-Gefühl. Irgendwie... irgendwie wurde sie das Gefühl nicht los, vor nicht allzu langer Zeit genau dieselbe Geschichte gelesen zu haben, in derselben Zeitschrift. Und weil diese Freundin Innenarchitektin ist und Geschichten über ungewöhnliche Wohnungseinrichtungen immer archiviert, ließ sie sich von dem seltsamen Gefühl zu ihrem Ordner treiben, blätterte, und stieß dort tatsächlich auf eine Erklärung für ihr Verdoppelungsgefühl. Da, vor wenig mehr als einem Jahr, hatte *Vogue* über die schicke, die souveräne, die stolze junge Frau Schnabel berichtet, und ihr süßes Designerbaby posierte auf dem Designersofa, und die lange blonde Mähne wehte durch das Loft, nur – es war eine andere Frau Schnabel. Das siegessichere Lächeln, das ihr Gesicht zierte, war nicht angebracht, denn bald schon würde sie ersetzt werden durch eine andere, die dann durch ihr Loft stolzieren und sich vom *Vogue*-Team ablichten lassen würde.

Soll das heißen, dass Barbies irgendetwas an sich haben, das zum Sammeln auffordert? Wie auch kleine Mädchen selten mit einer einzigen Barbie zufrieden sind, sondern bald schon die nächste, noch glitzrigere, noch langmähnigere Barbie haben wollen? Und die großen Jungen auch?

Im Frühjahr 1997 erhielten zwei österreichische Schönheitsköniginnen den Auftrag ihrer Modelagentur, zu einem Repräsentationsauftritt nach Monaco zu fliegen. Es klang durch, dass sie dort gemeinsam mit Prinz Albert im Zusammenhang mit der Rallye Fototermine wahrnehmen sollten. Laut ihrer Aussage wurden sie dort zwar zu einem Prinzen, aber nicht zu Prinz Albert, sondern zu einem alternden Saudi gebracht, der sie mit Unterstützung seiner Leibwächter zuerst auf einer Yacht und danach in einer Hotel-Suite gefangen hielt und eine von ihnen vergewaltigte. Durch Drohungen wollte er verhindern, dass die beiden Frauen den Vorfall publik machten, die aber wandten sich nach der Rückkehr in die Heimat an Polizei, Anwalt und Medien. In der darauf folgenden Recherche stellte sich heraus, dass ihr Schicksal keineswegs eine Ausnahme darstellte. Ungewöhnlich war nur, dass sie den Mut gehabt hatten, es sich nicht gefallen zu lassen. Berichte über ähnliche Vorkommnisse häuften sich und die Funktion von Agenturen als Quasi-Zuhälter für Magnaten vor allem aus dem arabischen Raum wurde immer deutlicher.

Ildiko.

Sie wächst in einem ungarischen Dorf auf, hat zwei Schwestern. Das Mädchen hat keine echten Berufsaussichten und Studienplätze sind an der Uni fast unmöglich zu bekommen.

Sie verlobt sich mit siebzehn mit dem wesentlich älteren örtlichen Polizisten. Er ist eine lokale Größe, hat ein schönes Haus und spricht davon, dass er vielleicht nach Budapest versetzt wird. Kurz vor dem Hochzeitstermin feiern sie gemeinsam in der Disco, Ildiko tanzt mit einem ehemaligen Klassenkameraden, der Verlobte tobt vor Eifersucht, prügelt sich mit dem vermeintlichen Rivalen, ohrfeigt die Braut, die die Verlobung auflöst.

In ihrer Enttäuschung studiert Ildiko Auslandsannoncen und beginnt eine Korrespondenz mit einem Münchner Junggesellen. Der reist schon bald an und transportiert sie als Verlobte nach Deutschland ab. Dort will er sie jedoch als Barmädchen arbeiten lassen. Ildiko flüchtet und wird von einer ungarischen Bekanntschaft als Au-pair-Mädchen vermittelt.

Bei der Familie lernt Ildiko ein befreundetes Ehepaar kennen, das dem mormonischen Glauben anhängt. Ildiko fasst den Plan, sich durch Übertritt zum Mormonentum Zugang zu einem jungen Missionar zu verschaffen und somit mit einer Green Card nach Utah zu gelangen. Nach der Taufe stellt sich heraus, dass der junge Missionar ausschließlich an ihrer Seele interessiert war. Enttäuscht kehrt Ildiko dem neuen Glauben den Rücken.

Sie beschließt, Fotomodell zu werden. Eine Agentur stellt ihr gegen drei Monatsgehälter eine Mappe zusammen und verspricht, sie europaweit anzubieten. Die Gastfamilie findet heraus, dass die Agentur in seriösen

Werbekreisen unbekannt ist. Kurz darauf geht diese Agentur pleite.

Ildiko kündigt ihre Au-pair-Stelle und nimmt einen Kellnerinnenjob in Italien an. Sie lernt einen deutschen Vertreter kennen und zieht nach wenigen Wochen zu ihm. Ein halbes Jahr später wird geheiratet: Ildiko wähnt sich am Ziel. Der Deutsche ist zwar 20 Jahre älter, aber er fährt ein Cabrio und führt sie sonntags zum Brunch ins Marriott. Weil er viel reisen muss, meint er, dass Ildiko weiterarbeiten soll. Er bringt sie in einer Parfümerie unter. Ildiko findet diesen Job sehr eintönig und will kündigen, da vertraut ihr Mann ihr an, dass es seiner Firma schlecht geht, das Cabrio ein Firmenauto ist und sie ihr Gehalt brauchen.

Das Fazit: Ildiko ist auch weiterhin in einem unqualifizierten Dienstleistungsjob tätig, steht um fünf Uhr auf, um mit der Schnellbahn den Arbeitsplatz zu erreichen, und erledigt nach Dienstschluss die Hausarbeit für sich und ihren Ehegespons. Der erweist sich keineswegs als großer Abenteurer, sondern liebt am meisten seine Fernsehabende.

Gut an Ildiko sind ihr Mut, ihre Initiative und ihre Bereitschaft, immer etwas Neues zu wagen. Schade ist, dass sie diese Energien immer in die falsche Richtung lenkte. An mehreren Punkten gab es Alternativen, die sie aber ausschlug. Die Mormonen wollten sie in die Schule schicken, weil eine Dolmetscherin für Ungarisch ihnen nützlich gewesen wäre. Die deutsche Gastfamilie hätte ihr einen Platz in einer Modeschule organisiert, da sie in dieser Richtung begabt und interessiert war. Ildiko aber setzte auf die Barbie-Karte.

Karin.

Karin wird Stewardess. Sie hat vor, ein paar Jahre lang die Welt zu umfliegen, interessante Großstädte kennen zu lernen und sich in den Reihen der First-Class-Passagiere nach einem geeigneten Partner umzuschauen. Ihre Supervisorin versucht, sie für Weiterbildungen zu interessieren, da sie der intelligenten, lebhaften, kontaktfreudigen jungen Frau gute Chancen ausrechnet.

Auf einem Flug nach London kommt Karin mit einem gesetzten graumelierten Herren ins Gespräch. Er lädt sie in die Oper ein. Karin hasst Opernaufführungen, doch der Mann interessiert sie. Leider heiratet sie drei Monate später nicht nur ihn, sondern auch sein Abo. Doch die Abende bei Kulturveranstaltungen sind noch nichts gegen seine Familie. Die macht kein Geheimnis daraus, dass ein Mädchen aus unbekannter Familie, aus einem bedeutungslosen Ort in Niedersachsen, keine Bereicherung für ihren Stammbaum darstellt. Auch der Freundeskreis von Rupert, allesamt in seinem Alter und teilweise noch sentimental seiner Ex-Frau verbunden, akzeptiert sie nicht wirklich.

Karin bekommt in rascher Abfolge drei Kinder, für jedes bekommt sie einen hochkarätigen Diamanten. Nach einigen Jahren ist auch für Karin nicht mehr übersehbar, was ihre Umwelt längst schon weiß: dass Rupert eine Affäre hat mit seiner Sekretärin. Er weigert sich, diese Affäre abzubrechen. Das Ende kommt erst, als die Firma Konkurs macht. Mit seinen mittlerweile sechzig Jahren ist Rupert nicht mehr vermittelbar. Karin sieht sich gezwungen, in einem Büro eine Stelle anzunehmen.

Das Fazit: Die Welt der Geschäftsmänner ist voll von gestrandeten Existenzen, die davor eine steile Karriere gemacht hatten. Mit ihnen rutscht auch der Tross ab, der an ihnen hing: Angestellte, Ehefrauen und so weiter. Die Kaufkraft eines Mannes, vor allem eines älteren, sagt noch nichts über die Zukunft aus.

Beatrix.

Beatrix (»Trixi«) sieht fabelhaft aus und macht einen Beruf daraus. Nach drei Jahren als Fotomodell sieht sie aber, dass ihr der ganz große Durchbruch nicht gelingen wird, sondern sie maximal noch ein paar Jahre auf mittlerer Schiene fahren kann. Es ist also Zeit, sich einen alternativen Karriereweg zu überlegen. Dieser läuft ihr in Gestalt des Agenturchefs Leopold über den Weg. Der ist zwar ein einfacher Weggenosse, aber es gelingt Trixi, durch geduldiges Anhören seiner langen Selbstdarstellungen und persistentes Absitzen endloser Abende in der verrauchten Hinterstube seines Tennisklubs, potenzielle Rivalinnen auszustechen und Einzug zu halten in sein Loft.

Das Gute: Leopold führt ein bewegtes Leben. Gerne fliegt er nur für einen Tag nach Rom oder Madrid, die Urlaube verbringt er in Afrika auf Safari und Trixi ist dabei.

Das Schlechte: Trixi lebt mit jemanden, mit dem sie überhaupt keine nahe Beziehung hat. Oft glaubt sie, vor Langeweile umzukommen. Auch stellt sich heraus, dass Leopold trotz seines luxuriösen Lebensstils sehr geizig ist. Zehn Jahre später hat Trixi zwanzig Kilo zugenommen, kriegt sie nicht mehr runter und wird von Leopold deswegen pausenlos kritisiert. Wenn ihr einziger Sohn im kommenden Herbst eingeschult wird, hat Leopold außerdem beschlossen, soll Trixi wieder arbeiten gehen. Aber als was? Ohne Qualifikation, im mittleren Alter, wird sich ein Berufseinstieg schwierig gestalten.

Das Fazit: Trixi war bereit, für ihren Aufstieg einen Preis zu zahlen. Sie hielt durch an der Seite eines Mannes, der sie nur mäßig faszinierte, der sie eigentlich langweilte und dessen Interessen sie nicht teilte. Sie malte sich aber nicht aus, was es heißt, eine solche Situation nicht bloß aus strategischen Gründen ein paar Monate lang, sondern ihr ganzes Leben lang durchzuhalten. Außerdem ist sie jetzt wieder am Ausgangspunkt, in der Position, sich ohne Qualifikation eine Arbeit suchen zu müssen. Leopold war somit keine Lösung, sondern nur eine Zeitverschwendung.

6
Popcorn im Kopf – Die nächste Generation begibt sich auf den Holzweg

Hinter dem fachlich-sachlichen Ausdruck »Lebensplanung« verbirgt sich etwas sehr Alltägliches: die Vorstellung, die wir uns von unserem Leben machen. Wie soll es sein? Wie wäre es schön? Was hätten wir gerne? In fast jedem Lebensabschnitt stellen wir uns solche Fragen, doch zu manchen Zeiten haben sie ein ganz besonderes Gewicht. Eine solche Zeit ist die Jugend. Später kommen andere Fragen dazu: Was habe ich falsch gemacht? Wie kann ich es noch richten? Was habe ich vergessen oder vernachlässigt?

Doch bleiben wir bei der Jugend. Solche, die es wissen müssten, die beruflich und persönlich mit jungen Mädchen zu tun haben, machen völlig gegensätzliche Beobachtungen über den Bewusstseinsstand der neuen Generation.

Wir nähern uns dem Thema bescheiden. Was geht in den Köpfen der Mädchen vor? Das hängt nicht zuletzt damit zusammen, was in diese Köpfe hineingegeben wird, zum Beispiel durch die Mädchenzeitschriften. Am Kiosk erkundigen wir uns, was die jungen Mädchen zwischen elf und sechzehn kaufen. Die Kioskbesitzer lächeln glücklich beim Gedanken an die jungen Käuferinnen. Treue Leserinnen sind das! Nicht selten kommen sie schon Tage vor dem Auslieferungstermin, so heiß erwarten sie das nächste Heft! Was sie lesen? Also: Sie lesen *Mädchen, Bravo, Popcorn.* Die etwas älteren lesen auch noch *Joy*.

Eben dieses Sortiment legen auch wir uns zu, um es alsdann eingehend zu studieren.

Mädchen ist eine Zeitschrift, die uns in unserer Eigenschaft als Mütter auf einen Schlag ergrauen lässt. Was den jungen Mädchen geboten wird, ist noch blöder als das, was die Medien der erwachsenen Frau zumuten. Erhoffen würde man das Gegenteil. Die Mode ist Stilrichtung Flittchen, es wird schwerste Sex-Animation betrieben, es geht eindeutig nicht um Aufklärung, sondern um Abklärung, und das schon für Teenager.

Die Reportage »Hot Dreams« gibt die Sexualfantasien von Jugendlichen wieder. Wir lernen darin die sechzehnjährige Kerstin kennen; ihr Traum: ein »One-night-stand an Deck«. Sie will auf einem Segelboot fahren, sich dort »einfach einen aus der Gruppe schnappen«, mit ihm unter Heranziehung von »Kirschen mit Sahne, die man als Liebesspielzeug einsetzt« (?), herumtun und das Ganze als One-night-stand konzipieren. »Im Urlaub bin ich sowieso viel ungezwungener als zu Hause.«

Kathrin, ebenfalls sechzehn möchte in einem Flugzeug einen »süßen südländischen Boy anmachen« und ihn anschließend »in die Toilette ziehen« zwecks eines »Quickies«.

Auf der folgenden Doppelseite »Mode« sehen wir Mädchen in einer Bekleidung, die oben zitierte Erlebnisse durchaus vorstellbar macht.

Im »Ferienreport« erfährt die Leserin, wie sie in den sechs gängigsten Urlaubssprachen »Ich liebe dich« sagt und, wichtiger, wie sie sich den Allüren des jeweils dort anzutreffenden Männertyps anpassen kann, um einen erfolgreichen Urlaubsflirt zu erleben. (Zum Beispiel: Einem Türken muss man die Initiative überlassen, beim Holländer ist das nicht nötig.)

Wir blättern weiter und stoßen auf Felix, siebzehn Jahre alt. Er gibt in dieser Nummer das »intime Interview«. In der vorangegangenen Nummer war er, wie wir erfahren, »Boy des Monats«, worauf er mehr als tausend Briefe von begeisterten Leserinnen dieser Zeitschrift erhielt. Nun wird diese faszinierende Persönlichkeit uns in einem Interview näher gebracht. Wie denkt der Mann von morgen, dem die Frauenherzen zufliegen? Wie ist er, der Traumpartner unserer Töchter? Exzerpte aus seinem Interview:

»Bei mir an der Schule um die Ecke ist eine Condomerie, ich finde es witzig, dort einzukaufen. Ich verschenke auch gern Kondome. Gag- oder Leuchtkondome. So ein Geschenk finde ich witziger als ein Buch. Ein Buch ist eher uninteressant.«

Und, benützt er solche Kondome auch selbst, will *Mädchen* wissen. Auch wir sind auf die Antwort gespannt; wie ist sie, die Etikette für das Jahr 2000? Wann ist, im neuen Benimm, das Leuchtkondom angebracht? Felix erstaunt zunächst mit einer Antwort, die nach sozialer Höflichkeit aussieht – die sich aber rasch als etwas anderes, nämlich als blanke Pragmatik herausstellt:

»So etwas würde ich nur in einer langen Beziehung mal als Gag benutzen. Es ist nämlich eine teure Angelegenheit. Und 25 Mark einfach so rauszuschmeißen, dazu hab' ich keine Lust.«

Gut. Was also nun muss ein Mädchen beachten, das einen tollen Fang wie Felix machen will? Sie muss das typisch weibliche Besitzdenken abstreifen. Felix hat bereits

»schlechte Erfahrungen gemacht. Sie (die Freundinnen) waren hinter mir her, haben immer gleich gefragt, wo ich war. Haben mich überraschend von der Schule abgeholt. Auch wenn ich eine Freundin habe, brauche ich mein Eigenleben.«

Momentan ist er ohne feste Freundin. Geht ihm etwas ab? Felix verneint. Lieber ist er mit seinen Freunden unterwegs, frei und unkontrolliert durch das stets eifer- und kontrollsüchtige Geschlecht.

Und ist es schwer, Mädchen kennen zu lernen? Also anfangs, weiß Felix noch, war es schon ein bisschen peinlich. Man muss die natürliche Schüchternheit überwinden. Doch Freunde sagen einem ständig vor, dass es auf der Welt unzählige hübsche Mädchen gibt und man sich bloß nicht stressen soll. Das hat sich Felix so oft angehört, »bis ich es geglaubt habe«.

Abschließend dürfen, weil wir ja in einer Demokratie leben, vier junge Leute zu Felix Stellung nehmen. In den Kommentaren der beiden Mädchen, verglichen mit denen der beiden Jungen, können wir kristallklar die gegensätzlichen Weltanschauungen erkennen.

Julia über Felix: »Mit siebzehn wird es Zeit, dass Felix sich richtig verliebt.« Anna über Felix: »Doof finde ich, dass seine Freundin immer hübsch sein muss. Der Charakter muss stimmen, Schönheit vergeht.«

Und nun Frank über Felix: »Mir gefällt, was er sagt. Auch ich würde meine Freunde wegen einer Beziehung nicht aufgeben.« Dietmar über Felix: »Es ist okay, dass er sich von einer Freundin nichts vorschreiben lässt.«

Bitte sehr: Romantik gegen Selbstbehauptung. Mit vierzehn sind die Linien schon klar.

Die Leserin, die dennoch eine Frage hat, kann sich ein paar Seiten später an *Gabi* wenden, die hier eine Kolumne schreibt. Frage und Antwort zur vierzehnjährigen Barbara sprechen für sich:

»Seit einer Woche bin ich mit einem Jungen (fünfzehn) zusammen, den ich sehr liebe. Einmal, in der Disco, schmuste ich mit ihm, weil ich dachte, er sei solo. Später aber stellte sich heraus, dass er eine Freundin hatte, mit der er jedoch am selben Abend meinetwegen Schluss machte. Die beiden waren übrigens ein halbes Jahr zusammen. Seine Exfreundin sagte mir, dass er sie mehr als nur einmal betrogen und sie ihm immer wieder verziehen habe. Sie sagte, dass er auch mich hundertprozentig betrügen wird. Ich weiß nicht mehr, was ich machen soll. Ich habe schreckliche Angst, ihn zu verlieren.«

Wem bei diesem Brief und der dazugehörigen Altersangabe der Kontrahenten nicht schon hinreichend die, wie wir in Österreich sagen, Grausbirnen aufgestiegen sind, der lese bitte noch die Antwort *Gabis:*

»Weißt du, was die Exfreundin verschwiegen hat? Dass sie mit diesem Jungen ein halbes Jahr lang eine Beziehung geführt hat, die auch schöne Seiten hatte. Ein halbes Jahr Beziehung in diesem Alter ist lang. Ein Junge, der in der Lage ist, eine so lange Beziehung zu führen, kann nicht nur fies gewesen sein. In ihrem Trennungsfrust ist es absolut okay, dass sie jetzt nur die miesen Seiten sieht. Sie blickt zurück im Zorn und rächt sich jetzt an ihrem Ex, indem sie der neuen Freundin, nämlich dir, erzählt, was er doch für ein Fiesling ist. Lass ihr den Zorn, die Trauer. Das hilft ihr, von dieser Liebe Abschied zu nehmen. Du hast die fantastische Möglichkeit, deinen Freund mit ganz anderen Augen zu sehen: mit den

Augen der Liebe. Liebe erhöht den anderen. Ich möchte dich dringend davor warnen, ihn mit den Augen der Exfreundin zu sehen. Damit engst du dich ein. Du bist doch die Liebende, sie ist die Trauernde.«

So, also bitte. Immer wieder fragen sich Frauen, wie es denn möglich ist, dass auch der allerletzte männliche Fiesling, der eine Frau nachweislich schon ganz schrecklich behandelt hat, immer wieder ein neues Opfer findet. Hier haben wir eine der Wurzeln für die Erklärung. Hör nicht auf andere Frauen, die sind ja bloß neidisch auf dein neues Glück. Wenn er seine letzte Partnerin schäbig behandelt hat, dann nur deshalb, weil sie nicht Frau genug war, um ihn hinzukriegen. Die wahre Liebe, die er erst mit dir erleben wird, wird aus ihm einen tollen neuen Menschen machen. Die Liebe versetzt Berge und so weiter …

Müssen wir noch mehr sagen? Sie haben es ja selbst gelesen. Ein Junge ist schon toll, wenn er sechs Monate lang eine »Beziehung« führen kann, egal wie es innerhalb dieser sechs Monate zugegangen sein mag. *Gabi* findet nichts Komisches daran, dass er mit einer Beziehungspartnerin Schluss macht, bloß weil er in der Disco kurz mit einer anderen schmust. Sie äußert sich nicht dazu, dass eine Vierzehnjährige meint, einen Jungen sehr zu lieben, und schreckliche Angst davor hat, ihn zu verlieren. Während Jungen in diesem Alter schon wissen, dass ein bisschen Distanz vor Angst und Schmerz schützt, dass sie ihre geschlechtsgleichen Freundschaften hegen und wertschätzen müssen als Bollwerk gegen emotionalen Missbrauch durch die »Gegenseite«, dass sie im Leben noch viele Dinge interessieren außer einer Liebesbeziehung, werden Mädchen darin bestärkt, sich total auf die Liebe zu fixieren. Ganz abstrakt, auch wenn ihr Objekt das in Clerasil gebadete Antlitz eines doofen fünfzehnjährigen Disco-Helden ist.

Wir haben jedenfalls genug von *Mädchen*. Vielleicht sind die anderen Zeitschriften ja ganz anders und viel besser. Wir schlagen *Bravo* auf.

In *Bravo* ist die Lebensbotschaft subtiler verpackt. Auf den ersten Blick ist es eine reine Tratschzeitschrift. Als Kaufanreiz liegen zwei Bügelbilder bei, mit denen man sich Brad Pitt und die Kelly Family auf einem Kleidungsstück fixieren kann, falls man dies aus uns unbegreiflichen Gründen tun möchte. Der Inhalt bezieht sich mehrheitlich auf Rockbands und Schauspieler. Die klassisch weibliche Rolle vermittelt sich trotzdem, wenn auch indirekt.

Eine Kolumne ermutigt zum Junggroupie-Verhalten. Wer unter den Leserinnen sich an irgendeinen Star ranschmeißen konnte, wird in der Zeitschrift abgebildet. Zwei Seiten lang können wir aufgeregte Teenies betrachten, die sich mit einem hypnotisierten Gesichtsausdruck und weit aufgerissenen Augen an irgendein

Pop-Idol der zweiten Garnitur andrücken, welches zufällig auf Deutschland-Tournee war und dann von einer kleinen *Bravo*-Leserin in der Lobby abgefangen wurde. Dazu auch Text:

»Als meine Freundin und ich erfuhren, dass Mark 'Oh nach Braunschweig kommt, sind wir gleich in das Hotel gefahren, in dem er wohnte. Nach eineinhalb Stunden Warten kam er dann auf einmal... Wir waren so aufgeregt, dass wir fast kein Wort herausbekamen. Schließlich fassten wir uns ein Herz und gingen auf ihn zu... Ganz von selber gab er uns Autogramme und ließ sich mit uns fotografieren. Dass er so nett sein würde, hätte ich nie im Leben gedacht!«

Spärlich, aber doch gibt es auch so etwas wie einen sozialen Inhalt. Im *BravoReport* berichtet *Bravo* über »Conny: Mit 16 auf dem Babystrich«. In der Geschichte wird relativ geradlinig von einer jungen Ausreißerin erzählt, die drogensüchtig wird und in die Prostitution abgleitet. Die Geschichte folgt dem üblichen erbaulichen Muster solcher Geschichten: Der traurige persönliche Hintergrund des Mädchens wird beschrieben und auf die abschreckenden Beschreibungen ihrer gegenwärtigen desolaten Lage folgt der Hoffnungsschimmer, sie könne nun in einer engagierten WG wieder auf die richtige Bahn gebracht werden. Bemerkenswert an der Geschichte erscheint uns zweierlei. Der Artikel »übersetzt« zwar Insider- und Fachausdrücke wie »Schore« (Heroin), setzt aber mit anderen, nicht erläuterten Begriffen ziemlich viel an drogen- und sexualspezifischem Wissen voraus. Zweitens fallen uns die Illustrationen auf. Wir sehen Conny traurig, Conny wie sie ihre Tätowierungen herzeigt, Conny etwas weniger traurig mit dem kleinen Hund, den sie zum 16. Geburtstag in ihrer neuen Entzugs-WG bekam, Conny auf dem Rand eines Bettes, auf dem ein nur mit Socken bekleideter Mann liegt (ein Freier, erfahren wir) … und dann noch, für uns wenig nachvollziehbar, eine in fünf Bildern dargestellte präzise Anleitung zur Vorbereitung und Selbstinjektion einer Drogendosis per Spritze.

Zwei Seiten später wartet eine Überraschung auf uns. In der Kolumne »Love and Sex Report 95« stellen sich auf einer Doppelseite zwei Jugendliche vor, der siebzehnjährige Oliver auf der linken und die fünfzehnjährige Natalie auf der rechten Seite. Beide sind splitternackt und mehr noch, sie sind bereit, uns einfach alles zu erzählen.

Das *Bravo*-Team fragt sie nach ihren Erfahrungen mit der Pubertät, nach dem Ausmaß ihrer bisherigen sexuellen Erfahrung. Natalie berichtet von stark ambivalenten Gefühlen gegenüber der Pubertät und den damit einhergehenden körperlichen Veränderungen. Doch dann habe sie die »positiven Seiten des Erwachsenwerdens entdeckt, in die Disco gehen, Jungs anmachen …«

Beim Betrachten dieser beiden Babies, die irgendwie zum Strip bewogen werden konnten, sieht man schon den Nachwuchs der späteren Talk-Shows vor sich, die sich in der Tat ja rasch vermehren und sich am besten rechtzeitig um die erforderliche offenherzig-exhibitionistische Gesinnung bemühen. Die beiden Teens werden ausgefragt in einem Ausmaß, das irgendwann offenbar sogar dem Interviewer nicht mehr ganz geheuer ist. Immerhin fragt *Bravo* das Opfer Natalie dann, warum sie bei dieser Sache mitmacht. Ja, und warum? »Ich habe gedacht, es stärkt mein Selbstbewusstsein.«

In der Kolumne »Liebe, Sex und Zärtlichkeit« begegnen wir dann dem fünfzehnjährigen Robert, der ein interessantes Problem hat. Ihm und seiner Freundin wird es »beim Geschlechtsverkehr immer langweiliger«. Angesichts des beschleunigten Zeittempos, das diesen jungen Leuten nahe gelegt wird, kein Wunder. Wahrscheinlich sind sie schon unendlich lange, zwei Wochen oder so, zusammen.

Eigentlich reicht ja fast schon die Aussage, dass Mädchen *Bravo*, Jungen hingegen *BravoSport* lesen; was soll man noch viel sagen über die Gabelung der Interessen? Genauso kann es später weitergehen: Sie richtet das Abendessen, er sieht Sport. Sie geht mit den Kindern zum Sprechtag, zur Haltungsgymnastik, zur Klavierstunde, er geht mit ihnen auf den Sportplatz. Aber belassen wir es nicht bei Oberflächlichkeiten, vielleicht ist Sport ja nur das Vehikel, das viele wertvolle Inhalte in das Junghirn hineintransportiert.

Vorher haben wir uns noch mit Lesern unterhalten. Wir haben sie gefragt, was man über die Sportler erfährt. Nur ihr Alter, ihre Stärken und Schwächen, ihre Position im Team oder auch Privates?

Die jungen Herren antworteten darauf, dass sie über das Privatleben der Sportler nichts erfahren würden. Verheiratet, Kinder? Das wüssten sie nicht.

Anhand der Zeitschriften können wir nun feststellen, dass das streng genommen nicht der Wahrheit entspricht. Wenn wir sehr sorgfältig suchen, finden wir hin und wieder, wenn auch äußerst selten, einen Hinweis darauf, dass diese tollen Männer neben ihren tollen Leistungen auch noch ein Leben jenseits des Sports haben, in dem Beziehungen und Familien vorkommen, dass sie neben dem Pokal noch andere wichtige Lebensziele verfolgen.

Dass diese kurzen Hinweise den jungen Lesern gar nicht aufgefallen sind, wundert uns nicht. Das Thema Beziehung und Familie, in *Bravo* das dominierende Element, kommt in dieser an Jungen adressierten Zeitschrift nicht einmal als Girlande vor. Hier ist alles, was wir an Hinweisen finden konnten:

Zunächst ein Interview mit dem Rennfahrer Michael Schumacher.

BravoSport: »Bereust du es manchmal, dich schon in jungen Jahren mit Corinna verlobt zu haben, während deine Fahrer-Kollegen von einem Groupie zum anderen hüpfen?«

Schumi: »Ich habe diese Erfahrungen schon hinter mir und bin zu dem Schluss gekommen, dass ich lieber seriöser leben möchte ...«

BravoSport: »Was gefällt dir an Corinna?«

Schumi: »Wir harmonieren perfekt. Wenn ich bei ihr bin, finde ich meine Balance, kann vom Stress total abschalten und mich entspannen.«

Das zweite Indiz für ein sportliches Privatleben findet sich in Gestalt eines winzig kleinen Fotos von Frau und Baby des Schweizer Boxers Andy Hug.

Unser zweites Augenmerk gilt der Suche nach Frauen. Kommen Frauen in der Zeitschrift vor? Aber ja; nicht umfangreich, aber doch werden weibliche Sportler dargestellt. In den traditionellen Sportarten werden sie ganz genauso präsentiert wie ihre männlichen Kollegen. Sanchez wird nicht anders interviewt als Bruguera. Auffallend ist ihre Unterrepräsentation, auf 75 Seiten kommen durchschnittlich drei Frauen, dafür aber buchstäblich hunderte von Männern vor ... und die Zeitschrift heißt schließlich nicht Männersport, sondern *BravoSport*.

Frauenfußball, Frauenbasketball kommen nicht vor, lediglich die echten Stars im Frauensport werden gewürdigt. Angesichts der mageren Vertretung von Frauen fällt die Doppelseite auf, die einer Vertreterin einer »unseriösen« Sportart gewidmet ist. Unter Titeln wie »Sexy und gefährlich« dürfen wir eine Angehörige der World Wrestling Liga für Frauen in knapper Kostümierung bewundern.

Wie in den Mädchenzeitschriften gibt es auch hier eine Ratkolumne. Jedoch geht es hier um andere Problemkomplexe. Es gibt keine *Gabi* und auch keinen Psychologen, sondern den *Sport-Doc*, heute Arzt, früher Tennismeister.

Während die gleichaltrigen Mädchen sich, wie wir bereits sahen, mit umständlichen Liebesfragen peinigen, erfahren wir in dieser Kolumne, welche Sorgen ihre männlichen Gegenüber haben: Warum ist ein Achillessehnenriss so schlimm? Sind Massagen nur für Profis gut, oder könnte nicht auch ich (der fünfzehnjährige Ulli) eine solche genießen? Wie löse ich die Probleme mit meinem Schlagarm?

Doch keiner soll sagen, dass nicht auch hier an Mädchen und Liebe gedacht wird. Im dritten Heft werden wir fündig, stoßen wir auch hier noch auf eine »private« Frage. Der sechzehnjährige Andreas ist passionierter Radfahrer, Mountainbike, BMX, Rennrad. Außerdem hat er noch eine Freundin, und:

»... seit eine Bekannte ihr erzählt hat, dass Männer durch den harten Fahrradsattel impotent werden, möchte sie, dass ich die Sportart wechsle. Was empfehlen Sie mir?«

Rührend, diese Mädchen. Sie machen sich sogar noch um die zukünftige Potenz ihrer Freunde Sorgen, denn diesen Sechzehnjährigen visualisieren sie offenbar schon als Lebenspartner und Vater ihrer Kinder. Sie besprechen seine sexuelle Gesundheit in ihrem weiblichen Bekanntenkreis. Sie üben schon ihre künftige Rolle als Mutti und Spielverderberin, die von jedem männlichen Spaß mit vielen ernsten Bedenken abrät und sich überall einmischt, zuständig für alles.

»Welche Zeitschriften gefallen dir besser?« fragt mich mein Sohn, der meine konzentrierte Lektüre von *Popcorn* und *BravoSport* mit ungläubigem Erstaunen verfolgt hat. Gute Frage.

Die Mädchenzeitschriften gefallen mir nicht, weil sie eine schreckliche Einschulung in Gefühlsleid und Diensteifrigkeit darstellen. Wie finde und behalte ich einen Mann? Wie kriege ich ihn dazu, dass er mich liebt, braucht, haben will? Wie ertrage ich den schrecklichen Kummer, wenn er mich fallen lässt und eine andere liebt? Unerträglich an der Jungenzeitschrift ist hingegen die Eintönigkeit. Natürlich, es ist eine Sportzeitschrift, aber die Zeitschriften für Jungen sind eben monothematisch. Bei Mädchen kommt wenigstens eine Streuung vor, Gedanken über den kommenden

Urlaub, die Schule zumindest als Bühne für das romantische Drama. Jungen werden an die Einseitigkeit gewöhnt und an die Idee, alles in Punkten zu messen.

Das Strickmuster ist, wie wir rasch erkennen können, bei allen Mädchenzeitschriften identisch: viele Seiten über Rockgruppen. Mehrere heraustrennbare Poster von Filmstars oder irgendeiner Musikband. Eine Kurzgeschichte in Form eines Foto-Comics. Mindestens zwei Ratkolumnen zu Sex und Beziehungen. Mindestens eine Seite Witze. Besprechung der neuen Kinofilme. Irgendein Geschenk, zum Beispiel Sticker oder aufbügelbare Bilder. Wir wollen die Bedeutung dieser Zeitschriften nicht über-, aber auch nicht unterschätzen. Die Jahre zwischen elf und siebzehn sind aufwühlend und Orientierungspunkte sind spärlich. Gerade die Dinge, die den jungen Menschen am meisten bewegen, kommen zu Hause und in der Schule als offizielle Inhalte nicht wirklich vor. Wie fühle ich mich, wie sehen mich die anderen, bin ich liebens- und bewundernswert, wie attraktiv bin ich, wie kann ich mich verbessern, wie ordne ich meine Gefühle ein, was ist wichtig, wie erlebe ich Sexualität …

Als Informationsquellen kommen Eltern, Lehrer, Freundinnen und Freunde und eben die Medien in Frage, und die Medien haben den Vorzug, vergleichsweise »objektiver« und neutraler zu erscheinen. Eltern und Lehrer sind älter und wollen dich dauernd behüten, deine Freunde und Freundinnen wissen nicht viel mehr als du, sind vielleicht nicht verschwiegen genug und können auch Konkurrenten sein.

Die Zeitschrift ist demgegenüber scheinbar sachlich, es umweht sie ein Duft von großer Welt und leicht Verbotenem. Als meinungsbildende Instanz sind sie leider nicht zu vernachlässigen.

Wer sie aus der Distanz der Jahre liest, erinnert sich nicht nur nostalgisch an die Mädchenzeitschriften der eigenen Jugend und an die Stunden, in denen man sich als unsicheres, pummeliges, schüchternes Wesen in irgendwelchen glamourösen Fantasien verlor.

Man hat auch ominösere Assoziationen. Denn was wir klar herauslesen können, ist die verhängnisvolle emotionale Weggabelung von Jungen und Mädchen. Mag sein, dass mit elf schon viel passiert ist, dass die Mädchen schon eine Prädisposition mitbringen zum verstärkten Beziehungsinteresse. In diesen Zeitschriften wird es genährt und gefördert.

Wir wenden uns an die Redaktion von *Mädchen*, um mehr über die Leserinnen zu erfahren, und bekommen prompt und freundlich Antwort.

Die Zielgruppe ist zwischen dreizehn und neunzehn; »schwerpunktmäßig lesen uns Gymnasiastinnen, Realschülerinnen und Lehrlinge«. Die verkaufte Auflage liegt bei etwa 500 000, wobei wir davon ausgehen können, dass jedes Heft im Freundinnenkreis die Runde macht und daher von mehreren Personen gelesen wird. Der Wissensdurst beziehungsweise der Problemdruck ist deutlich vorhanden; jeden Tag erhält die Redaktion zwischen 150 und 200 Leserbriefe. Auch zum Weltbild wird uns Auskunft gegeben. Wir erfahren:

»Wir gehen davon aus, dass in unserer Gesellschaft immer noch Mädchen und Frauen benachteiligt werden. Wir versuchen, für junge Mädchen gleiche Chancen wie für die Jungen zu erkämpfen ... Wir wollen (Mädchen) davor bewahren, sich in das überkommene Rollenklischee drängen zu lassen.«

Das ist ein schöner Vorsatz. Dass es mit der Umsetzung etwas hapert, erfahren wir im selben Brief. Man bemühe sich, die unterschiedlichen Problemkreise der Leserinnen im Inhalt abzudecken.

»Dabei wird der Schönheit durch die Themenbereiche Mode und Kosmetik, dem Selbstbewusstsein durch Themen wie Liebe und Partnerschaft Rechnung getragen.«

Genauso ist es, leider. Das Selbstbewusstsein der Mädchen wird fokussiert auf die Liebe und die Partnerschaft. Da muss das Mädchen, muss die Frau bestehen, sonst ist ihr Selbstbewusstsein im Keller. Andere Bereiche zählen weniger bis gar nicht: Schulerfolge, sportliche Leistungen, Berufspläne, diese Dinge werden für Mädchen nicht als glamourös und nicht als selbstwertfördernd präsentiert.

Dabei dämmert den Leserinnen zumindest ansatzweise, dass es diese anderen Dinge auch noch gäbe; was interessiert die Leserinnen?

»Die Leserinnen erbitten sich Rat in allen Lebensbereichen: Probleme mit den Eltern, der Schule, dem Freund, Probleme mit der Gesundheit, mit der Sexualität, mit sich selbst, mit der Freundin. Religiöse Probleme, kosmetische Probleme. In letzter Zeit kommen vermehrt Fragen nach beruflichen Chancen und Möglichkeiten.«

Im Inhalt der Zeitschrift findet diese Schwerpunktverlagerung der Interessen noch keinen Niederschlag.

Am unverfänglichsten scheint noch die Zeitschrift *Popcorn.* Musikbands stehen auch hier im Vordergrund, auch hier garniert mit dem üblichen Sonstigen. Ein (männlicher) Psychologe gibt in der Ratkolumne *Popcorn brisant* einen auffallend intelligenteren, weniger mädchenverblödenden Rat als die unqualifizierten jungen *Gabis* der anderen Ratkolumnen. Auch an der zweiten Ratkolumne, die ebenfalls von ihm betrieben wird, ist inhaltlich nichts auszusetzen. Und dennoch … Geht es in *Popcorn brisant* noch um allgemeine Probleme des Erwachsenwerdens, zum Beispiel in der Juni-Nummer um das Problem der Schüchternheit, so klingen in der zweiten Kolumne, »Liebe, Lust und Leidenschaft« schon geschlechtsspezifischere Themen an. In der ersten Kolumne schrieben auch Jungen; in der zweiten melden sich überwiegend Mädchen zu Wort. Im Juni mit folgenden Problemen:

Birgit, dreizehn Jahre alt, hat sich in einen sechzehnjährigen Jungen aus derselben Schule verknallt, er aber ignoriert sie. Die einundzwanzigjährige Tina hat sich in einen Moslem verliebt, mit dem es jedoch eine Reihe von sozialen, familiären und sexuellen Problemen gibt. Claudia, fünfzehn Jahre alt, kann ihre Urlaubsliebe des letzten Sommers nicht vergessen, obwohl er längst mit ihr Schluss gemacht hat. Die elfjährige Filiz hat sich in einen Jungen verliebt, der aber schon eine andere Freundin hat. Soll sie sich um ihn bemühen oder ist es hässlich, dem anderen Mädchen den Freund ausspannen zu wollen? Die vierzehnjährige Michaela hat sich in ihren Lehrer verliebt; kürzlich hat sie ihm dies gestanden, er aber hat gemeint, sie sei für ihn viel zu jung. Schließlich haben wir noch die sechzehnjährige Manuela, deren Freund sie verlassen hat. Meint er es ernst oder kann sie ihn noch zurückbekommen?

Gegen den Rat des Psychologen in all diesen Einzelfällen ist nichts einzuwenden. Er gibt dem Lehrer Recht, der die Vierzehnjährige abgewiesen hat; empfiehlt Filiz, sich einen anderen Freund zu suchen; ermutigt Claudia, Manuela und Birgit, ihre jeweiligen Schwärme zu vergessen.

Das ist alles gut und schön, doch es drängt sich beim Lesen die Frage auf, ob man diese teilweise sehr jungen Mädchen nicht von der katastrophalen Gefühlsschiene herunterbekommen könnte, auf der sie sich bereits bewegen. Hier haben wir schon die nächste Generation von Frauen, die »zu sehr lieben«, sich den Kopf zerbrechen über die Nuancen der Beziehungswelt und darüber, was im Mann wohl vorgehen mag. Schon jetzt sehen wir die Muster, die später verhängnisvoll sein werden: Die »Männer«, um die es hier geht, sind allesamt in einer vergleichsweise stärkeren Position, sind älter oder gleichgültiger, haben schon eine Freundin, verhalten sich hinhaltend oder trickreich, um die Denkkapazität des Mädchens zu beanspruchen.

Aus dem Kopf von weiblichen Teenagern sind die Sätze, die in dieser Kolumne fallen, einfach tragisch: »Ständig frage ich mich, was ich falsch gemacht habe.« (Eine Zufalls-Discobekanntschaft ist nach dem Urlaub wieder zu seiner Freundin zurückkehrt.) »Ich muss dauernd an ihn denken.« »Ich bin jetzt völlig fertig.« (Der Lehrer hat sie zurückgewiesen.)

Jeder Brief ist ein Psychogramm der weiblichen Fehlorientierung; der Psychologe gibt situativ keinen schlechten Rat, doch auf das Grundsätzliche kommt er nie. Seine Lösung für Kummer mit einem Jungen ist es, auf einen anderen, netteren Jungen zu warten. Das ist bestimmt besser, als beim miesen Jungen zu bleiben, doch die Grundprämisse, dass das Glück eines Mädchens absolut und total von der Liebe abhängt, stellt er nicht in Frage. Warum rät er den Mädchen nicht, sich an der Gelassenheit und emotionalen Freiheit ihrer männlichen Mitschüler ein Beispiel zu nehmen und mal grundsätzlich über ihre Obsession nachzudenken?

Die sechzehnjährige Manuela könnte auch die dreißigjährige, die vierzigjährige, die fünfzigjährige Beziehungsgeschädigte sein; sie bringt schon alles mit, was sie für ein schieflaufendes Privatleben braucht. Hier ihre Gedanken:

»Seit circa sechs Monaten gehe ich mit einem Jungen (18), der vor einer Woche mit mir unerwartet Schluss machte, mit der Begründung, er hätte das Gefühl, er würde mich nicht mehr lieben. Wir waren eigentlich sehr glücklich ... Um mich zu erleichtern, habe ich ihm einen Brief über meine Gefühle geschrieben, wie schön unsere Beziehung war, ich habe ihm für die Zeit gedankt, und ob er sich auch ganz sicher ist oder wir es nochmal versuchen sollten ... Schließlich trafen wir uns und er sagte, er wolle uns noch eine Chance geben. Aber dies habe ich alles nur schwer aus ihm herausbringen können. Wir haben dann auch geschmust, aber irgendwie kam ich mir trotzdem benutzt vor ... Ich weiß nicht, was ich von ihm halten soll, denn er redet auch nicht so gern über alles. Gibt es Tricks, jemanden zappeln zu lassen oder so?«

Hier ist wirklich schon alles da. Die Vorstellung eines »wir«, welches die Frau einseitig als »sehr glücklich«

postulieren kann; ein reines Fantasieunterfangen, denn der Partner ist offenbar nicht glücklich, fühlt sich nicht als »wir« und will Schluss machen. Die Methode der emotionalen Erpressung, der Erpressung also mit dem eigenen demütigen Unglück, hier in Form eines Briefes. Die Unlogik – welche »Chance« soll einer Beziehung gegeben werden, wenn es nicht einmal irgendwelche objektiven Kritikpunkte gibt, sondern bloß ein mangelndes gefühlsmäßiges Interesse? Die Vorstellung, dass der karge, wortarme Mann seine eigenen Gefühle und Wünsche gar nicht kennt, sondern dass man sie aus ihm herausbringen muss. Das alles sind Denkansätze, die schnurstracks in die Sackgasse führen.

Ansatzweise glauben wir übrigens herauszulesen, dass es noch um etwas anderes, nämlich doch um irgendeinen inhaltlichen Konflikt geht. Warum kommt sich Manuela beim Schmusen »benutzt« vor? Warum fragt sie, ob es Tricks gibt, »jemanden zappeln zu lassen«?

Der Psychologe rät ihr ab, Tricks einzusetzen, aber wir glauben, dass er Manuela falsch verstanden hat. Ihre letzte Frage ist auch wirklich unklar formuliert, aber wir verstehen es nicht so, dass Manuela Tricks erfahren möchte, um ihren Freund zappeln zu lassen. Sie verfolgt ja ein sehr gradliniges romantisches Glück-und-Sonnenschein-Bild und will Nähe und Intimität. Mit ihrer Frage will sie wohl eher erfahren, ob der Freund vielleicht seinerseits ein taktisches Ziel verfolgt und *sie* zappeln lassen möchte. Den Sinn dieser Taktik dürften wir dann, verbunden mit dem anderen rätselhaften Satz in ihrer Anfrage, eventuell auf einen Streit über sexuelle Dinge zurückführen.

Doch auf diese Fragen geht der Psychologe gar nicht ein. Er empfiehlt Manuela, mit dem Freund (schon wieder) zu reden, und zwar über ihre Verunsicherung. Sie soll ihm eine Frist setzen, zum Beispiel vier Wochen. Will er sich nach Ablauf der vier Wochen noch immer nicht eindeutig festlegen, so soll Manuela die Konsequenzen ziehen.

Und nun kommen wir zum Kern der Sache: zum Ungleichgewicht. Wir wissen, wie verhängnisvoll sich die unterschiedliche Ausrichtung von Männern und Frauen auf das Zusammenleben auswirkt. Und dennoch wird in diesen Zeitschriften auf die Jugend eingewirkt, um dieses Muster ganz genau fortzusetzen. Sie werden darauf vorbereitet, aneinander vorbei zu leben. Zur Untermauerung dieser These genügt ein vergleichender Blick auf die Zeitschriften, die von Jungen gelesen werden. Welche Lektüre kauft sich ein Junge zwischen elf und siebzehn Jahren am Kiosk? Eine informelle Befragung aller Jungen, die uns über den Weg liefen, sowie natürlich wieder der Kioskbesitzer, ergab diese Liste: *Donald Duck. Asterix. BravoSport.* Die Älteren, und manchmal kichernd als Mutprobe auch die Kleineren: *Playboy.*

Die Idole der Jungen leben in einer Welt ohne Beziehungen; die Idole der Mädchen leben in einer Welt, in der Beziehungen alles bedeuten. In den prägenden Jahren, in denen das Selbstbild, das Repertoire an Problemlösungsverhalten und Ähnliches gestaltet werden, sind diese Mitteilungen alles andere als trivial.

7
Zu sensibel …

Wir unterhalten uns mit einer Gruppe von vierzehnjährigen Mädchen und innerhalb einer Dreiviertelstunde fällt siebenmal der Ausdruck »sensibel«. »Ich bin sehr sensibel.« »Ich bin eine sehr sensible Person, das weiß ich.«

Was soll diese Bezeichnung besagen? Die Mädchen sagen es mit einem gewissen Stolz, offenbar ist es eine Eigenschaft, die sie nicht ungern besitzen. Ihr Tonfall hat aber auch etwas Bekennerisches, als würden sie zum Beispiel sagen, dass sie eine Pollenallergie haben und deshalb nicht in den Park gehen können. In erster Linie begründen die Mädchen damit, warum sie sich durch Äußerungen anderer Leute – ihrer Eltern, ihrer Freundinnen, ihrer männlichen Klassenkameraden – schnell gekränkt fühlen.

Anja sieht uns betroffen, anklagend an und erzählt uns, was ein Lehrer im letzten Semester zu ihr gesagt habe. Er führte Aufsicht in der Cafeteria, betrachtete ihr Tablett und meinte: »Na, heute haben wir aber einen gesunden Appetit.«

Das war für sie sehr kränkend. Er hat damit zu ihrer Essstörung beigetragen, denn danach war sie tunlichst darauf bedacht, nur bescheidene Portionen auf ihren Teller zu legen.

Helga nickt wissend. Ihr geht es auch so.

»Ha, da kommt die Salatfrau«, scherzte beispielsweise kürzlich ein männlicher Mitschüler, als sie nur Radicchio und Gurkenscheiben verspeiste. Was für eine grobe, gefühllose Bemerkung.

Die Mädchen nicken. Wie du es auch machst, ob du dick bist oder dünn, du wirst stets zur Zielscheibe und Grobiane trampeln gefühllos über dein sensibles Innenleben, ist das Erleben der Mädchen.

Diese Mädchen sind in unseren Augen nicht »sehr sensibel«, sondern »zu sensibel«. Zu zimperlich. Wir tun ihnen keinen Gefallen, wenn wir sie darin bestärken, dünnhäutig und gekränkt ins Leben zu gehen.

Eigentlich brauchten viele Mädchen einen Desensibilisierungskurs. Sie müssen zuerst einmal lernen, echte Aggression und Bösartigkeit zu unterscheiden von Humor und von Gedankenlosigkeit. Dann müssen sie lernen, sich gegen echte Aggression entschieden und unmissverständlich zu wehren, ohne falsche Signale auszuschicken, das heißt, ohne zu kichern oder es zu überhören oder zu lächeln, in der Hoffnung, damit den Angreifer zu entwaffnen.

Danach müssen sie lernen, Humor zu ertragen. Wenn er eine Grenze überschreitet, müssen sie lernen, ihrem Gegenüber das mitzuteilen. Wenn er keine

Grenze verletzt, sollten sie darüber lachen. Salatfrau? Was ist daran so schrecklich?

Schließlich müssen sie noch begreifen, dass hinter kränkenden Bemerkungen oft gar nichts steckt: keine böse Absicht, kein Witz, sondern einfach eine Person, die nicht nachgedacht hat und damit überhaupt nichts bezweckt.

Mädchencliquen sind hier oft verhängnisvoll. Sie können ganze Nachmittage damit verbringen, sich gegenseitig Interpretationen zu liefern von möglichen Bedeutungen und Nebenbedeutungen von dieser oder jener Geste oder Bemerkung. Sie können sich in regelrechte Orgien der Exegese von irrelevanten, beiläufigen, uninteressanten Vorfällen hineinsteigern. Von der vergleichsweisen Unempfindlichkeit der Jungen brauchen sie dringend fünfundzwanzig Prozent, während die Jungen ihrerseits fünfundzwanzig Prozent der Mädchensensibilität abbekommen sollten. Das sind Themen, die in der von uns propagierten Pubertätsbegleitung angeschnitten werden können. Auch in der Familie kann man das thematisieren. Der coole, gleichgültige Junge, an dem alles abfließt, der für alles einen lässigen Witz parat hat, braucht die Chance, über seine Ängste und Kränkungen zu sprechen oder zumindest darüber nachzudenken, angeregt durch eine sympathisierende Anmerkung der Eltern. Die Tochter, die als bloßliegendes Nervensystem durch den Tag geht, braucht mehr Gelassenheit. Ihr kommt man am besten nicht mit Mitgefühl, sondern mit einer freundlichen

Relativierung des Geschehenen entgegen und mit Hilfestellungen darin, die Sachen nicht immer so ernst zu nehmen.

Bei Diskussionen in Schulen stoßen wir immer auch auf Mädchen, die durch ihre gute, selbstsichere Haltung auffallen. Eine davon ist Hannah, die wir nun vorstellen wollen.

Hannah ist sechzehn Jahre alt. Sie hat eine feste Statur und ist keine Schönheit, aber ihre blitzenden, humorvollen Augen und das ironische Lächeln sowie ihre Offenheit und Entspanntheit im Umgang mit anderen, nehmen einen sofort für sie ein und erklären, warum sie bei ihren Mitschülern und Mitschülerinnen beliebt ist. Schneeweißer Nagellack ziert hochaktuell ihre Finger, aber wenn sie sich konzentriert, schält sie gedankenverloren Stückchen davon ab oder trommelt maniküregefährdend auf dem Tisch herum. Als sie ihre Lebensphilosophie erklärt, erkennen wir darin viele Elemente, von denen sich andere junge Frauen etwas abschauen können. Wir haben gehört, dass Hannah nicht nur sportlich ist, sondern auch das Coaching für das Mädchen-Basektballteam übernommen hat. Mit der Frage danach eröffnen wir das Gespräch.

Hannah:

»Ja, ich coache jetzt das Unterstufenteam, es fand sich kein Professor, der es machen wollte, daher habe ich es übernommen. Und wir haben die Meisterschaft gewonnen, tja. Wir

sind nicht so gut wie die Jungs, natürlich, weil wir nicht so hoch springen können, aber ich seh' in erster Linie den Spaß, Basketball macht großen Spaß. Unser größtes Problem ist, dass wir selten üben können, weil die Jungs immer schon an den Körben sind. Ich persönlich schau' dann, ob sie mich vielleicht mitspielen lassen, manchmal tun sie's, manchmal nicht. Wenn nicht, dann geh' ich halt wieder, ein anderes Mal wird's schon wieder klappen, ich nehm' das nicht tragisch. Und mit dem Team machen wir das jetzt so, eine saust hinaus, sobald die Glocke läutet, und besetzt den Platz. Die Buben gehen ja meist erst in die Cafeteria und wenn sie dann zu den Körben kommen, sind wir schon da.

Man darf die Sachen nicht so tragisch nehmen. Wenn die Buben schon Basketball spielen, dann kann ich ja hingehen und fragen, ob sie mich mitspielen lassen. Manchmal sagen sie ja. Wenn sie nein sagen, geht die Welt ja auch nicht zugrunde, dann geh' ich eben zum nächsten Platz und frag' dort, vielleicht hab' ich dort mehr Glück.

Mit den Buben in unserer Klasse komme ich gut aus, aber ich muss schon sagen, sie sind extrem blöd. Sie lästern oft über die Mädchen, aber auf so eine blöde Art, so richtig einfältig. Die kapieren einfach nix. Sie machen Witze über Brüste, sie sagen, du willst mit jemandem schlafen. Wenn sie in deiner Tasche eine Binde sehen, dann sagen sie ›ha, du hast die Regel, mach mich nicht blutig, spritz kein Blut auf die Wände!‹ Und so. Nein, ich glaub' nicht, dass man sie erziehen kann, die müssen einfach älter werden. Ab achtzehn sind sie besser, sie behandeln dich besser und zum Beispiel so blöde Bemerkungen, wenn du die Regel hast, so denken die dann nicht mehr.

Aber wir werden mit den Jungen in unserer Klasse schon fertig. Und ich glaube, die werden sich noch bessern, das müssen sie, sonst finden sie später keine Frau. Das sagen wir denen auch ganz oft, damit sie sich gleich darauf einstellen.

Ich will einen guten Beruf erlernen. Nur eine Hausfrau zu sein, das könnte ich mir nicht vorstellen. Die meisten Mädchen in meiner Klasse sehen das genauso.«

8
… zu wenig sinnlich

Die eigene Weiblichkeit zu leben, bedeutet naturgemäß, sich weiblich durch die Welt zu bewegen, und das ist ein jahrelanger Lern- und Übungsprozess. Jede Reaktion der Umwelt, jeder Beisatz wird registriert, gespeichert und ausgewertet. Wofür erhält man Lob? Womit setzt man sich durch? Sagt Papa eher ja, wenn man kokett mit den kleinen Wimpern schlägt oder wenn man sachlich argumentiert, oder wenn man weint und trotzt?

Hier sind die Dinge, die Ihrer Tochter in der Entwicklung ihrer Weiblichkeit schaden:

Mädchen erleben die Weiblichkeit als bedroht.

Was mit Warnungen und elterlichen Vorsichtsmaßnahmen beginnt und in Zeitungsberichten und Kinofilmen mit Bildern ausgestattet wird, findet in der Realität des Mädchenlebens seine unerfreuliche Bestätigung. Mädchen werden blöd angeredet, es gibt unangenehme Vorfälle in der Schule, dumme Witze, grenzüberschreitende Situationen und auch echte Belästigungen und Übergriffe.

Das Mädchen schließt daraus, dass es als weiblicher Mensch inhärent gefährdet ist, dass es Menschen gibt, männliche Menschen, und zwar gar nicht wenige, die ihm deswegen etwas Böses antun wollen beziehungsweise ohne Einwilligung des Mädchens auf seinen Körper Zugriff nehmen wollen. *Und* dass sie eigentlich nicht fähig ist, sich dieser Gefahren zu wehren, weshalb besondere Vorsichtsmaßnahmen und Zurückhaltung ihrerseits geboten sind.

Die sexuell attraktive Frau wird hurenhaft dargestellt. Die attraktive Ideal-Frau wird in Medien und Werbung einerseits als sehr sexy, als für Männer besonders anziehend und in dieser Hinsicht daher auch Männern gegenüber mächtig dargestellt, was sie nachahmenswert erscheinen lässt. Andererseits wirkt diese Frau auch billig und ordinär: Sie bietet sich in eindeutigen Posen ausgezogen auf Plakatwänden an, lutscht mit aufgequollenem Schmollmund an Stieleis, spreizt aufreizend die Wolford-Beine und so weiter. Sie ist zwar sexy, aber zugleich nicht ernst zu nehmen und sehr eingegrenzt. Nur in sexuellen Situationen kann sie sich so bewegen. Sie weckt Begierde, vielleicht noch Bewunderung, aber sicher keinen Respekt.

Der sexuell attraktive Mann hingegen bleibt verhüllt. »Sexy« an ihm ist der überlegene Blick, die selbstbewusste Haltung. Selten sehen wir einen James Dean ähnlichen jungen Mann, der überhaupt etwas von seinem Körper zeigt, und selbst dann beschränkt sich die Entblößung auf seine Schultern, seinen Oberkörper, vielleicht noch einen kleinen Streifen seiner Hüfte.

Keinesfalls sieht man ein Geschlechtsteil. In der jeweiligen Abbildung sehen wir eine Person, die durchaus auch so im Büro erscheinen könnte. Er bleibt eine öffentliche Person, während die sexuell ansprechende Frau nur noch ins Schlafzimmer gehört oder ins Bordell.

Bezüglich der Sexualität hat man fast nur die Frau im Visier.

Die Essenz der Sexualität in unserer Gesellschaft ist, dass wir eine attraktive Frau sehen, die von Männern begehrt werden kann. Wir sehen weder die Interaktion zwischen Mann und Frau noch das Begehren der Frau. Es dreht sich zwar um die Frau, aber die Frau ist weitgehend passiv. Ihre Rolle ist es, anziehend zu wirken, sich so zu schminken, zu kleiden, mit Accessoires auszustatten, zu frisieren und zu bewegen, dass sie anziehend wirkt.

Das wird den Mädchen überall vermittelt. Beim Brettspiel sollen sie den Jungen, der sie bewundert, dazu bewegen, ihnen seine Liebe zu gestehen. Nicht sie sollen sich überlegen, welcher Junge ihnen gefällt und wie sie ihn gewinnen können. Barbie ist reichhaltig ausstaffiert mit allem, was schön macht. Auch sie ist sexy, aber nicht sexuell. Ihre Sexualität besteht darin, schön zu sein, zu gefallen, sich dekorativ in tollen Szenarien zu bewegen. Sie will eine violette Haarsträhne, ein Cabrio, Funken sprühende Rollerblades, aber einen Mann will sie nicht. Sie hat einen sogar extrem sexuell betonten

Körper, vor allem was den Busen anbelangt, aber sie selbst wirkt asexuell.

Mädchen leben in einer sexualisierten modernen Welt, haben aber trotzdem keine echte Aufklärung.

Immer wieder teilten uns Mädchen ihre extreme Skepsis gegenüber dem Geschlechtsakt mit. Es gab altersgleiche Mädchen, die behaupteten, schon mit Jungen geschlafen zu haben, was ihnen eine Mischung aus Prestige und mit Angst besetzter Ablehnung einbrachte. Den Schilderungen dieser Mädchen entnahmen die anderen, dass es sich um kein besonders tolles Erlebnis handelte. Dies wiederum ist zurückzuführen auf die Umstände dieser frühen sexuellen Beziehungen und auf das Unwissen der Mädchen und ihrer ebenfalls jungen Partner. Die Botschaft für die übrigen Mädchen bleibt: Jungen wollen Sex mehr als Mädchen, den Jungen gefällt es und den Mädchen nicht unbedingt. Das ist eine sehr negative Einstimmung in diesen Lebensbereich, die in einem angeblich so aufgeschlossenen und aufgeklärten Zeitalter wie dem unseren gar nicht mehr möglich sein sollte.

9
... zu dünn

»Ich wünsche mir, dass mein Popo nicht seitlich wegstehen würde, aber ich muss einfach der Tatsache ins Auge schauen, dass es nun mal so ist.«

CHRISTIE BRINKLEY
WORDS OF WISDOM FROM SUPERMODELS

Wir leben in einer Kultur, in der der Satz »Du siehst gut aus« von Frauen nicht als Kompliment aufgefasst wird, sondern als Kritik. »Du siehst gut aus« – damit ist gemeint, so glauben Frauen bei uns, dass sie zugenommen haben und zu dick sind.

Unsere Einstellung zum Körper, zum Essen, zum anzustrebenden Aussehen einer Frau ist nicht normal. Das sagen wir vorerst einmal ohne Wertung, als ethnologische Feststellung. Es ist so und wir können junge Mädchen nicht verstehen, wenn wir nicht wissen, dass dies eine der Grundeigenschaften der Kultur ist, in der sie aufwachsen.

Ein normales Mädchen im Teenager-Alter ist pummelig. Der Ausdruck Baby-Speck vermittelt schon, dass es sich dabei um eine normale Phase im Übergang vom Kinderkörper zum Erwachsenenkörper handelt.

Der Frauenkörper ist aus verschiedenen, allesamt sehr logischen, physiologisch sinnvollen und für die Frau und ihre potenziellen Kinder guten Gründen so gedacht, dass er runder, weicher und von der Muskel- und Fettverteilung anders gestaltet ist als ein Männerkörper.

Diese biologischen Fakten sind für unsere Kultur uninteressant, irrelevant, ja sogar ablehnungswürdig. In Abstraktion von biologischen Fakten hat sie ihre eigene Vorstellung davon entwickelt, wie Frauen ausschauen sollten. Es ist fast nicht möglich, sich über diese Vorstellungen hinwegzusetzen – schon gar nicht für ein junges Mädchen, das selbstverständlich eine schöne, begehrenswerte, bewunderte Frau werden möchte. So viel nur zum Hintergrund.

Eines vielleicht noch. Während in früheren Jahren das Übergewicht von Schülern eine Hauptsorge der Schulärzte war, wird dieses Problem mittlerweile verdrängt von der Sorge, dass Schülerinnen zunehmend untergewichtig sind.

Die Schule X macht sich Gedanken über einige Schülerinnen. Klassenlehrern und -lehrerinnen ist aufgefallen, dass etliche Mädchen, in unterschiedlich extremem Ausmaß, seit Jahresbeginn drastisch an Gewicht verloren haben. Sie haben daraufhin beobachtet, dass diese Mädchen mittags kaum etwas essen; ein halber Popcorncracker, eine Apfelspalte stellen ihre Mahlzeit dar. Sie sehen auch schlecht aus, blass, kraftlos und krank. Das Thema Anorexie steht im Raum.

Die Schule beschließt, einen Schwerpunkt zu setzen, ein Vormittag ist dem Problem gewidmet. Während die Buben anderweitig beschäftigt werden, versammeln sich die Mädchen. Im Vorjahr nämlich gab es auch schon eine ähnliche Veranstaltung, zwei Mitarbeiterinnen einer Anorexie-Beratung waren zu Gast, und die männlichen Schüler nahmen ihre Worte als Anlass für Heiterkeit, Ulk und Schabernack. Deswegen sind sie heuer in der Verbannung.

Eingangs gibt es Vorträge. Eine Mutter, die als Mädchen unter Essstörungen litt, spricht sehr offen. Sie beschreibt, wie ihr Verhältnis zum Essen sukzessive zu einer Obsession wurde, die ihr ganzes Denken bestimmte, bis sie kaum noch Zeit hatte für andere Überlegungen als die Frage, was sie wann essen würde, wo sie es bis dahin verstecken könne, und ob sie die ganzen Kalorien auch sicher mit packungsweise verschluckten Abführmitteln wieder loswerden könne.

Danach spricht die Direktorin. Auch sie hat eine persönliche Geschichte zu erzählen. Ihre jüngere Schwester starb im Alter von einunddreißig Jahren an den Folgen von Anorexie. An ein paar Stellen kann sie kaum weitersprechen und auch etliche Schülerinnen wischen sich verstohlen Tränen aus den Augen. Besonders ein Mädchen schluchzt laut und anhaltend; es ist ein hübsches, aber sehr mageres Mädchen mit langen braunen Haaren und großen braunen Augen, sie sitzt mit eng verschränkten Armen und eingezogenen Schultern auf ihrem Sessel und macht einen verschreckten, wehrhaften Eindruck.

Danach entsteht eine Diskussion, in der sich die Gruppe ziemlich deutlich dreiteilt. Es gibt Mädchen, die einen bodenständigen, selbstsicheren Eindruck machen und, was ihr Gewicht anbelangt, »normal« aussehen. Ihre Diskussionsbeiträge sind sachlicher Natur. Naja, meinen sie zum Beispiel, die Models in den Zeitschriften sind extrem dünn, aber na und? Daran muss man sich ja nicht orientieren.

Ein weiteres Drittel hört freundlich zu, äußert sich aber nicht. »Das sind die Mädchen, die Glück haben«, verraten uns später die Angehörigen des letzten Drittels. »Die essen Mittags einen Burger und Chips, die nehmen sich einfach auf ihr Tablett, was sie wollen, und werden trotzdem nicht dick. Die verstehen uns nicht.«

Diese Mädchen, das letzte Drittel der Gesamtgruppe, haben zum Thema einiges zu sagen. Es interessiert sie, es berührt sie, so sehr, dass sie nach dem Vortrag noch über eine Stunde bleiben und mit den Referentinnen weitersprechen.

Keines dieser Mädchen ist dick. Die meisten würde man als dünn, einige als sehr dünn beschreiben; ein paar von ihnen haben rundliche Gesichter mit noch kindlichen Gesichtszügen. Sie sind einfach noch im Wachstum, während die anderen schon »fertiger« aussehen und wahrscheinlich auch schon ihre endgültige Größe erreicht haben. Die noch kindlicher aussehenden Mädchen machen in dieser Runde einen sehr unglücklichen Eindruck. Obwohl es warm ist, hüllen sie sich in Mäntel und Pullover. Sie ziehen die Schultern ein. Sie sind sich zu groß, zu breit, zu schwer, das sieht man.

Die Mädchen sind offen, sie erzählen bereitwillig, sie sind intelligent. An sie heranzukommen, sie von ihrer falschen Selbsteinschätzung abzubringen, erscheint dennoch nicht einfach.

»Ich muss fünf Kilo abnehmen, das weiß ich«, kündigt eine von ihnen sehr energisch an. Es handelt sich dabei um ein besonders selbstsicher, erwachsen wirkendes Mädchen. Sie ist gut angezogen und modisch hergerichtet, drückt sich fabelhaft aus und ist umkreist von Freundinnen, die offenkundig viel von ihr halten. Und sie ist dünn, so dünn, dass man sich eigentlich nicht vorstellen kann, welche fünf Kilo sie von sich abgeben will. Da wir sicher sind, dass sie solche Einwände oft hört und nie glaubt, verkneifen wir uns diese Anmerkung.

Ob ihre Freundinnen auch meinen, dass sie abnehmen sollte, fragen wir stattdessen vorsichtig. »Nein, die sagen, ich bin eher schon zu dünn. Ich weiß nicht, warum die sich so über mich lustig machen«, meint sie leise. Ihr Ton ist zweifelnd, wir haben sie in ihrer Unsicherheit berührt. Ist sie zu dick und ihre Freundinnen veräppeln sie nur, wenn sie sagen, sie sei zu dünn? Oder ist sie am Ende tatsächlich zu dünn? Ihre Ratlosigkeit ist deutlich: Dieses Mädchen kann nicht sagen, wie sie aussieht. Ist sie dick? Ist sie dünn? Schön? Hässlich? Sie weiß es nicht.

Die Zeitschrift *Young Miss*, die Juniorausgabe der *Brigitte*, druckt einen Erlebnisbericht, von dem sie meint, das Thema würde tausenden von Mädchen aus der Seele sprechen. Die sechzehnjährige Christine erzählt. Es gibt von ihr ein Foto, wir betrachten ein absolut und total normalgewichtiges junges Mädchen. Hinter ihr liegt eine mehrwöchige Diät, bestehend aus Rohkost, Nudeln und Wasser, und jetzt will sie sich eine neue Jeans kaufen, eine helle für den Sommer. Die ersten Modelle, die sie anprobiert, sind zu eng.

»Gerade fühlte ich mich einigermaßen fit und dann sinkt mein Selbstwertgefühl binnen zehn Minuten auf den Nullpunkt. Hier kommt das fette Monster mit pubertierendem Pickelgesicht, das in keine Jeans passt. Der Schweiß rinnt mir in Bächen runter, ich bin dem Heulen nahe und will nur noch raus aus diesem Kabuff.« Die nächste Hose ist viel zu groß. Mutter und Verkäuferin reißen die Tür der Umkleidekabine auf, um den Stand der Dinge zu erfahren.

»Meine Mutter rümpft die Nase. Recht hat sie. Die Verkäuferin sagt gar nichts, aber ihre Gedanken kann ich mir vorstellen. ›Igitt, ist die fett! Ich würde mich umbringen, wenn ich so aussähe. Zieh's aus und hau ab, Hasi.‹«

Die Zeitschrift äußert sich anteilnehmend über dieses unerfreuliche Einkaufserlebnis einer typischen Leserin, doch das ist für sie kein Anlass, der typischen Leserin auch optisch im Modeteil der Zeitschrift Raum zu geben. Die Models, die hier Jugendmode vorführen, sind dürr wie Zaunlatten, über kleine Zahnstocherbeinchen und eingefallene Brustkörbchen strecken sich hautenge Stretchhosen und winzige Kookai-Pullis.

Wir besuchen die Geschäftsführung der Firma Hennes und Mauritz, wo ein Schwede unsere Beschwerde entgegennimmt. Tja, stimmt ja, die Models sind alle extrem dünn und haben wenig mit der Figur eines echten Teenagers zu tun, doch was soll er machen? Die Modelszene ist einfach von schlanken, von sehr schlanken Frauen besetzt. Wenn dann noch dazu die Mode, wie heuer, ganz transparent ist, dann muss man sie auf ganz flachen Frauen zeigen. Doch darüber hinaus hat er ein reines Gewissen, denn seine Firma hat kürzlich eine Kampagne mit runderen Frauen gemacht. Nicht allein die Dürren werden von Hennes und Mauritz propagiert! Erfreut erkundigen wir uns danach und wollen mehr hören, die PR-Frau der Firma wird herbeigeholt und erklärt verlegen, wovon er uns erzählt hat. Ja, also, da gab es so eine Werbeserie mit Pamela Anderson und Anna Nicole Smith, vielleicht nicht ganz das, was wir uns vielleicht darunter vorgestellt hatten, aber doch immerhin wenigstens keine ganz dünnen Frauen …

»Solche Fragen wie Ihre bekommen wir in Schweden auch manchmal«, ruft uns der Geschäftsführer beim Abschied freundlich nach. Wie wir sehen, nicht oft genug.

Anita ist zwölf Jahre alt, auffallend hübsch, ein zurückhaltendes Mädchen, das sehr schüchtern wirkt.

In der Schule ist sie sehr ambitioniert. Sie lebt mit ihrer Mutter, die sehr sportlich und lebhaft ist, und mit einem jüngeren Bruder.

Die Mutter macht sich um Anita Sorgen. Seit einigen Wochen wirkt die Tochter sehr unglücklich. Sie sitzt nur noch in ihrem Zimmer herum und lädt kaum noch Freundinnen ein. Morgens verbringt sie viel Zeit im Bad, ist aber nicht mit Duschen oder anderem Pflegeverhalten beschäftigt, sondern steht anscheinend nur in ihr Spiegelbild versunken vor dem Waschbecken. Sie schminkt sich nicht, frisiert sich kaum, sie wirkt irgendwie verlangsamt, müde und bedrückt. Vor einigen Tagen hat die Mutter im Wäscheschrank Lycraunterhosen gefunden, solche, die die Figur in Form pressen sollen. Sie weiß nicht, ob sie deshalb lachen oder weinen soll – das Kind ist dürr wie eine Bohnenstange und flach wie ein Bügelbrett, da gibt es nichts zu pressen.

Auch das Abendessen ist mittlerweile sehr kompliziert geworden. Anita versucht seit ein paar Monaten, diesem Zusammensein auszuweichen. Sie hat plötzlich noch etwas zu erledigen, hat eine Schulaufgabe vergessen oder muss schnell einen Brief einwerfen gehen. Sie versucht, sich ein Tablett mit aufs Zimmer zu nehmen, doch das hat die Mutter nicht erlaubt. Seither sitzt sie brav bei Tisch, beteiligt sich auch an den Gesprächen, scheint aber fast nichts zu essen. Sie studiert jedes Salatblatt, ob nicht vielleicht ein Tröpfchen Öl darauf zu sehen ist, schneidet jede Faser Fett weg und häutet das Hühnchen, bevor sie zwei kleine Bissen nimmt.

»Ich glaube nicht, dass sie magersüchtig ist, aber wenn sie so weitermacht, wird sie auf die Schiene kommen«, sorgt sich die Mutter. »Wie soll das weitergehen, wenn sie jetzt schon jede noch so minimale Körperrundung mit Misstrauen und Ablehnung beobachtet. Sie kommt ja erst jetzt in die Entwicklung, ihr Busen ist noch ganz flach, wie wird sie sich erst aufführen, wenn ihr Körper da zulegt? Sie ist schmal und zart und kauft sich Miederhöschen, das ist unfassbar für mich. Täglich macht sie eine Stunde Aerobic, nach einem amerikanischen Video, dabei hat man nicht den Eindruck, dass es ihr Spaß machen würde, sondern sie kämpft gegen ihren Körper. Wohin führt das noch? Ich meine, sie ist ja erst zwölf.

Bei ihren Freundinnen fällt mir insgesamt auf, dass der Körper eine starke Rolle spielt, keine findet sich okay. Letzte Woche war ihre Freundin da, wir haben gemeinsam mittaggegessen, die Freundin bat um einen leeren Teller, um alles, was sie nicht »essen kann«, dorthin umschichten zu können. Ich habe mich nach ihrem »Programm« erkundigt und erfahren, dass die zarte kleine Carola Trennkost isst, weil ihre Tante damit fünfundzwanzig Kilo abnehmen konnte. Ich schätze

Carola auf maximal zweiundvierzig Kilo, ich weiß nicht, wie ihr Diätziel aussehen könnte.

Carola und Anita halten sich gern in den Hennes-und-Mauritz-Geschäften auf, in letzter Zeit kommen mir Bedenken. Wenn ich die Werbeplakate anschaue, dann sind das ziemlich verhungerte Figuren, ich sehe da einen Zusammenhang zu ihrem Diät-Wahn. Ich weiß nicht, wie ich mich verhalten soll. Soll ich ruhig sein und abwarten, bis die Sache ganz von selber vorübergeht? Man kommt ja so leicht in ein Nörgel-Eck und dann hört sie mir überhaupt nicht mehr zu. Mein Mann ist leider keine Hilfe, er meint, dass Mütter wahrscheinlich immer auf ihre knusprigen Töchter eifersüchtig sind und nur deshalb meckern. Das finde ich eine ganz destruktive Bemerkung, zum Glück war Anita nicht dabei, am Ende hungert sie noch weiter, weil sie meint, das gefällt ihm so.«

Silvia ist gerade dreizehn geworden. Ihre Mutter kommt zögerlich auf uns zu, einerseits möchte sie ihre Sorgen loswerden, andererseits belastet es sie, über Silvia nachzudenken. Seit einem halben Jahr wird Silvia merklich dünner. Ihre Schulleistungen lassen nach, vor allem aber wirkt sie zerstreut und traurig.

»Ich glaube, ich habe alles gelesen, was über die Mutter-Tochter-Beziehung jemals gedruckt wurde, einfach weil ich so ratlos bin. Silvia ist nicht magersüchtig, aber hart an der Grenze. Unser Hausarzt versucht, mich zu beruhigen, er meint, in diesem Alter haben die Mädchen alle einen Tick.

Trotzdem finde ich ihre Besessenheit mit dem Körpergewicht beängstigend. Ich würde mir wünschen, dass sie Freude an ihrem Leben hat, stattdessen ist sie unglücklich und starrt misstrauisch auf alles, was vor ihr auf dem Teller liegt. Ich wage es sowieso schon nicht mehr, irgendetwas zu kochen, ohne sie vorher zu konsultieren, aber selbst der kleine Löffel Butter auf den Spaghetti führt zur Essensverweigerung. Salat wird prinzipiell nur mit ein paar Tropfen Zitrone und Magerjoghurt gegessen, Fisch nur aus der Teflonpfanne, vom Ei nur das Eiweiß und so weiter, die Liste ist lang.

Silvia hat ihr Tennis aufgegeben, obwohl sie vorher engagiert gespielt hat und ihren Club liebte. Es wurde ihr zu anstrengend, sie hat keine Kraft mehr. Warum kann ein Mädchen in diesem Alter nicht unbeschwert sein, auf Spaß und Unterhaltung aus, statt sich selbst ständig zu beobachten und sich zu bestrafen mit Nahrungsentzug und weiß Gott was für Schönheitskriterien, die keine sind.«

Über Diät, Essstörungen und dergleichen gibt es eine umfangreiche Literatur, auf die Sie im Bedarfsfall zurückgreifen können. Was diese jungen Mädchen anbelangt, so denken wir, dass hier zwei Dinge besonders zum Tragen kommen. Das Erste ist natürlich, wie die Mütter richtig bemerken, das Schönheitsideal. Was in der Werbung von Firmen, die Jugendliche ansprechen wollen, vermittelt wird, ist seit Twiggy unverändert unrealistisch. Abgesehen von Kaufboykotts und ständigen, lästigen Anrufen bei den Werbeabteilungen von Firmen wie Esprit oder Hennes und Mauritz –

durchaus sinnvolle Aktionen übrigens, die vielleicht bewirken könnten, dass hier normale junge Mädchen als Modelle genommen werden – ist es auch wichtig, immer wieder ein alternatives Ideal zu kreieren. Hier klaffen bei den Müttern Theorie und Praxis sehr oft auseinander. Eine kalorienzählende, Aerobic-besessene Mutter kann nicht glaubwürdig vermitteln, dass Essen zu den erfreulichen und entspannenden Dingen des Lebens zählen sollte. Auch die Mütter müssen es aushalten, dass ihre Teenager vorübergehend pummelig sind.

Der zweite Aspekt des Hungerkultes ist das Gefühl der Macht, welches Mädchen daraus beziehen. Sie haben Macht über sich selber, über ihre Impulse, über die Familie und sogar über die Materie, die sie durch kontrolliertes Essverhalten wegzaubern können. Für dieses Gefühl der Macht brauchen sie einen Ersatz, denn ihr Essverhalten verrät in erster Linie auch eine enorme Fähigkeit zur Selbstbeherrschung, eine sehr große innere Kraft. Sie muss nur einen anderen Kanal finden.

Wenn auch Sie finden, dass man nicht schon den ganz jungen Mädchen den Sinn für ihre eigene Schönheit verderben soll, sondern ihnen echte, realistische, schöne Mädchen mit normalen Mädchenkörpern als Idealbild präsentieren sollte, dann melden Sie sich mit Ihrer Meinung bei den zuständigen Zeitschriften und Modefirmen, zum Beispiel bei:

Young Miss-Brigitte
Chefredakteurin Ulrike Fischer
Gruner und Jahr; Hamburg
Telefon: 0 40/3 70 30

Hennes und Mauritz; Hamburg
Telefon: 0 40/3 50 95 50

Hennes und Mauritz; Wien
Telefon: 00 43-1-58 58 40 00

10
… und zu allein gelassen

Fragen Sie eine Elf- bis Vierzehnjährige, was heute in der Schule los war. Sie hören dann wohl kaum etwas über Moleküle, Aeneas und die Probleme der Landwirtschaft in Belgien, sondern Sie erfahren, dass das Mittagessen wieder mal eklig war, dass die beste Freundin Elsbeth in letzter Zeit spinnt und dass der Französischlehrer ur-ungerecht ist. Schule ist eine sehr schizophrene Sache. Erwachsene betrachten sie als Ort der Wissensvermittlung, für Kinder und Jugendliche ist meist die soziale Seite maßgeblicher. Sie treffen dort ihre Freunde und Freundinnen, ärgern sich über unliebsame Mitschüler, legen sich eine Selbstpräsentation, ein Image und Überlebensstrategien zurecht, informieren sich darüber, was in ihrer Altersgruppe gerade »in« ist. Die Schule ist für Kinder in erster Linie ein sozialer Ort. Hier werden sie auch mit ihren Problemen konfrontiert.

- Sie sind besorgt über die Veränderungen in ihrem Körper.

- Sie sind sich restlos unklar über das andere Geschlecht: Interessiert es sie? Sollten sie in dieser Hinsicht nicht schon viel weiter sein oder sind die Altersgleichen, die angeblich schon mehr Erfahrung haben, bloß Angeberinnen? Werden sie dem anderen Geschlecht jemals gefallen oder sind sie zu wenig schön, lustig, sexy, extrovertiert?

- Sie haben viele Probleme und Konflikte und noch wenig Erfahrung im Umgang damit.

Solche Themen stellen die Prioritäten der jungen Leute dar. In manchen Familien nehmen sich die Eltern viel Zeit dafür, mit ihren Kindern solche Probleme aufzuarbeiten. Aber selbst dann fehlt der soziale Bezug: Es geht den Kindern darum, wie sie in der Gruppe wirken, wie sie dort agieren können und was ihnen dort passiert. Das wiederum kann nur in der Gruppe abgehandelt werden, am besten unter freundlicher, fachkundiger Leitung.

Sarah kramt in ihrer Schultasche nach einem Stift, dabei fällt ihr ein Tampon aus dem Turnbeutel. Gelächter unter den Buben. Sarah ist es schrecklich peinlich, sie schnappt ihn sich schnell wieder und räumt ihn weg, wird aber den ganzen Nachmittag von den Buben damit aufgezogen. Ein alltäglicher Vorfall, der uns oft zugetragen wurde, aber der Effekt ist gravierend: Junge Mädchen erleben ihren Körper als schmutzig, ihre Fertilität als peinlich. Hierin liegt die Crux vieler künftiger Probleme: einem zurückhaltenden körperlichen Habitus, einer brutalen Selbstkontrolle in Bezug auf Essen.

Wie dieses kleine Beispiel zeigt, brauchen Kinder auch in dieser modernen Zeit noch dringend sexuelle Aufklärung. Das mag auf den ersten Blick paradox erscheinen, weil man eher den Eindruck gewinnen könnte, die junge Generation sei in dieser Hinsicht eher schon übermäßig reif, mit viel zu viel Information konfrontiert. Das stimmt und stimmt auch wieder nicht. Eine viel zu heftige und frühe Thematisierung schließt Ignoranz, Vorurteile und Ängste keinesfalls aus. Bei Mädchen betrifft das die Menstruation, die nach wie vor ein tabuisiertes und damit komplexbesetztes Thema ist; dann ihr Aussehen und Gewicht, welche schon mit elf Jahren angesichts der vorherrschenden Magersuchtsästhetik schnell zu Unzulänglichkeitsgefühlen und Essstörungen führen können und die ersten sexuellen Erlebnisse, die noch immer von viel Druck und wenig Selbstbestimmung begleitet sind. Die sexuelle Reife ist auch heute für Mädchen nicht unbedingt ein positives Ereignis und die Offenheit im Umgang mit sexuellen Fragen ist purer Schein.

Es gibt einige gute Ansätze dafür, diese sozialen Aspekte zu stützen und zu begleiten. Wir haben drei kennen gelernt, die wir – mit Anmerkungen – zur Nachahmung empfehlen können.

1. »Girls Growing Up«

Das Programm: Im Rahmen eines Wahlpflichtfaches wird für Mädchen ein wöchentliches Treffen angeboten, in dem es um pubertätsbezogene Fragen geht. Dazu gehören Beziehungsfragen und körperliche Aspekte. Was geschieht in der Freundinnenclique? Wie denken wir über Jungen und Jungen über uns? Was verändert sich im Körper und welche Bedeutungen hat das im Alltag? Wie stehe ich zu meiner Mutter, meinem Vater, den Geschwistern? Wie sage ich nein, wenn meine Clique mich zu etwas überreden will und ich das nicht möchte?

Das Programm geht von einem Grundstock an Themen aus, der dann gruppenspezifisch erweiterbar ist, um die besonderen Wünsche und Probleme der teilnehmenden Mädchen berücksichtigen zu können.

Anmerkung: Es ist wichtig, in Bezug auf das Thema der Menstruation den primär »hygienischen« Zugang zu vermeiden und stattdessen der emotionalen Seite des Vorganges viel Aufmerksamkeit zu widmen. Ein gutes Konzept dafür bietet die nächste Initiative, die wir gleich vorstellen werden.

Bei der Diskussion des Konfliktverhaltens muss die Lehrperson eine sorgfältige Selbstbeobachtung leisten. Die Versuchung, bei Mädchen auf vernünftige, liebenette, versöhnliche Verhaltensweisen zu drängen, ist sehr groß, wie wir anhand der Stundenbeobachtung sehen werden.*

2. KOKOKO

Im Rahmen der Klassenvorstandsstunde, in der es um Konflikt, Kooperation und Kommunikation gehen soll (daher KOKOKO), werden die Klassen in regelmäßigen Abständen nach Geschlecht getrennt. Das bietet die Möglichkeit, mädchen- und bubenspezifische Inhalte im geschlossenen Kreis zu diskutieren. Aufklärungsfragen gehören ebenso dazu wie Konflikte, die man untereinander (Mädchen-Beziehungsterror) und mit den Buben hat.

Die Betreuerin der Mädchen hat zur Markierung des »Erwachsenwerdens« den Brauch eingeführt, anlässlich der ersten Menstruation für das betreffende Mädchen ein Fest, das »Fest in Rot« zu veranstalten. Es gibt rote Luftballons, rote Gummibärchen, die Teilnehmerinnen ziehen sich rot an und so weiter. Das Fest ist ein enor-

---

* Ausgezeichnetes Material zu diesem Thema finden Sie bei Astrid Kaiser (Hrsg.): *Frauen Stärken – ändern Schule*, Bielefeld, 1996. Insbesondere sei dabei hingewiesen auf den Beitrag von K. Flaake. An dieser Stelle möchten wir auch verweisen auf: K. Flaake, V. King (Hrsg.): *Weibliche Adoleszens. Zur Sozialisation junger Frauen*, Frankfurt a. M., 1992

mer Erfolg. Die Existenz dieses Festes hat sich mittlerweile zu den Buben herumgesprochen, die es neidvoll betrachten und für sich ein vergleichbares Fest haben wollen. Seither überlegen die Lehrer, welcher Wendepunkt in der jungmännlichen Entwicklung damit vielleicht gleich gesetzt werden könnte, um ebenfalls einen Anlass für ein Fest zu bieten.

Anmerkung: Gut ist, dass hier ein Forum für getrennte Problembesprechungen gegeben ist. Manche Themen eignen sich in dieser Altergruppe noch nicht für die gemeinsame Diskussion. Hier muss man auch sehr feinfühlig sein, denn die Kinder werden nicht unbedingt vor der Gruppe zugeben, dass ihnen manches unangenehm ist. So zeigte zum Beispiel ein Religionslehrer vor seiner gemischten Klasse einen sehr ins Detail gehenden Film über die Geburt. Zu Hause beschwerten sich etliche Mädchen darüber, dass ihnen dies vor gemischtem Publikum sehr peinlich gewesen sei. Vom Lehrer danach befragt, stritten sie aber in der nächsten Stunde ab, dass es ihnen etwas ausgemacht habe. Vor den anderen wollten sie cool wirken und nicht verklemmt. Es liegt also bei den Erwachsenen, die existierende Sensibilität zu repektieren und nicht darauf zu warten, dass die Kinder diese einfordern.

Sehr gut ist das »rote Fest«. Es gibt einem wichtigen biologischen Wendepunkt des Mädchenlebens eine positive Besetzung und fördert den Gruppenzusammenhalt der Mädchen. Außerdem etabliert sich die

Lehrerin damit als Person, mit der man auch über intimere, persönliche Dinge und Sorgen sprechen kann.

Es wäre tatsächlich auch wichtig, für Buben ein Gegenstück zu entwerfen, wie es überhaupt essenziell ist, diese Art von Pubertätsbegleitung nur parallel zu machen und die Buben dabei nicht zu vergessen.*

In einer Bubengruppe kann darüber gesprochen werden, wie man die Grenzen einer anderen Person erkennt und dass Mädchen oft andere Grenzen haben als Jungen. Jungen können die geeigneten und die ungeeigneten Annäherungsversuche voneinander unterscheiden lernen. Auch sie haben Sorgen und Komplexe, die in einer gleichgeschlechtlichen Gruppe besser aufgearbeitet werden können.

Es ist außerdem wichtig, dass sich die damit befassten Erwachsenen klar sind über den Generationenunterschied. Die jungen Leute sind nicht verantwortlich zu machen für gesellschaftliche Zustände und Ungerechtigkeiten und es ist wichtig, ihnen dies zu vermitteln. Buben sollen nicht in die Rolle gedrängt werden, Zustände zu verteidigen, die mit ihnen nichts zu tun haben, die sie nicht herbeigeführt haben und die auch für sie nicht gut sind. Gewalt gegen Frauen, berufliche Benachteiligung von Frauen, Sexismus in der Werbung und im Film, dafür kann die junge Generation nichts, und sie sollte nicht als deren Teilhaber gesehen werden.

---

* Vgl. auch Astrid Kaiser (Hrsg.): *Koedukation und Jungen. Jungenförderung in der Schule*, Frankfurt a. M., 1997

In der Beschreibung der KOKOKO-Stunden können wir sehen, wie junge Männer unnötig in eine Abwehrposition gebracht wurden, weil das übersehen wurde.

3. Der sanfte Weg zur Sanftmut

Zirka zwanzig Mädchen sitzen verstreut in einem losen Kreis, manche auf dem Teppich, andere auf Bänken. Die Lehrerin strahlt Wärme und Ruhe aus, das Klima ist ausgesprochen gut und entspannt.

Ein Arbeitsblatt in Form eines Lückentests wird verteilt, darauf sollen die Mädchen eintragen, welche Stimmung sie in verschiedenen Situationen verspüren. »Ich fühle mich traurig, wenn ... Ich fühle mich glücklich, wenn ... Ich werde zornig, wenn ...« Zehn solcher Sätze sollen sie vervollständigen.

Zunächst liest die Lehrerin diesen Fragebogen laut vor, drei der Punkte verursachen heftige Reaktionen. Bei den Sätzen »Ich erröte, wenn ...«, »Ich liebe ...« und »Mein Held ist ...« entstehen allgemeines Kichern, Lachen und Unruhe. Es ist offensichtlich, dass diese Personengruppe sich mitten in der Pubertät befindet, und genau davon handelt auch das Seminar. Es ist ein wöchentliches Zusammentreffen für Mädchen, in dem es generell um das »Erwachsenwerden« geht, mit den damit zusammenhängenden körperlichen, emotionalen und psychologischen Veränderungen.

Wieder zur Ruhe gekommen, füllen die Mädchen das Blatt aus, die Lehrerin sammelt die Bögen ein und überfliegt sie gleich, denn aus den Antworten will sie den Einstieg in die heutige Diskussion finden. Ich werde zornig, wenn …, wählt sie als ersten Punkt aus und liest laut ein paar Antworten vor: »jemand mich belästigt«; »mein Bruder mich ärgert.«

Die Lehrerin überfliegt noch still ein paar Blätter und fasst dann zusammen. »Also, ihr werdet zornig, wenn eure Gefühle verletzt sind. Und was kann man in solchen Situationen machen?«

Ein Mädchen meldet sich mit einem Vorschlag. Man kann den Vorfall vielleicht einfach ignorieren, meint sie.

Die Lehrerin stimmt ihr zu. Aber sie gibt zu bedenken, dass das in der Praxis oft unmöglich ist, weil die Provokation einfach zu groß war.

Ein zweites Mädchen erzählt, was sie in solchen Fällen macht. »Ich schreie.«

»Aber dann bekommst du Ärger«, wendet die Lehrerin ein und fährt gleich fort mit ihren Ausmalungen. »Wird die Situation dadurch besser? Nein, sie verschlechtert sich. Vielleicht sollten wir noch bei der ersten Möglichkeit bleiben. Wie kann man ärgerliche Vorfälle ignorieren?«

Ein Mädchen meint nun, man könne sich vielleicht vom Handlungsort entfernen und einfach weggehen. Doch ihre Mitschülerinnen wenden ein, dass dies nicht immer möglich sei. Häufiger Schauplatz von Streit mit Geschwistern sei beispielsweise das Auto und da sitzt man neben dem Streitpartner auf dem Rücksitz und es gibt kein Entkommen.

»Ich hau' ihm eine runter« berichtet nun ein weiteres Mädchen über ihre Methoden bei Streit mit dem Bruder.

Die Lehrerin will wissen, wie es danach weitergeht.

»Dann haut er mich zurück, ich schreie und mein Vater wird böse auf meinen Bruder«, erzählt das Mädchen zufrieden.

Die Lehrerin missbilligt sichtlich diese Lösung. Also spinnt sie das Szenario weiter. Sie malt den Mädchen aus, dass die Mutter sich dann einmischt, um den Bruder zu verteidigen, also beginnen die Eltern zu streiten. Bald streitet die ganze Familie, und es wird sehr unangenehm. »Eine Katastrophe«, fasst sie zusammen.

Das Mädchen protestiert. Aber nein, so läuft es nicht. Die Eltern sind dann immer nur auf den Bruder böse, nicht aufeinander oder auf sie. Doch die Lehrerin übergeht diesen Einwand und schlägt vor, man solle den Streitpartner doch lieber ablenken. Zum Beispiel könnte man auf Autofahrten stets ein Comic-Heft oder irgendwelche Spielsachen mitnehmen und sie dem Bruder, wenn er unruhig und somit streitlustig wird, anbieten. Oder man nimmt für sich selber ein Buch mit und vertieft sich in dieses.

Und außerdem solle man sich immer fragen, *warum* einen die anderen denn ärgern wollen.

Über diesen Punkt sollen alle doch gleich einmal nachdenken. Nach einer kurzen Pause kommen die ersten Vorschläge. »Weil ihnen langweilig ist.« »Weil sie Aufmerksamkeit bekommen wollen.«

»Wenn es ein Junge ist, der dich ärgert, dann zeigt das vielleicht, dass er dich mag«, schlägt ein Mädchen vor. Die anderen kichern.

Die Lehrerin stimmt zu. »Wir sehen also, es ist eine komplexe Sache. Ihr könntet also in solchen Fällen zur betreffenden Person gehen und fragen, he, warum willst du mich ärgern?«

»Aber er wird doch nicht sagen, ›weil ich dich liebe‹«, wendet das Mädchen ein. »Vielleicht doch«, scherzt die Lehrerin. »Vielleicht erlebt ihr eine angenehme Überraschung.«

Ob dieser Diskussion ist die Stunde fast schon vergangen. Zum Abschluss liest die Lehrerin wie immer ein Kapitel aus einem Jugendroman vor. Es ist eine nett geschriebene Geschichte von einer beliebten Jugendbuchautorin. Im heutigen Kapitel wird beschrieben, wie ein Mädchen in Begleitung der Mutter einen BH kaufen geht, ihren ersten. Im Geschäft begegnet sie einer Klassenkameradin, die das Gleiche vorhat. Da beide Mädchen die Situation als peinlich erleben, entsteht große Komik, als sie ihre Einkäufe voreinander verbergen wollen und vortäuschen, sie würden Nachthemden begutachten.

Die Stunde ist vorbei, die Mädchen verabschieden

sich und gehen nach Hause. Es hat ihnen gut gefallen und sie haben gemurrt, als die Glocke läutete und die Lehrerin mit dem Vorlesen aufhörte. Diese Veranstaltung wird, wie wir wissen, sehr gerne besucht. Es gibt immer einen Überschuss an Anmeldungen und manche ausländische Mädchen, deren Eltern sich darunter einen zu gewagten Aufklärungsunterricht vorstellen, müssen sich mit vielen Tränen und Argumenten das Recht erkämpfen, daran teilzunehmen. Die Lehrerin ist liebevoll, den Mädchen sehr zugewandt und eine engagierte Verfechterin der Gleichberechtigung. Ihr Ziel ist es, die Mädchen selbstbewusster zu machen, indem sie ihnen in diesem schwierigen Alter zur Seite steht.

Zwischen ihrer Absicht und ihrer Wirkung tut sich aber eine Kluft auf. Ohne sich selbst dessen bewusst zu sein, vermittelt sie den Mädchen nämlich ein höchst angepasstes Bild. Überlegen wir einmal, was in dieser Stunde vermittelt wurde. Die von der Lehrerin bevorzugten Konfliktlösungen laufen alle darauf hinaus, dass die Mädchen nett sein sollen. In erster Linie sollen sie Probleme und Provokationen ignorieren. Sie sollen an den Störenfried denken und sich in ihn hineinversetzen: Ist ihm vielleicht langweilig? Ganz mütterlich sollen diese zehnjährigen Mädchen schon daran denken, für ihre schlimmen Brüder vorsorglich ein Comic-Heft oder ein Spielzeug einzupacken, das heißt, sie sollen im Streitfall nicht an ihre eigenen Bedürfnisse und Befindlichkeiten, sondern an jene ihres Gegenübers denken.

Sogar die Verknüpfung von Aggressivität und Sexualität bereitet sich hier schon vor; wenn eine gleichaltrige männliche Person sie ärgert, sollen sie in Betracht ziehen, dass dies vielleicht ein Beweis für seine Zuneigung sein könnte.

Gewiss, manche dieser Ideen kommen von den Mädchen selber. Ausschlaggebend ist aber, welche Ideen von Seiten der Lehrperson Verstärkung finden und welche Alternativen diese bietet. Mädchen, die schreien oder schlagen, um sich gegen Ärgernisse zur Wehr zu setzen, widersprechen sichtlich dem Idealbild der Lehrerin. Gibt es auch Situationen, in denen es gut ist, sich sehr energisch zur Wehr zu setzen? Welche Situationen sind das? Auf diese Diskussion lässt sie sich nicht ein. Das Mädchen, das sich mit List durchsetzt, indem es ihren Bruder in die Position des Schuldigen manövriert, erfährt Ablehnung, aber ohne rechte Begründung. Ist dieser Weg schlecht, weil er unfair und unehrlich ist? Weil sie sich damit in die klischeehafte Armes-Mädchen-kann-sich-ja-nicht-wehren Rolle begibt, die zwar in ihrer speziellen Familie funktionieren mag, im späteren Leben aber hauptsächlich Nachteile birgt? Die Lehrerin scheint diesen Zugang eher deshalb schlecht zu finden, weil er Unruhe stiftet. Ist Unruhe immer etwas Schlechtes?

Die Lehrerin verfolgt eigentlich das Ziel, diese Mädchen zu emanzipieren und zu stärken. Ihre Bemühungen gehen aber in die Richtung, sie anzupassen.

Nach der Stunde sprechen wir noch ein wenig mit ihr. Sie gibt uns das Aufklärungsbuch mit, das sie mit ihren Gruppen verwendet. Das Kapitel über die Menstruation entspricht dem Antibild des angestrebten Erziehungszieles. Die Regel wird weder als Maturationsbeweis noch sonst wie positiv dargestellt, sondern wird als reines Hygieneproblem abgehandelt. In dieselbe Kerbe schlägt der Jugendroman, der vorgelesen wurde. Stimmt es denn überhaupt, dass Mädchen den Einkauf ihres ersten BHs als peinlich erleben? Ist er nicht in dieser Altersgruppe auch ein Prestigeobjekt? Woher rührt die Peinlichkeit? Indem die Lehrerin bei der Deskription bleibt, vergibt sie eine Chance, das Denken der Mädchen anzuregen und zu verändern. Die negative Seite ihrer Gefühle über die anstehenden körperlichen und sozialen Veränderungen wird als zwar unangenehm, aber normal dargestellt: Es geht allen so. Es ist einfach so. Dafür erhält man die Begünstigung eines liebevollen Umgangs, denn die Lehrerin symbolisiert zugleich die Kompensation der klassischen Weiblichkeit. Du bist besonders nett und deine Umwelt ist dafür zu dir auch besonders nett.

11
Die Macht der Gewohnheit

Die größte Herausforderung in der Kindererziehung liegt nicht in den Dingen, die so häufig genannt werden – wie Geduld, Zeit, Zuwendung, Konsequenz und so weiter. Die schwierigste Herausforderung ist eine viel grundsätzlichere, weniger augenscheinliche. Am schwierigsten ist es, sich über das eigene Wesen als Angehörige der Gruppe der Säugetiere hinwegzusetzen.

Alle einprogrammierten Codes in deinem Instinktwesen schreien nach Sicherheit, besonders wenn es um die Brut geht. Und Sicherheit vermutet unsere instinkthaft-tierische Seite in der Anpassung.

Folge dem Leittier und du bist sicher. Färbe dich wie deine Umgebung ein und du bist sicher. Sei grün wie die Blätter oder braun wie der Boden, sieh so aus und klinge so und benimm dich so, dass du in deinem Ökosystem möglichst nicht auffällst. Wer anders aussieht, ragt aus der sicheren Masse und wird gefressen. Wer anders ist, erregt Misstrauen bei seinen Artgenossen und wird von der Herde verjagt.

Weil wir unsere Kinder lieben, wollen wir sie sicher wissen. In unserer Eigenschaft als Säugetiere folgen wir den simpelsten aller Empirien: Wir selber sind noch am Leben, also haben wir es gut gemacht. Es wird am besten sein, wenn unsere Kinder es ganz genauso machen wie wir. Auch wenn wir dann intelligente Verfeinerungen hinzufügen und kundtun, dass unsere Kinder es ganz anders machen sollen als wir, dass sie unbedingt unsere Fehler vermeiden sollen … darunter lebt das ängstliche Instinktwesen fort, das sich bloß nicht zu weit von der Herde entfernen will.

Manfred Unterleiter verkörpert diesen Zwiespalt. In seiner Beziehung zur Tochter geht der Konflikt zwischen intellektuellem Wunsch und einem instinkthaften Schutzverhalten, das notgedrungen konservativ sein muss, zugunsten des Letzteren aus. Und wir können daran beobachten, wie sich »Werte« fortsetzen – die in Wirklichkeit kein so hochtrabendes Wort verdienen, sondern nur archaische Schutzimpulse sind.

Manfred Unterleiter ist Pilot. Lassen wir ihn zuerst erzählen und überlegen wir dann, was wir über seine väterliche Einflussnahme herausfinden können.

»Während der Kindheit und Jugend meiner Tochter, eigentlich bis zu ihrem achtzehnten Lebensjahr, war ich sehr wenig da. Wenn du die Frühmaschine hast, verlässt du im Morgengrauen das Haus, bei Langstrecken bist du mehrere Tage weg und ich war auch in etlichen Arbeitsgruppen aktiv. Ich sah die Kinder nur sporadisch und mitunter am Wochenende. Meine berufliche Belastung wurde von der Familie akzeptiert, sicher. Es war einfach so. Meine Frau war allein zu

Hause. Wenn ich das heute kritisch sehe, dann wahrscheinlich auch nur, weil ich vor drei Jahren einen Herzinfarkt hatte. Da kommt man dazu nachzudenken, gewisse Wertungen zu vollziehen, zu überlegen, was war wichtig und was nicht. Es war so selbstverständlich für mich, dass ich in der Welt herumjettete. Das war einerseits schlecht für meine Gesundheit, aber mehr noch denke ich, dass man sich mit seinen Kindern mehr beschäftigen sollte.

Heute sagen die Kinder auch, es wäre schön gewesen, wenn du mehr Zeit gehabt hättest.

Bei der Erziehung hat meine Frau die Arbeit geleistet und ich wurde gerufen als großer Schiedsrichter, wobei es auch da selten um große Konflikte ging. Sie wollten das eine oder das andere und ich musste dann sagen ja oder nein. Die täglichen Probleme sind an mich gar nicht herangetragen worden. Die Kinder kamen dann zu mir, wenn ihre Mutter nein gesagt hatte und ich die Entscheidung umdrehen sollte. Damals fiel mir das gar nicht so auf. Im Nachhinein betrachtet, hat meine Frau mich schon als Autorität aufgebaut, obwohl mir auch nachgesagt wird, dass ich an und für sich schon einen eher autoritären Eindruck mache. Das kann auch sein, wahrscheinlich war es beides zusammen.

Ich glaube also, dass ich für die Kinder Vorbildfunktion hatte, eine Vorbildfunktion, die ich mir nicht selber erarbeitet habe, sondern die eher aus der Erziehung meiner Frau entstanden ist.

Ein Vorbild bin ich, würde ich sagen, was die Ernsthaftigkeit des Lebens anbelangt. Dass nicht alles nur als Spaß zu nehmen ist, dass man überlegt handeln soll.

Wichtig für meine Tochter war mir, dass sie eine gute Ausbildung bekommt und damit auch einen gewissen Lebensstandard, sowohl finanziell als auch geistig.

Meine Tochter ist jetzt einundzwanzig und studiert Welthandel, es läuft sehr gut, es gibt keine Probleme mit ihr. Nach der Matura gab es eine sehr schwierige Phase, aber die ist jetzt zum Glück vorüber. Das war eine Phase, wo es Probleme gab mit Freunden und Bekannten, die meiner Frau und mir nicht besonders gefallen haben. Also, präzise gesagt, war es so, dass eine ernsthafte Freundschaft mit einem Burschen auf Betreiben meiner Frau und mir letztendlich zerbrochen ist, was sicherlich auch heute noch seine Narben zeigt. Diese Beziehung, also, es war nicht das, was wir uns vorgestellt haben für sie.

Heute hat sie eine relativ feste Freundschaft mit einem Burschen oder besser gesagt, mit einem Mann, der gefestigt ist und dazu passt. Es scheint trotzdem so, dass sie ihr Studium weitermachen will, aber darüber haben wir noch nicht explizit gesprochen. Sie will es aber unbedingt fertig machen und dann eben Kinder kriegen.

Das ist ja so ein Zwiespalt bei den Mädchen. Mit dem Studium allein ist es ja nicht getan. Danach muss man in den Beruf eintreten, oft muss man noch Zusatzausbildungen machen, das zieht sich hin, und irgendwann einmal kommt es für ein Mädchen zum Bruch, wenn ein Kind kommt. Also, man muss entscheiden. Da ist es die Frage, ob eine frühere Entscheidung nicht besser ist als eine spätere.

Wie gesagt, wir haben es noch nicht explizit besprochen, aber im Moment hat sie, wie es scheint, absolut noch vor, ihr

Studium abzuschließen. Ich persönlich aber würde die Entscheidung, Beruf oder Familie, eher früher ansetzen.

Der Partner meiner Tochter ist Jurist. Er ist etwas älter als sie und, wie gesagt, schon recht gefestigt. Wie die es letztendlich regeln untereinander, da mische ich mich nicht ein. Wenn es einmal ernsthaft besprochen wird, die zwei sind ja noch nicht verheiratet, und ich dazu befragt werde, dann werde ich mich äußern.

Meine Tochter hat eigentlich zwei Gesichter. Bis zur Matura war sie ein sehr leicht lenkbares Mädchen, vielleicht zu leicht. Dann kam auf einmal dieser Bruch. Diese problematische Phase hielt zwei Jahre an. Wir haben in dieser Zeit sehr viele Gespräche gehabt, die durchaus auch in Konfrontation gelaufen sind. Die Person, mit der sie damals zusammen war, haben wir nicht gut gefunden, das war die Kernfrage. Der hat halt seinen Job gemacht von acht bis siebzehn Uhr, darüber hinaus nichts. Der wollte, wie sie sagte, »einfach leben«. Menschlich war das ein lieber Kerl, keine Frage, im Weiteren aber war das eine Person, die mir von der Einstellung her nicht gefallen hat. Wir haben dann für sie auch ein Szenario gezeichnet, also wie stellst du dir das vor, wenn du studierst? Der hatte gar kein Interesse an ihrem Studium, bei dem ging es immer nur um das Fortgehen, auf Feste und so. Er hat in einer großen Firma gearbeitet, mit Computern. Der arbeitete seine Dienststunden ab und dann war die Sache für ihn erledigt und aus. Wir haben der Sache eine Weile zugeschaut, ohne zu opponieren. Aber dann schien es ernst zu werden, da mussten wir uns dann einbringen. In der Zeit hat sie die erste und einzige Ohrfeige von mir bekommen.

Es ist schwer, unsere beiden Kinder miteinander zu vergleichen, die meisten Unterschiede scheinen mir dadurch erklärbar, dass unser Sohn der Jüngere ist. Wann immer er in irgendeine Situation kam, standen die Regeln dafür schon fest, weil wir sie mit der Antje ausgehandelt hatten. Ein Unterschied vielleicht, was wir natürlich forciert haben, war, dass der Sohn relativ früh erstmal in eine Fußballmannschaft gekommen ist. Die Tochter hat am Anfang im Turnverein ein bisschen was gemacht, aber dann eigentlich nicht mehr. Sie wollte an und für sich schon Sport machen, war schon sportlich, aber es gab gar keine Möglichkeit. Unser Bub wurde ausgezeichnet betreut beim Fußball, das hat ein Vater als Hobby gemacht und die wurden eine ausgezeichnete Gemeinschaft. Die sind noch heute ganz dick befreundet. Wenn es so etwas in der Form gegeben hätte, wäre meine Tochter sicherlich gern dazugegangen. Aber das will organisiert werden.

Was sie also sehr gerne gemacht hat, war Tanzen. Sie war eine begeisterte Tänzerin und mit diesem Freund, den wir wie gesagt nicht gut fanden, mit dem war sie sehr oft tanzen. Hat wohl auch Tanzturniere besucht, nicht die internationalen Wettkämpfe, aber schon hohen Standard.

Meine Frau war, vor den Kindern, berufstätig. Jetzt, sie ist achtundvierzig Jahre alt, kommt sie in eine Phase, wo sie überlegt, was sie jetzt machen soll. Ein paar Jährchen wird es wahrscheinlich noch dauern, die Kinder leben ja beide noch zu Hause.«

Wen haben wir hier vor uns? In erster Linie zweifelsohne einen Vater, der sein ältestes Kind, seine Tochter, liebt und an ihrem Wohlergehen interessiert ist. Doch wenn wir seine Mitteilungen an die Tochter in der Summe studieren, ergibt sich ein eklatanter Widerspruch. Wichtig sind Verantwortung, Ehrgeiz und Erfolg. Wichtig ist auch Lebensqualität, die aber in zwei Komponenten zerfällt, die er als finanzielle und geistige definiert. Diffus kommt auch noch eine dritte Art von Lebensqualität vor, in seinem eigenen Leben aber nur als Mangel. Lebensqualität *wäre*, dass man sich selber nicht bis zum Herzinfarkt verausgabt. Lebensqualität *wäre*, dass man Zeit hat für Kinder und Familie. Lebensqualität wäre auch, dass man nachdenkt, bevor man jeder beruflichen Möglichkeit nachhetzt, bloß weil sie sich aufgetan hat.

Auch sein Frauenbild ist von Widersprüchen gezeichnet. Er sieht, dass seine Frau als alleinige Erzieherin es nicht leicht hatte. Er deutet an, dass sie bald in eine schwierige Lebensphase kommt, denn welche beruflichen Wiedereinstiegsperspektiven hat eine Fünfzigjährige, die seit zwanzig Jahren im Haushalt ist? Er sieht seine Rolle als abwesende Autoritätsfigur in der Familie durchaus ironisch.

Wenn es aber darauf ankommt, tut er alles, bis hin zur Anwendung von Gewalt, um seine Tochter in dieselbe Bahn zu pressen, in der seine Frau und er stecken.

Was, genau, war gegen ihren Freund einzuwenden? Was rechtfertigt die Heftigkeit, mit der gegen ihn opponiert wurde? Die anfänglichen mysteriösen Andeutungen, er habe einfach nicht »dazugepasst«, lassen einen

Tunichtgut, einen Trinker, irgendeine elterliche Antifigur vermuten, doch das trifft dann alles nicht zu. Der junge Mann war, wie Manfred selber sagt, ein lieber Mensch. Er und Antje teilten dasselbe Hobby und verstanden es gut, ihre Freizeit freudvoll zu gestalten. Der junge Mann hatte eine gute berufliche Position und eine qualifizierte Ausbildung und darüber hinaus konnte er etwas, was Manfred zu seinem eigenen schweren Nachteil nie gelernt hatte: Er konnte zwischen Job und Leben trennen und seine Freizeit verteidigen. Mit diesem Partner würde Antje vielleicht nicht alleine zu Hause sitzen, allein verantwortlich für die Kinder, nach dem Muster ihrer Mutter. Dieser Partner würde vielleicht dem Herzinfarkt des gestressten Karrieremannes entgehen. Was war an diesem Mann so ablehnungswürdig? Er habe sich nicht für Antjes Studium interessiert, bringt ihr Vater gegen ihn vor, doch dieses Argument kann uns nicht überzeugen. Schließlich verfolgt ihr Vater insgeheim selber schon den Plan, sie von ihrem Studium abzubringen.

Was will er für sie? Er will für sie einen Mann, der ihm selber ähnlich ist, und ein Leben, das seinem eigenen Leben gleicht. Bei aller Einsicht in die Nachteile, die sein übermäßiger Berufseinsatz ihm, seiner Frau und seinen Kindern bereitet haben, will er um jeden Preis erreichen, dass seine Tochter präzise einen solchen Mann heiratet. Sein Kopf sagt ihm, dass die Tochter eine gute Ausbildung machen soll, aber auf der Instinktebene will er sie eigentlich bloß in einem schönen Haus aufgehoben wissen, als Mutter von zwei Kindern und Frau eines gut verdienenden, seriösen Mannes – und dazu braucht sie kein fertiges Studium.

Die Tochter muss sich dem nicht fügen, natürlich nicht. Doch die Zeichen stehen für sie nicht gut. Die Probeschlacht gegen Freund Nummer eins hat der Vater gewonnen. Antje lebt weiterhin zu Hause, in seinem unmittelbaren Einflussbereich. Sie vertraut ihm, zu Recht, denn er will ja wirklich nur ihr Bestes und ihre Sicherheit.

Kristel Olbrecht ist Werbefachfrau, eine ambitionierte, lebenslustige Frau, die in ihrer eigenen Jugend im Zuge einer sehr kurzen, unverbindlichen Beziehung ein Kind bekam und es dann alleine aufziehen musste. Dieses Kind, Tochter Hannah, ist mittlerweile siebzehn Jahre alt. Wir lernen Hannah vor ihrer Mutter kennen und sind beeindruckt von der legeren, burschikosen jungen Frau in grellgelben Doc Martens und schlabberiger Sportbekleidung. Im anschließenden Interview mit der Mutter sind wir ein paar Mal verblüfft, denn in der Beschreibung ihrer Mutter klingt sie ganz anders, als wir sie erlebt haben. Diese – laut Kristel – betont sexuelle junge Frau hat sich uns anders vermittelt, viel sachlicher und weniger weibchenhaft.

»Hannah war von Anfang an sehr körperfixiert«, erklärt Kristel. »Sie hat sich schon als kleines Kind sehr gerne nackt gezeigt. Besonders bei Männern. Wenn ich Bekannte hier hatte,

lief sie nackt herum, und sie kam durchaus an damit, sie hatte ja schon als Kind einen bezaubernden Körper. Manche meiner Freunde waren regelrecht hingerissen. Also, sie war sich immer ihres Körpers bewusst und das spielt auch heute noch eine große Rolle.

Der Reifungsprozess ging dann sehr schnell, dieser Sprung von noch ganz Kind bis zu dem Moment, wo sie wirklich einen Busen gekriegt hat, das ging schnell und sie ist dann unheimlich verschämt geworden. Sie war plötzlich ganz zurückhaltend, gerade noch ich durfte sie unbekleidet sehen und ich habe das auch akzeptiert.

Sie wurde natürlich von den Männern sofort anders wahrgenommen, die haben sich gleich interessiert. Groß war sie, mit langen Beinen und langen schwarzen Haaren, da merkt ein Mann ja nicht auf den ersten Blick, ist die jetzt zwölf oder siebzehn? Natürlich hat sie bemerkt, dass sie gut ankommt, dass man ihr nachschaut. Aber sie hat das nie ausgespielt. Sie war auch mir gegenüber nicht schwierig in der Pubertät, es gab keine Probleme, gar nicht. Als sie zum Beispiel die Regel bekommen hat, hat sie nicht einmal darüber gesprochen.

Natürlich fragst du dich als Mutter dann, wie wird das jetzt sein mit den Burschen, wie weit wird sie gehen. Das kannst du ja nicht wissen. Ich versuchte, immer sehr offen zu sein, was mein eigenes Leben anbelangt, meine eigenen Beziehungen zu Männern, damit sie sieht, mit mir kann man über alles sprechen. Aber so sexuelle Dinge hat sie mich nie gefragt. Ich denke, die hatte von anderer Seite schon längst erfahren, was sich da abspielt, also wahrscheinlich im Gespräch mit Freundinnen. So, dass sie keine offenen Fragen hatte.

Burschen sind bei Mädchen Thema Nummer eins, ist ja ganz klar. So ein richtiges Thema, man will ausprobieren, wie das läuft, die sexuelle Neugierde und so, das geht bestimmt ab zwölfeinhalb oder dreizehn los. Das ist natürlich verschieden, es kann auch früher sein.

Kritisch wurde es bei Hannah mit sechzehn, siebzehn, da wollte sie nur noch ausgehen. Ständig hat sie Schule geschwänzt, ich hab's erfahren, ich hab' gebrüllt, sie hat geheult ... es war furchtbar. Leider tendiere ich zur Inkonsequenz. In der Zeit hat sie einen Nachtjob gefunden in einer Disco, erst hab' ich's verboten, aber was soll man machen. Kinder! Die finden doch immer Wege, zu tun, was sie tun wollen.

Ich bin dann in die Disco gegangen und hab' mir das angeschaut, sie hat dort getanzt auf einer Art Drehbühne. Die Kostüme waren ziemlich herausfordernd, aber nachdem ich sie beobachtet habe, wie sie das macht und wie sie damit umgeht, hab' ich keine Angst mehr um sie gehabt. Sie wirkte eigentlich recht selbstbewusst und einen üblen Typen kann sie schließlich überall kennen lernen, dazu muss sie nicht in die Disco gehen. Es ist doch alles Glücksache.

In dieser Zeit hat sie dann ihren ersten ernsthaften Freund kennen gelernt, er ist total in dieser Discoszene drin, hat irgendwas mit Beleuchtungstechnik zu tun. Der hatte aber eine Freundin. Und Hannah sagte ihm, sie geht erst mit ihm ins Bett, wenn er sich von der Freundin trennt. Das hat sie auch durchgezogen.

Mir war in der Erziehung wichtig, ein Kind so schnell wie möglich in die Unabhängigkeit zu bringen, in die Selbstständigkeit. Als Fundament bin ich für sie da, meine Mutter war für mich auch immer eine Ansprechperson, aber das ist ja fürchterlich, wenn Mütter so klammern und nicht loslassen können. Was natürlich auch ein Punkt ist, ist die Beziehung zwischen einer Mutter, die allmählich alt und abgewirtschaftet ist, und einer schönen Tochter, die jung und knackig ist. Auf der einen Seite willst du es nicht wahrhaben, auf der anderen Seite ist es dir bewusst. Ich kann damit umgehen, von der rationalen Seite her. Aber vom Gefühl her, da ist dann die Erinnerung, wenn vor deinen Augen ein junges Mädchen das alles lebt, woran du dich noch gut erinnerst. Also, so die ersten Berührungen mit dem Freund, schon wenn die sich sehen ist da ein Knistern, eine Spannung, das möchtest du auch haben oder wiederhaben.

Hannah wohnt jetzt seit einem Jahr bei ihrem Freund. Ich lass' ihr hier aber ihr Zimmer, also das bleibt für sie, und sie kommt hin und wieder her zum Schlafen. Er hat eine eigene Wohnung. Der Umzug zu ihm, das war zunächst ganz allmählich. Erst waren es drei Nächte in der Woche, dann wurden die Taschen immer größer und schließlich hieß es, Mama, kannst mir nicht was zahlen jeden Monat, weil ich zieh' eigentlich aus. Ich habe sie dann gefragt, ob das gut ist, ob sie auch sicher ist, dass er das will, ob er sich nicht eingeengt fühlt. Er fühlt sich, glaub' ich, auch tatsächlich immer wieder eingeengt, und oft ist er, was ich so mitbekomme, irrsinnig schlecht gelaunt und das sagt er ihr dann auch. Sie wehrt sich nicht, das heißt, sie wehrt sich schon, aber sie streitet nicht mit ihm, sie macht das irgendwie in einer ruhigen Art, sodass es nicht zum Problem wird. Oder, wenn er sie wirklich sehr ärgert, dann geht sie für *ein paar Tage weg. Deshalb ist es natürlich gut, dass sie ihr Zimmer hat. Aber insgesamt wohnt sie gern mit ihm zusammen. Sie lernt dadurch auch sehr viel, was das Zusammenleben betrifft. Es ist ein unheimliches Kapital, wenn so ein junges Mädchen bereits lernt, mit einem anderen Menschen, mit einem Mann zusammenzuleben. Ich finde, das ist wunderbar, ein Reifungsprozess. Und wenn ihr etwas nicht mehr passt, dann geht sie weg – ist doch auch eine gute Übung. Dadurch lernt sie, dass Distanz wichtig sein kann.«*

Für Kristel sind gefühlvolle, stürmische Liebesbeziehungen der spannendste Teil des Lebens – obwohl diese Beziehungen ihr auch immer wieder viel Kummer und Enttäuschung bereiten und mitunter sehr turbulent verlaufen. Das Primat der Sexualität färbt ihre Wahrnehmung. So ist es sicherlich nicht ungewöhnlich, dass ein kleines Kind die Kleidung abwirft und auch in Situationen, die sozial vielleicht nicht passend sind, nackt durch die Wohnung flitzt. Für Kristel gewinnt dieses Verhalten aber eine verführerische Komponente. Das Alter der sexuellen Reife setzt sie sehr früh an, eigentlich gesteht sie der Tochter keine richtige vorsexuelle Kindheit zu und es stört sie auch nicht, dass die Tochter angeblich mit zwölf Jahren das Interesse erwachsener Männer weckt, die sie für viel älter halten.

In Kristels Aussagen entdecken wir aber auch viel Widersprüchliches und wir können vermuten, dass ihre Einstellung zur Weiblichkeit nicht so bejahend ist, wie sie es oberflächlich darstellt. So passt nicht zusammen, dass sie offen über ihre Liebesbeziehungen spricht und insgesamt ein tabufreies Verhältnis zur Tochter und zur Sexualität anstrebt, gleichzeitig aber erleichtert ist, dass ihre Tochter nicht mit ihr über die Menstruation sprechen will und dass sie sich nicht darüber wundert, dass die sich ihre Sexualaufklärung lieber bei gleichaltrigen Freundinnen holt.

Aus den Formulierungen können wir heraushören, dass Sexualität für Kristel viel mit Kontrolle zu tun hat. Dass die Tochter in aufreizender Bekleidung als Discotänzerin jobbt, stört sie nicht mehr, sobald sie ihre Tochter in dieser Situation als souveräne Figur erlebt, die aus ihrer Attraktivität Macht gewinnt.

Mit sechzehn zieht die Tochter aus, zu einem Freund. Für viele Mütter wäre hier Panik angesagt, aber Kristel bewertet die Entwicklung positiv. Auffallend zunächst, dass sie die Situation aus der Warte des betroffenen Mannes sieht: Sie fragt sich nicht, ob ihre Tochter nicht viel zu jung ist für einen solchen Schritt, ob sie sich nicht viel an Jugend und Freiheit vergibt, ob der um einige Jahre ältere junge Mann wirklich geeignet ist. Stattdessen fragt sie sich, und legt es auch der Tochter nahe zu fragen, ob *er* sich nicht eingeengt fühlen wird, ob dieser Schritt seinen Interessen entspricht. Es ist schon eine ungewöhnliche Sichtweise, das Zusammenleben eines so jungen Mädchens mit einem Mann als Quasi-Bildungserlebnis zu beschreiben. Was soll sie da genau lernen, welches Wissen soll sie da akquirieren und in welchen künftigen Lebenssituationen soll sie es anwenden?

Unbewusst steuert auch diese Mutter ihr Kind in die Richtung, die ihr eigenes Leben genommen hat. Sie vermittelt, dass Männer und die Beziehung zu ihnen im Leben zentral sind; dass Beziehungen zu ihnen jedoch selten von Dauer sind und sie sich durch ein solches Ansinnen eingeengt fühlen. Überhaupt sind Unverbindlichkeit und Distanz das Motto ihrer zwischenmenschlichen Beziehungen, dies gilt ebenfalls für die Elternschaft. Ist dieser Mutter klar, wie stark sie ihre Weltanschauung an die Tochter weitervermittelt? Bestimmt nicht, denn sie hat den Eindruck, ihre Erziehung nur mit sehr lockerer Hand ausgeübt zu haben.

Karin arbeitet als Physiotherapeutin, ihr Mann Alfi ist Autohändler, die gemeinsame Tochter Arabella ist zwölf Jahre alt. Karin und ihr Mann führen eine sehr konventionelle Ehe, in der ausschließlich sie für den Haushalt und das Kind verantwortlich ist und Alfi, weil er wesentlich besser verdient, auch wesentlich mehr zu sagen hat.

Alfi verkehrt beruflich mit wohlhabenden Männern. Diese Männer bewundert er und orientiert sich auch an ihnen. Er verbringt das Wochenende vorzugsweise in Restaurants, in denen diese Männergruppe verkehrt. Die Ehefrauen finden sich stets in der Rolle der Mitgebrachten wieder, sie langweilen sich oft sehr in den verrauchten Schickimicki-Kneipen bei den nicht enden wollenden Auto- und Sport-Gesprächen ihrer Männer. Die Frauen dienen auch als Werbefläche für den Wohlstand der Ehemänner, indem sie Pelzmäntel, Schmuck und braune Haut vom Barbados-Urlaub zur Schau tragen.

Karin und Alfi lernten sich in einem Fitness-Klub kennen. Karins Attraktivität war für Alfi von Anfang an primär über das Körperliche definiert; es gefielen ihm ihre langen blonden Haare, ihr liebes, herzförmiges Gesicht und ihre gute Figur. In den seither vergangenen zwanzig Jahren sind für Karin ein paar Pfunde dazugekommen. Sie hat immer noch eine sehr gute, nun aber rundere Figur, worüber sich Alfi häufig in sehr abschätziger Weise äußert. Daher hat Karin im Umgang mit ihm einen leicht defensiven, vorsichtigen Ton, so als ob sie stets damit rechnen würde, angegriffen zu werden und sich verteidigen zu müssen. Es kommt auch vor, dass er vor seinen Freunden in »scherzhafter« Weise über sie spottet, wobei ihre Haushaltsführung (zu nachlässig), ihre Figur (zu dick), ihre Interessen (in seinen Augen dümmlich-weiblich) die häufigsten Themen sind. Unter seinen Freunden ist diese Art von abschätzigem, aggressivem Ton Ehefrauen gegenüber normal. Alfi und seine Kumpel betrachten Frauen in einer Mischung aus hyperaktivem sexuellen Interesse und sozialer Herablassung.

Als wir zum Interview kommen, geht Arabella gerade weg, um eine Freundin zu besuchen. Sie steht am Gang vor dem Kleiderständer und streckt sich, um ihren Anorak vom Kleiderhaken herunterzuangeln.

Karin beobachtet sie dabei und sagt dann: »Sie ist schon ganz schön sexy, nicht wahr? Wie diese Jeans sitzt, wow. Finden Sie nicht?«

Als wir ein zweites Mal kommen, um Unterlagen aus Arabellas Schule mitzunehmen, treffen wir erneut Mutter und Tochter gemeinsam an. Arabella holt die Unterlagen aus ihrem Zimmer, ihre Mutter blickt ihr nach und sagt: »Schauen Sie, wie sie den Popo schmeißt, bald wird einer hineinzwicken.«

In ihrer Ehe leidet Karin darunter, dass ihr Mann sie als Sexualobjekt sieht und behandelt und dass sein gesamter Freundeskreis ähnlich denkt. Gleichzeitig präpariert sie ihre Tochter darauf, sich selbst ebenfalls als Sexualobjekt zu betrachten, und das schon im Alter von zwölf Jahren. Karin fällt nicht auf, was sie tut. Wahrscheinlich hat sie sich schon so an den herrschenden Umgangston und die üblichen Sprüche und Witze in ihrem sozialen Umfeld gewöhnt, dass sie diese gedankenlos nachplappert – mit verhängnisvollen Folgen für ihr Kind. Auch der Vater behandelt Arabella als sexuell frühreife Puppe. Während er über den Körper und das Aussehen ihrer Mutter abschätzige Bemerkungen macht, findet er das Töchterchen süß und attraktiv. Doch nicht einmal in dieser Art von Anerkennung kann Arabella sich unbeschwert sonnen, denn sie kann sich ausrechnen, wie es weitergeht. Eine Frau, die als Mädchen mit zwölf Jahren theoretisch schon sexy ist, erreicht mit zwanzig den Gipfel ihrer erotischen Anziehungskraft, kann mit dreißig vielleicht noch den Stand halten und wird dann allmählich, infolge schwindender Schönheit, von ihrem Mann nicht mehr geliebt und gut behandelt, sondern beleidigt und herabgewürdigt, siehe das Beispiel ihrer Eltern. Selbst wenn sie heute vom Vater für schön befunden und mit aufregender Unterwäsche beschenkt wird, liegt darin keine Sicherheit für die Zukunft. Auch ihre Mutter hat er einst schön und anziehend gefunden. Zwar wird vage davon geredet, dass sie einen Beruf ergreifen soll, aber die Frauen in ihrem Bekanntenkreis haben allesamt dadurch Karriere gemacht, dass sie schön waren und sich einen wohlhabenden Mann geangelt haben. Diese Menschen stellen die Bezugspunkte ihrer Eltern dar und mit diesen Menschen soll auch Arabella ihre Freizeit verbringen, wobei ihre Eltern darauf Wert legen, dass Arabella ihnen gefällt.

»Es ist nie zu spät, eine glückliche Kindheit zu haben«, lautet ein amerikanischer Graffiti-Spruch. Und das ist sehr wahr. Wenn Sie mit Ihrer eigenen Kindheit nicht zufrieden sind, wenn Sie auf biografische Fehler in Kindheit und Jugend zurückblicken, so ist es für Sie noch lange nicht zu spät. Sie können viel lesen und nachdenken, Sie können an einer Selbsterfahrungsgruppe teilnehmen, Sie können eine Therapie machen … wenn Sie aber Kinder haben, dann bleibt Ihnen außerdem noch die Möglichkeit, mit diesen Kindern mitzugehen und mitzulernen. Aus erzieherischer Sicht bietet Ihnen ein Kind zwei in gleichem Maße wichtige Möglichkeiten: die Chance, sich diesem Kind gegenüber so richtig zu verhalten, wie Sie nur können, aber auch die Chance, den unweigerlichen Veränderungsprozess der Elternschaft für sich selber zu nutzen. Auf Töchter bezogen heißt das, Sie können Ihrer Tochter helfen, eine tolle Frau zu werden, und Sie können auch Ihr eigenes Frauenleben durch die Impulse, die eine Tochter Ihnen gibt, ganz neu erkennen und umgestalten.

Eine Tochter bietet viele Möglichkeiten, über sich nachzudenken, wenn Sie das wollen. Am interessantesten, aufschlussreichsten sind die Widersprüche, die Sie dabei in sich entdecken. Es ist für uns immer wieder faszinierend, wie deutlich diese Widersprüche sich im Zuge eines Interviews manifestieren.

Da ist die Mutter, die sich als »ausgesprochen androgyn, das war ich immer schon« beschreibt. Sie erzählt, wie sehr es sie anfangs störte, dass ihre Tochter ein so ausgeprägter »Zopfspangenspitzenblusen-Typ« ist. Wie sie lernte, das zu tolerieren, und dann lediglich die Lackschuhe rigoros verboten hat, weil die so schlecht sind für die Füße und die Bewegung. Fünf Minuten später erzählt sie uns, dass sie oft Streit mit ihrer Tochter hat, weil die keine Strumpfhosen tragen will. »Sie sagt, die sind ihr zu kratzig. Da hat es zwischen uns schon Szenen bis zum mütterlichen Nervenzusammenbruch gegeben.«

Warum will eine Mutter, die selber nur Hosen trägt, die weiblichen Schnickschnack ablehnt und großen Wert auf Bewegungsfreiheit legt, ihre Tochter in kratzige Strumpfhosen hineinkriegen?

Dann ist da noch die Mutter, selber rank und schlank, die mit uns über die Gefahr der Essstörungen bei Mädchen plaudert. »Da gibt es eine Zeit, wo die Mädchen oft so pummelig sind, so um die acht Jahre herum. Bei mir war das auch so. Gott, wie war ich verzweifelt! Ich habe den ganzen Tag gehungert, dann hat mich am Abend der Heißhunger überfallen, ich schlich in die Küche und aß locker zehn Marmeladebrote. Bei den letzten Broten war schon zentimeterdick die Butter und die Erdbeermarmelade drauf, weil ich dachte, jetzt ist der Tag sowieso schon im Eimer.

Zwei Jahre später hat sich das Problem von selber erledigt. Der Babyspeck verschwand, ich nahm allmählich meine heutige, drahtige Form an. Nur dass es noch Jahre dauerte, die katastrophalen Essgewohnheiten von damals loszuwerden. Das gestörte Verhältnis zum Essen, das Abwechseln von zu wenig und dann zu viel essen. Eigentlich wirkt das noch heute nach, obwohl ich es mittlerweile im Griff habe.«

Und genau diese Frau, die selber weiß, dass Babyspeck von selber verschwindet, während ein befangenes Verhältnis zum eigenen Körper und zum Essen ein Leben lang andauern kann, genau diese Frau bekrittelt fünf Minuten später in unserer Anwesenheit die Figur ihrer achtjährigen Tochter. Die ist wirklich absolut nicht dick, sondern pummelig, und auch das nur ein bisschen. Man sieht ihr an, dass sie groß werden wird. Sie hat auch keinen zierlichen Körperbau, sondern eher die großen Glieder ihres Vaters. Es tut einem richtig weh, wenn die Mutter ihr mit finsterer Miene die Käsesemmel verweigert, während sie dem zwölfjährigen Bruder gleichzeitig eine aufdrängt, weil der »so im Wachstum ist, der hat ständig Heißhunger!« Sicher, der Bruder ist dürr und lang, wirklich sichtlich im Wachstum. Die Tochter ist es auch, bloß hat das bei ihr eine andere Optik, wie gerade diese Mutter wissen müsste.

Eine dritte Mutter leidet unter ihrer Ehe. Von sehr traditionellen Eltern erzogen und mit keiner Berufsbildung ausgestattet, durch eine frühe, ungeplante Schwangerschaft sehr jung in die Ehe geschlittert, hadert diese Frau sehr mit ihrem Hausfrauenschicksal. Ihr karriereversessener Mann hat kaum Zeit für sie oder die Kinder, bestimmt aber ihre Lebensumstände und beschert ihnen berufsbedingt häufige Umzüge. Diese Frau ist grundunzufrieden. Sie fühlt sich wie ein Gepäckstück. Sie hasst es, kein eigenes Geld zu haben. Die Rolle als Ehefrau erscheint ihr inzwischen absurd, denn ihre Ehe besteht fast nur noch auf dem Papier – an den meisten Wochenenden und Abenden ist sie mit den Kindern allein. Die Rolle als Mutter gefällt ihr, ist aber zeitlich befristet. Schon jetzt werden die Kinder immer selbstständiger und was soll danach kommen? Dass sie manchmal gluckenhaft ist, weiß sie, aber es ist sehr schwer, die Kinder nicht überzubetreuen, wenn sie der einzige Grund sind, weshalb man nicht im Berufsleben steht, sondern zu Hause ist. »Meine Tochter soll es ganz anders machen als ich«, erklärt diese Mutter immer sehr ausdrücklich. »Für sie soll der Beruf an erster Stelle stehen. Man muss unabhängig sein. Eine Ehe ist kein Lebensinhalt.« In diesem Zusammenhang ist es ihr ein wichtiges Ziel, ihre beiden Kinder gleich zu behandeln, zwischen Sohn und Tochter keine Unterschiede zu machen.

Umso erstaunter ist die Besucherin, wenn sie diese Mutter mit ihren Kindern erlebt. Über die Tochter prasselt ein liebevoller, aber ständiger Schwall von Ermahnungen und Anweisungen herab, die sie zur Ruhe, zum Bravsein und zum Helfen bei irgendwelchen häuslichen Dingen aufrufen. Wenn sie sich am Spielplatz ein paar Grasflecken holt, geht man rasch heim, um ein sauberes Kleidchen anzuziehen, ehe man die Freundin und deren Tochter bei McDonald's trifft. »Sie ist so ein geschäftiges kleines Ding«, seufzt die Mutter zufrieden, wenn die Tochter neben ihr in der Küche herumtut, und schickt sie mit Sandwich und Getränk, schön auf einem Tablett arrangiert, ins Zimmer des großen Bruders, der gerade »von der Schule ausspannt«.

Hier hat man auch einen deutlichen Freundschaftsdienst zu leisten, indem man Freundinnen auf solche Widersprüche in ihrer Alltagsgestaltung aufmerksam macht, statt heuchlerisch zu nicken, wenn sie irgendeine haarsträubende Ungereimtheit produzieren. Als

Tante oder Großmutter ist man aufgerufen, Lücken im Leben zwiespältig aufwachsender Mädchen zu füllen und sie in ihrem Aussehen, in ihren sportlichen und sonstigen Interessen zu fördern und ihre Horizonte zu erweitern. Sich selbst gegenüber hat man die Pflicht und die fabelhafte Chance, sich von Lebenslügen zu verabschieden. Eine Lebenslüge nämlich, das ist in der Kindererziehung so etwas wie passives Rauchen. Sicher, die Lüge leben Sie, aber Ihr Kind atmet sie mit ein und vergiftet sich. Viele Frauen finden in der Schwangerschaft, aus Liebe zu ihrem zukünftigen Kind, den Mut, mit dem Rauchen aufzuhören. Dieselbe Motivation sollte ihnen dabei helfen, aus Liebe zu ihren Töchtern Abstand zu den eigenen Lebenslügen zu nehmen.

12
Ken wäscht ab

Hausarbeit ist ein langweiliges Thema. Unsere nächste Heldin ist die Frauenministerin Helga Konrad, der es gelang, dass ganz Österreich wochenlang aufgeregt über dieses langweilige Thema diskutierte.

Ihr Gedankengang war folgender: Nach wie vor sind Frauen, was Hausarbeit und Kinder anbelangt, offiziell die »Zuständigen«. Der eine oder andere Mann arbeitet mittlerweile mit, das ja. Manche mehr, andere weniger. Doch grundsätzlich zuständig ist und bleibt die Frau. Und das schadet den Frauen enorm. Arbeitgeber gehen deswegen ganz selbstverständlich davon aus, dass die Frau eine weniger zuverlässige Kraft ist. Wenn die Kinder krank sind, bleibt sie zu Hause. Nach der Geburt bleibt sie zu Hause. Um Schlag fünf Uhr abends will sie heim, weil sie noch das Abendessen kochen muss. Männer hingegen sind immer einsetzbar, ihnen wird der Rücken freigehalten für den vollen beruflichen Einsatz. Will man die Chancengleichheit, dann muss entweder die Frau voll und ganz und rund um die Uhr genauso einsetzbar sein wie der Mann, oder aber der Mann muss ebenfalls zu einem Menschen werden, der ein Privatleben und damit verbundene Verantwortungen hat und mit dem man auch nicht unbegrenzt rechnen kann.

Dann das Thema Fortbildungen. Frauen, die in unbefriedigenden beruflichen Situationen stecken, bekommen oftmals eine Fortbildung angeboten. Können die aber nicht in Anspruch nehmen, weil sie abends nicht wegkönnen.

Und was schließlich die jungen Mädchen betrifft, liegen deren Berufspläne oft weit unter dem Niveau ihrer Fähigkeiten, weil man ihnen nach wie vor nahe legt, in erster Linie darauf zu achten, dass ihr künftiger Beruf sich gut mit einer Familie und den Haushaltspflichten kombinieren lässt.

Wenn Frauenministerin Konrad also über die Situation der Frauen grübelte, wenn sie vor sich die unbefriedigenden Statistiken über deren Einkommen, deren Altersversorgung, deren Ausbildung, deren Berufsplanung liegen hatte, dann zeigte sich dahinter immer wieder das Wirken einer banalen, fatalen Ursache. Die Hausarbeit.

Die Männer müssten nicht nur mehr davon machen, sie müssten es vor allem mit einer größeren Selbstverständlichkeit machen, bis schließlich die gedankliche Automatik Frau=Haushalt durchbrochen wäre.

Die Zielgruppe stand fest: Männer zwischen neunzehn und fünfunddreißig Jahren, solche also, deren noch nicht restlos versteinertem Ego man ein Umdenken zumuten konnte. Doch wie sollte man sich zu diesem Ego einen Weg bahnen?

Das, dachte sich die Ministerin, wissen die Werbefachleute am besten. Wenn die Zigaretten, Bier und

Autos an den Mann bringen, müssen sie ihm doch wohl auch das simple Geschirrtuch schmackhaft machen können.

Die Kampagne hieß »Ganze Männer machen halbehalbe« und war, anders ist es nicht auszudrücken, ein umwerfender Erfolg. Der Slogan wurde verulkt, verspottet, in Talkshows diskutiert, von der Werbung übernommen. Zeitungen stellten Männer vor, die schon längst die Hälfte machen und solche, die sich dazu bekannten, nie und nimmer und unter gar keinen Umständen auch nur im Traum daran zu denken, die Hälfte zu tun. Per Minister-Erlass dekretieren, wer zu Hause was macht: Das war gerade absurd genug, um zu erreichen, dass alle, und zwar wirklich alle, vom Anliegen erfuhren und darüber sprachen. Ziel erreicht, freute sich die Ministerin und ertrug es dafür gerne, dass natürlich auch ihre Person dafür gehörig durch den Kakao gezogen wurde.

13
Barbie verkauft die Boutique

Susanne Shaked ist eine energiegeladene Dame, elegant und selbstbewusst sitzt sie uns beim Interview in unseren Institutsräumen gegenüber. Sie ist uns bei einem Vortrag aufgefallen, wo sie sich für die Ziele der angesehenen Organisation Hadassah einsetzt, einer jüdischen Organisation, die ein breites Spektrum von vor allem gesundheitlichen Projekten verfolgt und der vor allem die Verständigung von Juden und Arabern ein Anliegen ist. Sie kommt aus einer gutbürgerlichen Familie, ihr Großvater war Präsident der Metallarbeitergewerkschaft und aufrechter Sozialist, die Mutter eine Schneiderin mit unternehmerischem Talent. Nach dem Sprachstudium ist sie nach Frankreich gegangen, war kurz verheiratet, und als ihr Mann an Krebs erkrankte, hat sie ihn monatelang bis zu seinem Tod daheim gepflegt. »In dieser Zeit kam einmal der Pfarrer zu uns und sagte, dass sie in der Klosterschule eine gute Lehrerin brauchen. Ganz überzeugt war ich nicht von dieser neuen Aufgabe. Mein Mann war Pilot und man hat mir von der Fluglinie angeboten, am Flughafen zu arbeiten. Also bin ich am Flughafen gesessen und habe zwischendurch Hefte verbessert.« Sie kam mit amerikanischen Professoren in Kontakt und ihr Weg führte sie schließlich an eine Universität in Florida. Allerdings warteten die Eltern darauf, dass sie das heimische Textilgeschäft übernehmen würde. Positiv eingestellt und neugierig auf neue Aufgaben wie immer, dachte sie: »Warum nicht, ich mache ein Supermodellgeschäft daraus. Es wurde ein Therapiezentrum, so ein Geschäft hat eine sehr starke soziale Komponente. Es war mir immer wichtig herauszufinden, was ist das für eine Person, was passt ihr oder wie bringe ich sie dahin, dass sie gut aussieht, das ist sehr befriedigend.« Sie hat zwanzig Jahre das Geschäft geführt und es hat ihr viel Spaß gemacht. Ihr Mann hat tatsächlich eine therapeutische Praxis, sie hat seine Ordinationsräume für ihn gefunden, gleich ums Eck vom Geschäft, somit konnten sie immer gemeinsam zu Mittag essen, weil er abends meist lange arbeitete. Als ihre Mutter starb, fühlte sie sich frei, das Geschäft aufzugeben. »Gut, ich habe also das Geschäft verkauft und mir gedacht, jetzt hast du endlich Zeit, zum Schwimmen zu gehen, aber ich wurde gebeten, die Hadassah hier in Wien aufzubauen. Das Zentrum ist in New York, ich wurde dorthin eingeladen, und als ich zurückkehrt war, habe ich gleich ein *event* organisiert, und wir haben uns sehr schnell entschlossen, ein Projekt zur psychotherapeutischen Betreuung von krebskranken Jugendlichen zu übernehmen. Die Weltpräsidentin der psychoonkologischen Gesellschaft, eine unglaublich engagierte Frau, die in Jerusalem arbeitet, war immer wieder mit der Situation konfrontiert, dass viele ältere Patienten, die ins Krankenhaus mit der Krebsdiagnose kamen, keine

Behandlung machen wollten. Sie hat herausgefunden, dass es sich bei vielen um Holocaustüberlebende handelte, die auf die Behandlung verzichteten, weil sie diese Wiederbelebung des Traumas, einhergehend mit Haarverlust, Übelkeit und vielem mehr, nicht noch einmal durchlaufen wollten.« Frau Shaked sieht nun ihre Aufgabe darin, Kontakte mit MedizinerInnen zu schaffen, Gelder zu beschaffen und ein gemeinsames Forschungsprojekt zu organisieren, weil sie eine starke moralische Verantwortung spürt und die Erfassung dieses Langzeittraumas auch für andere betroffene Gruppen sehr interessant wäre. Sie fühlt sich privilegiert, weil sie es sich leisten kann, ehrenamtlich ohne Entgelt zu arbeiten. »Ich wollte immer schon so einen Vermittler- oder Managementjob machen. Ich glaube, dass ich mich von meiner Persönlichkeit her nicht verändert habe. Es ist halt so, dass ich nicht warten kann, bis die Leute auf mich zukommen, ich muss auf sie zugehen. Anfangs war es nicht ganz leicht, aber das ändert sich. Ich finde es sehr interessant, dass diese Organisation weltweit mit zwei Personen angefangen hat und jetzt schon ein internationales Netzwerk hat.«

Susanne Shaked ist eine Frau, die ganz klar erkennt, woher der Wind weht, das hat sie ihrer Mutter zu verdanken, die ihr den Gedanken der Selbstständigkeit und Unabhängigkeit schon früh einpflanzte. »Meine Mutter hat immer gesagt, eigenes Geld ist eigenes Geld.

In dem Moment, wo man von einem Mann nicht mehr finanziell abhängig ist, ist man es auch emotional nicht mehr. Das hat sie völlig richtig gesehen.«

Unserem eleganten Visavis kommen Sätze wie »man muss sich als Frau natürlich verteidigen, wenn man schlecht behandelt wird, da muss man sich schon durchschlagen und durchsetzen«, recht locker über die Lippen. Zum Abschluss unseres Gesprächs sagt sie ganz überzeugend: »Ich habe das seltene Glück, dass mich grundsätzlich alles sehr freut. Außerdem finde ich, dass es so viele Menschen gibt, die Zuspruch brauchen. Da braucht man sich gar nicht lange umschauen, die fallen einem in den Schoß. Ich verstehe dann nicht, wie man zu Hause sitzen kann, wenn es so viel zu tun gibt rund um einen.« Wir verstehen es auch nicht und wir hoffen, dass diese Sesshaftigkeit weniger ausgeprägt sein wird in der kommenden Frauengeneration.

14
Barbie sprengt den Opernball

Wichtige Männer, insbesondere Politiker, präsentieren sich am liebsten als Stützen der Gemeinschaft, als Ehrenmänner, Familienväter, Träger konservativer Werte. Mit sonorer Stimme setzen sie sich für Ehe und Familie ein und wettern gegen permissive Einflüsse in der Gesellschaft. Sie selber aber führen oft ein Doppelleben. Weil sie sich für etwas ganz Besonderes halten, erlauben sich viele dieser Männer ein Leben wie ein orientalischer Großfürst, mit Nebenfrauen und Kurtisanen.

Ihre Macht macht diese Männer attraktiv und begehrenswert und sie sehen oft keine Veranlassung, sich den daraus resultierenden Möglichkeiten zu verschließen. John F. Kennedys Liebesleben ist Legende. Zu den wesentlichen Aufgaben seiner Leibwächter gehörte es, seine zahlreichen Freundinnen und einen steten Strom von Callgirls ins Weiße Haus zu schleusen, ohne dass Jackie davon Wind bekam.

Obwohl sie sich bemühen, ihr geheimes Leben vor den Wählern geheim zu halten, kommt es meist irgendwann ans Tageslicht, manchmal erst posthum. Mitterand wird dabei fotografiert, wie er sich mit seiner unehelichen Tochter trifft, und im Zuge dessen fliegt auf, dass der scheinbar solide Ehemann schon jahrelang ein Doppelleben führt, sich neben seiner klugen, schicken Ehefrau auch noch eine Dauergeliebte genehmigt.

Wenn die Sache dann auffliegt, blickt alle Welt neugierig auf die Ehefrau. Wie wird sie reagieren? Was geschieht jetzt?

Sehr spannend ist die Frage nicht, denn ein ungeschriebener Kodex gibt genau vor, wie die Frau des Staatsmannes sich in solchen Fällen zu verhalten hat: gefasst, edel, souverän und loyal hat sie sich an die Seite des prominenten Betrügers zu stellen und ihm a) zu verzeihen oder b) zu beteuern, dass diese Angelegenheit längst vorbei und zwischen ihnen bereinigt ist oder c) mit damenhafter Zurückhaltung darauf hinzuweisen, dass diese Privatangelegenheit nur sie alleine betrifft. Sogar über den Tod hinaus gilt dieser Imperativ. Frau Mitterand beugte sich gemeinsam mit ihrer Nebenfrau über den Sarg des prominenten Ehebrechers und ließ sich für ihre Haltung und ihren großzügigen Weitblick loben.

Dann gibt es noch die geringere Gruppe von Fällen, in denen der Staatsmann sich von seiner nunmehr ungeliebten Frau trennt und ins Lager der Geliebten überläuft, siehe Gerhard Schröder oder Prinz Charles. Auch in solchen Fällen hat die Frau des Staatsmannes gefasst zu bleiben und sich mit so viel Würde und Zurückhaltung wie nur möglich vor der Welt zu verkriechen.

Der Frau des ehemaligen österreichischen Bundespräsidenten Klestil ist wirklich nicht anzusehen, dass gerade sie mit dieser ehrenwerten Tradition gebrochen hat. Alles an ihr signalisiert ganz im Gegenteil höchste Konvention. Die Haltung ist aufrecht, die Stimme wohlmoduliert. Die Ohrclips sind klein und geschmackvoll, die Kleidung tendiert zu konservativen Kostümen, gerne auch im Trachtenlook, der Gesichtsausdruck ist freundlich, aber beherrscht. Kurzum, Edith Klestil ist genau die Sorte Frau, die die Diplomatische Akademie jedem hohen österreichischen Politiker an die Seite stellen würde. Von einer solchen Frau kommen keine unliebsamen Überraschungen. Diese Frau hat keine Flausen im Kopf und wird keine unbedachten Sätze sprechen, die ihren Mann oder ihr Land in Verlegenheit bringen. Diese Frau kann man jederzeit einem Fotografen gegenüberstellen, sie wird gefasst lächeln und das Bild der häuslichen aber kultivierten, konservativen aber charmanten Österreicherin abgeben.

Und ausgerechnet diese Frau rastete komplett aus, als das Verhältnis ihres Mannes mit einer Mitarbeiterin publik wurde. Sie verbündete sich mit den Boulevardzeitungen, bestand beharrlich auf ihren Rechten, klagte laut und deutlich über die ihr angetane Ungerechtigkeit und weigerte sich, entweder zähneknirschend die Polygamie ihres Ehemannes zu akzeptieren oder demütig von der Bildfläche zu verschwinden.

Österreichs Journalistinnen wählten sie deshalb zur Frau des Jahres. Und wir stellen Sie hier in die Reihe unserer Anti-Barbies, weil auch sie bewies, dass sie mehr im Kopf hat als Haarwurzeln.

Es begann mit einem Foto. Nicht mit einem Paparazzi-Foto, nein, sondern mit einem scheinbar, auf den ersten Blick, ganz harmlosen, ganz alltäglichen Polit-Foto aus der Zeit von Klestils Kandidatur für das Amt des Präsidenten. Darauf sah man Bundespräsidentenkandidat Klestil mit siegessicherem Lächeln einherschreitend, daneben seine ebenfalls strahlend lächelnde Ehefrau. Im Hintergrund eine Reihe weiterer Personen, die seinem Stab angehörten. Monate später landete dieses Foto auf dem Schreibtisch eines Redakteurs, der mit scharfem Journalistenblick das verhängnisvolle Detail erspähte. Wahrscheinlich war ihm das Foto zunächst überhaupt ins Auge gesprungen, weil zwischen dem strahlenden Kandidatengesicht und dem strahlenden Kandidatenehefraugesicht noch ein drittes Gesicht hervorstrahlte, das Gesicht einer dunkelhaarigen Frau, um einiges jünger als die Gattin. Der erfahrene Journalist erkannte die Frau natürlich: Margot Löffler, eine enge Mitarbeiterin des inzwischen ins Amt gehobenen Präsidenten. Sein Blick wird an ihr haften geblieben sein, weil ihr Lächeln etwas Unpassendes hatte; es war nicht das loyale Team-Lächeln eines Stabmitglieds, das sich über einen Kollektivtriumph freut, sondern ein leicht triumphierendes, freches Siegerinnenlächeln. Der Journalist sah sich das Bild genauer an und entdeckte, dass Frau Klestil ihren Mann an der Hand hielt, während von hinten Frau Löffler ihren Arm nach vorne schlängelte, um dabei mit ihrer Hand die Hüfte des Präsidenten zu umschlingen.

Das Bild wurde flott in den Gazetten nachgedruckt, in vergrößerter Form natürlich, und die Allgemeinheit durfte miträtseln, was diese Geste wohl zu bedeuten hätte. Die ersten Gerüchte, die Frau Löffler als Geliebte des Präsidenten identifizierten, wurden vom Stab noch abgetan. Die Beraterin habe damals lediglich versucht, den Präsidenten durch den Menschenandrang zu steuern, hieß es, und sie habe ihm nur deshalb auf die Hüfte gegriffen, weil sie ihn zur Tür schieben wollte. Doch die Dementis überzeugten nicht und wurden bald von peinlichen Details und zähen Gerüchten überholt: Der Präsident, so hieß es, habe seinem Büro ein Schlafzimmer hinzugefügt, um dort Schäferstündchen mit der Geliebten abzuhalten. Frau Löfflers mittelmäßige berufliche Begabung habe erst dann Beförderungen gebracht, nachdem der Präsident sein Auge auf sie geworfen habe. Der Skandal war perfekt.

Nun hätte, allen Präzedenzfällen zufolge, Frau Klestil auf den Plan treten müssen mit einem selbstverleugnenden Statement darüber, wie sehr sie ihren Mann liebe und ihm auch in dieser Krise beistehe. Das aber tat

Frau Klestil mitnichten. Stattdessen zog sie aus der Präsidentenvilla aus und erzählte jedem, der sie danach fragte, wie verletzt und enttäuscht sie sei. Sie weigerte sich, still, privat und diskret zu leiden, um der Karriere und der Macht ihres Mannes nicht zu schaden. Vor allem aber nahm sie ihr Schicksal zum Anlass, um über eine ganze weibliche Lebensrichtung nachzudenken – und anderen Frauen dringend davon abzuraten, die gleichen Fehler zu machen wie sie und sich damit in eine ähnlich abhängige, hilflose Lage hineinzumanövrieren.

Die »Frau an seiner Seite« zu sein, den Aufstieg des Mannes als gemeinsame Sache zu sehen und ihn zu unterstützen und zu fördern, so zog Frau Klestil Bilanz, das sei einfach zu riskant. Das könne, wie bei ihr, zehn oder zwanzig Jahre lang gut gehen. Doch die Basis sei in jedem Fall schief. Der Ehemann würde dann zu sehr der Stärkere und könne sich unter solchen Umständen alles herausnehmen. Zu Beginn einer Liebesbeziehung, einer Ehe möge es ja komplett unmöglich erscheinen, dass man sich jemals entfremden könne. Der Mann möge glaubwürdigst beteuern, wie sehr er die Hilfe und Unterstützung seiner Frau schätze und sie als Partnerin brauche. Doch man könne sich einfach nicht darauf verlassen, dass es so bleibe. Auch sie hätte es als junge Diplomatengattin nie und nimmer für möglich gehalten, dass ihre Ehe eines Tages so enden würde. Stets hatte ihr Thomas versichert, dass es sich bei seiner Karriere um ein gemeinsames Unterfangen, um die »Firma Klestil« handle. Dass zwar er an der Spitze und im Rampenlicht stehe, dass sein Erfolg ohne sie nicht möglich sei. Und das stimmte ja auch. Zu einer Diplomatenkarriere gehört unbedingt die Ehefrau, die als Gastgeberin auftritt, die sich wohltätig engagiert, die vielen Umzüge managt, immer wieder von neuem einen Haushalt aufbaut und daneben, natürlich ohne den viel beschäftigten Gatten zu belasten, die Kinder erzieht. So ging es viele Jahre lang und dann schlug die Stunde, in der Klestil seine Frau mehr brauchte als je zuvor. Seine Partei stellte ihn als Präsidentenkandidaten auf, und das hieß: Wahlkampf. Grundvoraussetzung hierfür war eine glückliche Familie im Hintergrund und eine elegante Frau, die sich zur First Lady des Landes eignete. Frau Klestil repräsentierte, engagierte sich karitativ, hielt Ansprachen, ließ sich fotografieren und interviewen und machte großartig Eindruck. Ihr Mann wurde gewählt, sie erklommen das ultimative Podest, das ihre Lebensmühen krönte. Der Präsident und die First Lady.

Was dachte sich Thomas Klestil dabei, als er das Verhältnis mit der jungen Mitarbeiterin einging? Wir müssen es nicht einmal moralisch bewerten; halten wir in erster Linie fest, dass er in dieser Affäre keinerlei politische Klugheit bewies. Im Gegenteil, er erwies sich als äußerst undiplomatisch und als denkbar schlechter Stratege. Dass er sich unter keinen Umständen von seiner in der Öffentlichkeit beliebten, altgedienten Ehefrau scheiden lassen konnte, um die Geliebte zu heiraten, musste er wissen. Daher wäre es nahe liegend gewesen, die Affäre zumindest geheim zu halten und es der Ehefrau zumindest psychisch möglich zu machen, seine Untreue zu ertragen. Er tat keins von beiden. Stattdessen ließ er zu, dass die Geliebte in ihrer Eigenschaft als »Beraterin« ständig dabei war, als Dritte im Bund, ein ständiger Dorn im Auge der Gemahlin und eine ständige Herausforderung an die Journalisten, die Sachlage zu durchschauen.

Weil Österreich bekanntlich ein Land ist, in dem alles einer Operette gleicht, spitzte sich auch dieses Drama bühnenreif zu. Frau Klestil verlangte von ihrem Mann die Zusicherung, dass seine Geliebte wenigstens dem Opernball fernbleiben würde. Wenigstens diesen international ausgestrahlten Repräsentierauftritt wollte sie hinter sich bringen, ohne das Geflüster der Leute und ohne die aufdringliche Präsenz der Rivalin ertragen zu müssen. Klestil aber teilte seiner Gattin mit, dass er Frau Löffler ganz im Gegenteil sogar in die Präsidentenloge einzuladen gedenke. Mit der Mätresse die Loge zu teilen und dazu noch freundlich den Ballbesuchern zuzuwinken, das erschien Frau Klestil dann endgültig untragbar. Sie zog aus.

Der weitere Verlauf erinnert an eine Seifenoper:

Die Presse schlägt sich auf die Seite der geschmähten Ehefrau. Die Frage, wo der Präsident nun eine geeignete weibliche Person hernehmen wird, die an seiner

Seite den Opernball eröffnet, beschäftigt das ganze Land über Tage hinweg und wird in allen Nuancen durchdiskutiert. Wird seine Tochter sich an seine Seite stellen oder wird sie sich loyal zur Mutter verhalten? Wird er am Ende ganz alleine dort stehen müssen? Wird die Geliebte sich blicken lassen? (Antwort: Es erschien die Schwiegertochter und es gab in der Loge auch keine Löffler). Ein Gerücht, demzufolge Frau Löffler vom Präsidenten schwanger sei, kommt auf und hält sich so hartnäckig, dass die Betreffende in einer peinlichen Pressekonferenz offiziell dementieren muss. Das Außenamt kommt unter Druck, seiner Beamtin nicht auch noch dafür ein Gehalt zu zahlen, dass sie das höchste Paar des Landes in Turbulenzen stürzt. Klestil sperrt sich zunächst gegen ihre Versetzung und muss durch den Kanzler persönlich dazu bewogen werden, sie freizugeben. Das Außenamt verkündet, man werde sie ins Ausland, sozusagen in die Verbannung schicken. Ein österreichisches Boulevardblatt engagiert einen ehemaligen *Bild*-Redakteur, dieser deckt einige Monate später auf, dass sie noch immer nicht ausgereist ist. Dass er diese Offenbarung unter der Schlagzeile »Klestil gib die Löffler ab« veröffentlicht, wird als neuer Tiefstand des journalistischen Stils kritisiert.

Und es geht weiter! Präsident Klestil erkrankt an einer mysteriösen, lebensbedrohlichen Krankheit. Die Boulevardpresse vermutet: Aids. Seine Ärzte dementieren. Frau Klestil will den Sünder in seiner Stunde der Not besuchen, wird aber auf Wunsch des Schwerkranken nicht vorgelassen. Er wird wieder gesund. Mittlerweile sind drei Jahre vergangen, Scheidungsgerüchte kommen auf. Klestil schickt einen Anwalt zu seiner Frau, um die Konditionen für eine Scheidung auszuloten. Sie will ein persönliches Gespräch. Er weigert sich, mit ihr zu reden.

Hätten Sie gedacht, dass österreichische Innenpolitik so spannend sein kann?

Was uns hier interessiert, ist nicht die Sensation einer Schmutzwäsche auf allerhöchster Ebene. Uns interessiert Frau Klestil. Sie hat die traditionellen Spielregeln ganz genau eingehalten. Sie war eine mustergültige Ehefrau. Sie akzeptierte willig, dass der Mann vorne steht und die Frau hinter ihm, ihn unterstützend. Sie waren sich nahe, enge Verbündete, mit vielen gemeinsamen Interessen, das vorrangigste darunter er, sein Wohlergehen und sein Erfolg. Und bei all dem verabsäumte es Frau Klestil nicht, für ihren Mann attraktiv zu bleiben. Sie pflegte sich, blieb rank, schlank und ansehnlich. Mehr, als diese Frau für ihren Mann und ihre Ehe tat, kann keine Frau tun. Und wie sah das erträumte Happy End aus? So, dass er sie am Schluss davontreten wollte wie einen lästig gewordenen Hund, um eine Jüngere am gemeinsam mühevoll Erreichten teilhaben zu lassen.

Frau Klestil stellt seither Grundsatzfragen, für die sich alle Frauen dringend interessieren sollten. Ist es gescheit, dich in eine Position zu bringen, in der du auf die Launen deines Mannes und auf seinen Gerechtigkeitssinn angewiesen bist? Alles auf diese eine Karte zu setzen?

Am meisten aber regt sich Frau Klestil über eine scheinbare Detailfrage auf. Jahrzehntelang war sie mit diesem Mann verheiratet, sie teilte seine Sorgen und seinen Ehrgeiz und ging überallhin mit, wohin seine Ambitionen ihn verschlugen. Dann kam dieser Bruch und seither weigert er sich, auch nur ein einziges Wort mit ihr zu wechseln. Wie kann das sein? Nur, weil das Gespräch unangenehm wäre? Und als Frau soll man das hinnehmen und sich entgegenkommend zurückziehen und kein Aufhebens machen? Nein.

Der Kummer und Zorn dieser damenhaften Person, die eine lebenslange Disziplin der Selbstbeherrschung und Zurückhaltung hinter sich ließ, um ihren Gefühlen der Kränkung und Ungerechtigkeit Raum zu geben, ließen die Wellen hochschlagen. Es gab Schlagzeilen, Editorials und Kolumnen. Es gab Umfragen, ob man Klestil ohne seine First Lady überhaupt noch haben wolle – ja sogar, ob man nicht gleich kostensparend das gesamte Amt des Bundespräsidenten abschaffen solle.

Und es gibt nach wie vor Edith Klestil, ungewollt radikale Frauenrechtlerin. »Ich kann nicht glauben, dass mein Mann nicht mit mir spricht«, sagt sie in der Zeitschrift *News*. »Dass er alles nur über Anwälte abwickeln will. Es muss doch einer Ehefrau, die am Aufbau seiner Karriere, der Familie, seines Lebens vierzig Jahre lang beteiligt war, zumindest gebühren, von ihrem Mann als Gesprächspartner anerkannt zu werden. Ich glaube, dass eine Ehefrau nach vierzig Jahren ein Recht auf ein Dankeschön hat für alles, was man zusammen gemacht hat.«

Und sie sagt: »Ich stehe stellvertretend für viele Frauen über fünfundfünfzig, die ihr eigenes Berufsleben, ihr eigenes Leben aufgegeben haben, den Mann unterstützt haben – und die am Ende dieses Lebens weggestellt werden und eigentlich nur Gerechtigkeit wollen … Ich möchte diesen Frauen vermitteln, dass sie nicht nur Dulderinnen sein sollten.«

Für eine Frau wie Edith Klestil, zurückhaltend, beherrscht, sehr auf die Meinung der Umgebung und den äußerlichen Anschein bedacht, ist es so etwas wie Folter, das Scheitern ihres Privatlebens in den Schlagzeilen wiederzufinden. Sie erträgt es, weil sie die Rolle der First Lady zeitgemäß umdefiniert hat. Eine First Lady repräsentiert, sie steht stellvertretend für die anderen Frauen ihres Landes. Edith Klestil definiert das für sich so, dass sie stellvertretend steht für alle Frauen, die dem »Mythos des reflektierten Glanzes« auf den Leim gegangen sind. Unterstütze deinen Mann; sein Erfolg ist auch dein Erfolg. Er hat ja sowieso die besseren Chancen, lass ihn also vorpreschen, während du eine geringere berufliche Anstrengung auf dich nimmst und dafür Zeit hast für die Kinder und für ihn. Betrachte die Ehe als ein gemeinsames Unternehmen, in dem jeder seinen Teil tut. Ach ja? Unterstütze deinen Mann und wenn er sein Ziel erreicht hat, setzt er dich eiskalt am Rande der Autobahn ab wie ein leidiges Haustier, um seine Ferien mit deiner Nachfolgerin zu verbringen.

Jüngeren Frauen vermittelt Edith Klestil, dass die altvertraute Rechnung gar nicht aufgehen kann. Wenn du dich in den Schatten eines Mannes stellst, *kann* die Sonne nicht auf dich scheinen.

15
Barbie geht an die Börse

»Mach das, was du gerne möchtest.«

DR. RUTH IWONSKI-BOZO

Frau Iwonski fiel uns in einer kleinen ExpertInnenrunde von Bankern sofort auf. Sie sitzt im dezenten Business-Kostüm im Konferenzraum, neben sich Aktenkoffer und elegante Handtasche, und folgt mit wacher und kompetenter Ausstrahlung den Verhandlungen. Sie ist auf Private Banking spezialisiert, erzählt sie uns später in ihrem Büro. Nach einer harmonischen Kindheit auf dem Land – der Vater war Tierarzt, die Mutter Hausfrau – ging sie zum Studium in die Stadt. Ihr Jura-Studium hat sie in solch atemberaubendem Tempo absolviert, dass ihr Vater ihr zwischendurch sogar vorgeschlagen hat, es ein bisschen langsamer anzugehen, »aber das Lernen hat mich nicht belastet, im Gegenteil.« Das anschließende Praxisjahr bei Gericht hat sie nicht ausreichend ausgelastet, »ich hatte noch zeitliche Kapazitäten«. Es zog sie in die Wirtschaft und nach einigen Fortbildungstrainings in den USA und in Luxemburg hat sie bereits mit siebenundzwanzig Jahren die Leitung von Private Banking übernommen. »Ich glaube, dass ganz groß Eigeninitiative gefragt ist«, und die Umsetzung dieser Erkenntnis führte dazu, dass sie von einer führenden Bank das Angebot bekam, den Bereich der Vermögensberatung zu strukturieren, eine Herausforderung, die sie natürlich begeistert aufgriff.

»Man hat mir ziemlich jung viel zugetraut, es ist wahnsinnig schwer zu sagen, worauf das zurückzuführen ist.« Sie überlegt, ob sie einfach Glück gehabt hat, ein beliebter weiblicher Erklärungsansatz, der selbst dann bemüht wird, wenn klar auf der Hand liegt, dass mit unendlichem Fleiß und Durchhaltevermögen operiert wurde. Ruth zieht ein realistischeres Resümee: »Man soll nicht sitzen und warten, bis wer kommt und sagt, jetzt machen Sie das oder jenes, sondern man soll sich engagieren.« Voller Einsatz für eine Sache ist das Leitmotiv von Ruth. Sie ist bereit, sehr viel Zeit in ihren Job zu investieren und hat sich nie die Frage gestellt, wann die Arbeit beginnt und wann sie endet. »Dadurch, dass es immer ein Job war, der mich wirklich sehr interessierte und mir auch großen Spaß machte, wo ich tatsächlich das Gefühl hatte, das ist mein Leben, trenne ich eigentlich kaum zwischen Privat- und Berufsleben. Auch wenn ich im Urlaub bin und Leute kennen lerne, denke ich mir manchmal, Moment, die sind ja interessant, die könnten unter Umständen Kunden werden. Es würde mir auch im Urlaub nicht einfallen, keine Börsenkurse zu lesen. Manche Menschen sagen, jetzt bin ich in den Ferien und ich gebe meine

Telefonnummer nicht her, weil ich meine Ruhe haben will. Das ist mir eine unvorstellbare Verhaltensweise. Ich bin jederzeit, natürlich auch am Wochenende erreichbar.« Ruth fühlt sich privilegiert, in einem Bereich zu arbeiten, der ihr so viel Bestätigung gibt. Das Wichtigste für sie ist, sich mit einer Sache identifizieren zu können. Ruth neigt nicht zu Kompromissen, auch nicht in ihrem Privatleben. »Ich bin seit zwölf Jahren im Berufsleben, aber ich könnte mir dieses Arrangement nicht mit einer Familie vorstellen. Das ist nicht machbar. Ich glaube, dass es unverantwortlich wäre, Kinder zu haben und gleichzeitig zu sagen, ich stehe euch zwischen acht und neunzehn Uhr nicht zur Verfügung. Das ist etwas, womit ich leben muss.« Sie glaubt nicht, dass Frauen insgesamt in einer hoffnungslosen Situation sind, was die Vereinbarkeit von Familie und Beruf betrifft. Frauen und Männer müssen eben Prioritäten setzen und sich aufeinander abstimmen. Außerdem gäbe es ja so viele Berufsfelder, in denen man nicht hundertprozentig eingespannt ist. »Karriere hat man meines Erachtens dann gemacht, wenn man den Job macht und das Leben so führt, wie man es sich wünscht; dass man etwas macht, wovon man überzeugt ist und wofür man sich begeistern kann. Erfolg und Karriere ist auch dann erreicht, wenn ich die ideale Kombination von Beruf und Familie erreicht habe.« Ihre Karrieredefinition hat nichts mit Hierarchie zu tun, sondern mit der Erreichung der persönlichen Ziele. Sie sieht im Grunde zwei Möglichkeiten, ihr

Leben zu gestalten, und bringt das Beispiel eines Pianisten, den sie in einem Schweizer Hotel beobachtet hat. Dieser Barpianist hat seine Stücke gespielt, einen eher mürrischen Eindruck gemacht und viele lange Pausen eingelegt. Bei einer späteren Geschäftsreise traf sie wieder auf einen Barpianisten, der aber ganz anders agierte. Man hat gemerkt, dass er sich freut, obwohl er genauso wie der erste Pianist jeden Tag dasselbe Programm zu absolvieren hatte. Aber er nahm Augenkontakt auf mit dem Publikum, er hat nicht um Punkt dreiundzwanzig Uhr den Deckel zugeklappt, sondern, wenn die Stimmung gut war, noch eine halbe Stunde weitergemacht. Es war eine gute Atmosphäre und er selber wirkte auch ganz vergnügt. Dieses Beispiel ist für Ruth exemplarisch dafür, dass man aus jedem Beruf etwas machen kann. »Es hängt ganz alleine von mir selber ab«, sagt sie mit großer Zuversicht.

16
Barbie organisiert sich gewerkschaftlich

Irmgard Schmidleitner ist stellvertretende Gewerkschaftsvorsitzende. Sie hat sich in einer für Frauen noch immer ungewöhnlichen Domäne einen Platz an der Spitze erkämpft, nein erarbeitet, denn Irmgard ist zwar eine Kämpferin, aber nicht in eigener Sache. Sie ist für uns eine Frau mit echtem Charisma. Man spürt es selber und kann es beobachten, wenn man sie in einer Gruppe sieht. Nie ist sie im Vordergrund, nie im Zentrum, nie laut, und doch ist sofort erkennbar, dass sie der Motor der Sache ist. Als weitere Adjektive fallen einem noch »warm« ein, mütterlich vielleicht auch, sehr sachlich. Sie motiviert Gruppen jeder Größe, weil sie ehrlich und authentisch an die Gruppe glaubt, weil sie davon überzeugt ist, dass der Mensch nicht alleine, sondern in der Gemeinsamkeit seine Talente am besten entfaltet.

Die beliebte provokante Frage, ob Frauen bessere Politik machen als Männer – mit dem süffisanten Verweis auf Margaret Thatcher – kann mit ruhigem Gewissen jenseits von Polemik bejaht werden, wenn man an Irmgard Schmidleitner denkt. Sie ist integer, prinzipientreu und fürchtet sich auch nicht, mit den Genossen in der eigenen politischen Fraktion zu streiten. Die Situation der arbeitenden Frauen war immer ihr größtes Anliegen, ihr Ton ist entschlossen und ihre Analyse scharfsichtig und kompromisslos. Wir sind neugierig auf ihre Lebensgeschichte und vor allem darauf, wie sie es schafft, energisch und unbeirrt von Rezession und Sparpaketen und Männerbündnissen ihren Weg fortzusetzen. Eine Erklärung ist, dass die Vokabeln »zu schwierig« nicht Teil ihres Wortschatzes sind, sie ist es gewohnt, schwierige Situationen als Herausforderung und nicht als Barriere zu sehen. Genau dieser Zugang ist es, der vielen von uns Frauen fehlt, deshalb lohnt es sich, sich die Biographie dieser eindrucksvollen Frau genauer anzusehen.

Sie ist die Älteste von sieben Kindern, nach ihr kamen gleich drei Brüder, »und mir wurde daher deutlich gemacht, dass ich als Mädchen versuchen soll, so rasch wie möglich in den Beruf zu kommen und der Familie nicht mehr zur Last zu fallen«. Der Kampf gegen Ungerechtigkeiten ist ihr Lebensthema und lässt sich zurückverfolgen in die Zeit, da sie sich schon als junges Mädchen gegenüber ihren Brüdern zurückgesetzt und benachteiligt fühlte. »Während ich mit meiner Mutter beim Geschirr abwaschen war und mit der Wäsche meiner Brüder geholfen habe, waren die draußen am Fußballplatz. Ich habe versucht, mit ihr darüber zu reden, aber sie hat einfach mehr Verständnis gehabt für die Söhne.« In ihrem Vater hat sie einen Verbündeten gefunden, der seine karge Freizeit als Industriearbeiter immer mit den Kindern verbrachte. Sie hat in ihrem engsten Familienumfeld erlebt, dass ein

Mann aktiv beteiligt sein kann, selbst unter zeitlichem Druck und in einer Zeit, als die Rollenbilder noch viel traditioneller waren als heute. »Er war, obwohl er in der Schwerindustrie gearbeitet hat, kein so ein typischer Kerl, er hat gefunden, meine Brüder sollen auch mitarbeiten, und selbst hat er getan, was er konnte, wickeln, füttern und aufpassen.« Vielleicht ist dieses positive Vaterbild der Grund dafür, dass Irmgard Männern gegenüber zwar immer konsequent, mit Betonung auf politischer Solitarität und häuslicher Partizipation, aber nie aggressiv auftritt.

Sie hat bereits mit achtzehn Jahren geheiratet, einen Kraftwagenfahrer. Bald engagierte sie sich in der Gewerkschaft, weil sie durch ihre Tätigkeit in der Lohnverrechnung die krassen Einkommensunterschiede zwischen Männern und Frauen schwarz auf weiß vor sich hatte und parallel dazu beobachten konnte, wie mühsam sich das Leben der Fabrikarbeiterinnen gestaltet. Das Argument, dass Frauen bloß dazuverdienen, erlebte sie als besonders haarsträubend. Ein Erste-Hilfe-Kurs brachte für sie den Wendepunkt. Der Arzt erklärte, dass man sich am Unfallort nicht unbedingt zuerst um diejenigen kümmern soll, die schreien, weil es denen noch vergleichsweise gut geht, wenn sie die Kraft aufbringen, sich bemerkbar zu machen. Schlecht gehe es meistens denen, die keinen Ton von sich gäben oder die ganz leise seien.

Irmgard musste dabei sofort an die Fabrikarbeiterinnen denken, an die vielen, die ruhig an ihren Maschinen sitzen und gar nichts mehr sagen. Die Frauen, die über ihre Diskriminierung klagen, sind wichtig, erkannte sie, um die muss man sich kümmern, aber noch kritischer ist der Zustand derjenigen, die nicht mehr schreien und sich nicht beschweren.

Als sie sah, dass Frauen bei gleichwertiger Arbeit oft ein Drittel weniger verdienen und damals noch das Argument des Familienernährers bemüht wurde und Frauen das auch noch akzeptiert haben, stand ihr Entschluss fest, sich politisch zu engagieren. Sie wurde Betriebsrätin, dann Frauenlandessekretärin und später Gewerkschafterin. Ihr Mann ertrug diese Geschäftigkeit, solange sein eigenes Leben und seine Bequemlichkeit nicht beeinträchtigt waren. Als sie aber zunehmend auch abends Termine wahrnehmen musste und das Essen nicht mehr pünktlich auf dem Tisch stand, wurde er ungeduldig. »Er sagte, ›wenn du wieder so wirst wie früher, gibt es überhaupt keinen Anlass zur Scheidung‹.« Nicht nur für ihre Familie war sie das schwarze Schaf. »Ein Leben lang war ich brav gewesen und jetzt rührte ich Dinge auf und machte Probleme, das schien unverständlich.« Auch im Berufsleben veränderte sich vieles. »Meinen Werdegang kann man an meinen Arbeitszeugnissen verfolgen; die ersten sind noch ganz ausführlich und es heißt darin, wie nett und entgegenkommend ich bin, was ich für eine gute und kompetente Kraft für den Betrieb bin. Ab dem Zeitpunkt, wo ich Betriebsrätin wurde, hieß es dann nur noch: Frau Schmidleitner arbeitete bei uns im Zeitraum von … bis.«

In ihrer Tochter hatte sie eine ganz wichtige Stütze, die sie immer wieder aufbaute und zu der sie auch heute noch eine sehr gute Beziehung hat. Sie ist oft zu Veranstaltungen mitgegangen und hat die Aktivität ihrer Mutter sehr gut gefunden. Irmgard erzählt, wie sie immer wieder versuchte, bei ihren männlichen Gewerkschaftskollegen Bildungsarbeit zu leisten und dass das Programm bis heute noch aktuell ist.

»Ich sage zu ihnen, eigentlich bist du, wenn du heimgehst, nicht anders als der Chef, über den du dich hier beschwerst. Deine Frau soll die ganze Arbeit alleine machen, du bürdest ihr alles auf. Das ist übrigens auch gegen das Ehegesetz, du bist also ein Gesetzesbrecher. Man muss mit den Leuten so reden, dass sie es verstehen. Ich sage zum Beispiel, dieser Witz gehört aufs Herrenklo, ich will so etwas nicht mehr hier hören. Das versteht er, aber wenn ich sage, dieser Witz ist sexuelle Belästigung, dann schaltet er sofort ab. Ich versuche auch zu erklären, dass man es respektieren muss, wenn eine Frau ›nein‹ sagt, oder wenn sie durch andere Signale zu erkennen gibt, dass ihr eine Situation unangenehm ist. Wenn sie vielleicht noch nicht so weit ist, dass sie sich verbal wehren kann, sondern nur dasteht, ganz rot vor Verlegenheit, dann ist das für mich das Letzte. Das ist so, als würdest du auf jemanden, der schon am Boden liegt, noch eindreschen. Auf diese Weise versuche ich denen das klarzumachen, obwohl es mir auf die Nerven geht, ständig Erziehungsarbeit zu leisten.« Es geht ihr zwar auf die Nerven, aber sie gibt niemals auf, und sie wird eine ungerechte Situation niemals akzeptieren. Die Ungerechtigkeiten in ihrem eigenen Privatleben hat sie aber zwanzig Jahre lang hingenommen. So lange dauerte es, bis es zur Scheidung kam. Mit ausschlaggebend für die Lösung aus der Beziehung war die Beobachtung ihrer Tochter, die sie ihrer Mutter gegenüber offen aussprach: »Also Mama, was du heute im Vortrag gesagt hast, war toll, aber es passt nicht mit dem zusammen, wie du es selber machst.« Irmgard wusste sofort, dass sie auf den Mann anspielte, der zu Hause Ärger machte, weil er nicht mehr so versorgt wurde wie früher. Sie spürte, dass die Tochter Recht hatte.

Sie hat nie versucht, ihre Tochter in eine bestimmte Richtung zu lenken, Irmgard war einfach selbst ein Rollenmodell. Schon als Kind hat das Mädchen mitbekommen, wie sehr sich die Mutter für andere einsetzte. Selbstverständlich war sie auch im Elternverein, nicht immer zur Freude der Lehrer, weil die Schule eher traditionell war. Die Tochter hat sich angewöhnt, bei den Besten zu sein, »einfach weil ihre Mutter nie den Mund halten kann, und so hat sie das aufgewogen. In der Oberstufe war sie dann Klassensprecherin. Ich habe ihr gesagt, es ist anstrengend und nicht immer angenehm, sich für Veränderungen einzusetzen, aber wenn man es nicht macht, dann muss man tun, was die anderen für richtig halten, und das ist auch nicht leicht.«

Wenn sie in Schulen geht und mit den jungen Mädchen diskutiert, ist sie schon irritiert, wenn sie hört, dass ihr Vorbild Claudia Schiffer ist. Die Mädchen erzählen ihr, sie wollen Schönheitsmanagerin werden, und wenn sie fragt: »Aha, was ist das, was verdient man dabei, haben sie keine Ahnung vom richtigen Arbeitsleben.«

Irmgard Schmidleitner glaubt an die individuelle und kollektive Verantwortung und versucht zu zeigen, wie beide miteinander verknüpft sind und eine Wende für die Einzelnen und die Gesellschaft insgesamt bedeuten.

Was gibt ihr die Kraft, ihre Arbeit mit so viel Elan und Überzeugungskraft durchzuhalten? Dazu erzählt sie eine Geschichte, die sie sehr aufgebaut hat. »Vor Kurzem war ich wieder in einem Betrieb und traf dort zufällig eine Frau, die ich vor fünfzehn Jahren bei einer Fortbildung kennen gelernt hatte. Sie hielt ein Seminar, und zwar mit auffallender Kompetenz und Souveränität. Ich erinnerte mich daran, dass ich vor vielen Jahren wegen dieser Frau einen Anruf erhalten hatte von einer Kollegin. Diese erzählte, sie würde ihre Mitarbeiterin gerne zur Fortbildung schicken, aber sie traue sich nicht allein hin, ob sie mit ihr gemeinsam hinfahren dürfe. Ich war dafür und dann fuhr sie mit ihr also hin und hielt sie sozusagen an der Hand, wie ein kleines Kind. Und dieselbe Frau hielt das tolle Seminar und war nicht wieder zu erkennen. So etwas gibt einem viel, wenn man miterleben kann, wie Menschen wachsen und sich entwickeln.«

Wir wünschen uns, dass es immer mehr Frauen wie Irmgard Schmidleitner gibt, denn die jungen Mädchen und auch wir erwachsenen Frauen brauchen sie ganz dringend.

17
Barbie stolpert über ihre Plateausohlen

Zu diesem Thema zitieren wir Dr. Peter Frank, der Orthopäde in Eisenstadt ist.

»Durch hohe Plateausohlen gibt es natürlich eine Verletzungsgefahr durch Überknöcheln; es kann zu Bänderrissen und Knöchelbrüchen kommen. Des Weiteren entsteht ein unnatürlicher Gang.

Mädchen gehen mit leicht abgewinkelten Knien und Hüften, weil der normale Gang behindert wird und das Abrollen physiologisch nicht richtig funktioniert. Das wirkt sich auch negativ auf die Wirbelsäulenform aus.

Das Auftreten von Beschwerden erfolgt erst lange nach dem Tragen dieser Schuhe, leider, deshalb sieht man die Beschwerden nicht unmittelbar in der Praxis. Es ist halt wieder ein Teil, der zur Fehlhaltung beiträgt, ein Mosaikstein, wie es eben heute viele gibt wie Bewegungsarmut, Freizeitverhalten, Schulstress.

Das Rückgrat ist sehr vulnerabel, die Kinder sitzen viel vor dem Fernseher und dem Computer herum, dann kommen sie auch noch auf diesen Böcken daher.

Wenn die Mädchen nur solche Schuhe tragen, kann es auch zur Verkürzung der Achillessehne kommen, das sind dann ebenfalls Probleme, die später virulent werden. Wenn die Achillessehne verkürzt wird, ist der Abrollvorgang schlecht, beim

Bergaufgehen gibt es dann eine Spannung in der Achillessehne, weil das Sprunggelenk nicht so weit abgewinkelt werden kann, dass man normal gehen kann. Das In-die-Hocke-gehen funktioniert auch nicht mehr, weil man auf dem Zehenballen stehen muss, da die Achillesferse oder die Wadenmuskulatur nicht nachgeben. Die Kniestreckung kann ebenfalls behindert werden.

Wenn man von den Plateausohlen weggeht zu den echten Stöckelschuhen, die ein bisschen im Verschwinden sind, kommt es auch hier mit der Zeit zu massiven Problemen, und zwar vom Spreizfuß her. Die Mittelfußköpfchen drücken sich durch, wenn ich eine zu starke Belastung am Vorderfuß habe. Ein Kollege hat einmal ein Röntgenbild hergezeigt, auf dem er seine Frau in einem solchen Schuh aufgenommen hat. Die kommt daher wie ein Pferd, weil sie auf ihren Spitzen geht; in einem Winkel von fast achtzig Grad liegt die Belastung vorne auf dem Zehenballen auf und das ist eine Katastrophe, das macht einen Spreizfuß, die so genannten Rostbeulen. Eine Fehlstellung, weil der Mittelfuß nach innen wandert, und dann entsteht über der großen Zehe so ein Ballen, was auch sehr ungünstig ist. Aber trotzdem glauben so viele Frauen, sie müssen solche Schuhe tragen.«

Im Gegensatz hierzu meint Lowri Turner in der *Cosmopolitan:*

»Endlich feiert der Stöckelschuh seine Renaissance. In London, Paris, Milano und New York marschieren die Supermodels wieder auf Stilettoabsätzen, hoch wie der Eiffelturm, über den Laufsteg.

Die Mediziner werden wahrscheinlich entsetzt sein. Ich habe eine Freundin, sie heißt Claire, die kürzlich wegen einer sehr schmerzhaften Druckstelle zum Orthopäden musste. Er sagte, wenn sie nicht ganz schnell auf flache Schuhe umsteige, müsse sie in spätestens zehn Jahren mit einer Operation rechnen. Claire zog ihre Stöckelschuhe wieder an und stolzierte hinaus. Was ist schon so eine kleine Operation gegen die Freude von zehn glücklichen Jahren auf höchsten Absätzen?

Kurzsichtig? Dumm? Egal. Stöckelschuhe sind jeden Preis wert. Du fühlst dich größer, schlanker und selbstbewusster. Das ist es wert, schmerzende Füße und verdrehte Knöchel zu haben. Stöckelschuhe geben dir die Höhe, die du brauchst, um mit Männern konkurrieren zu können. Einmal machen sie dich größer und außerdem sprechen sie eine latente Kastrationsangst an. Stöckelschuhe sind die ideale Kombination von Verführung und Einschüchterung. Das ist einen gelegentlichen Sturz, blutende Fersen und schmerzhafte Knöchel wert.«

Lowri Turner: *Why High Heels Are Worth It*, in: *Cosmopolitan*, England, Juni 1997

18
Warum Sie Ihrer Tochter einen Fußball kaufen sollten

Ein heißer Sommer-Samstag in Washington. Obwohl Ferienzeit ist, ist auf den Sportfeldern der Schulen viel los, denn der Sommer ist die traditionelle Zeit der Ligen und Amerikas Jugend steckt scheinbar zur Gänze im Turngewand. Die Mütter feuern an und binden Schnürsenkel fester zu, die Väter schleppen Limonade in riesigen Thermosbehältern herbei, die Coaches erteilen gestikulierend letzte Anweisungen. Auch auf dem Fußballfeld hinter der David-Frost-Schule nehmen die ersten zwei Teams ihre Positionen ein. Sie ziehen die vorschriftsmäßigen knielangen Socken stramm, deponieren ihre Armbanduhren rasch noch bei den Eltern (wer damit vom Schiedsrichter erwischt wird, scheidet sofort aus), machen ein paar Lockerungsübungen. In dieser Szene jungmännlicher Betriebsamkeit fallen uns zwei Mädchen auf, auch schon im Dress, die gerade damit beschäftigt sind, gegenseitig die Gummibänder zu kontrollieren, mit denen sie sich ihre langen Haare wenigstens bis zur Halbzeit verlässlich aus den Augen halten wollen.

Zwei Mädchen – das ist in der Liga unüblich, aber nicht unerhört. Niemand kommentiert ihr Hiersein, auch nicht das reine Bubenteam, gegen das sie gleich antreten werden. Nach dem Spiel fragen wir die Jungen im reinen Bubenteam, das übrigens an diesem Samstag verliert, ob die Mitgliedschaft von Mädchen im gegnerischen Team sie überrascht hätte. »Doch, schon etwas«, geben sie zu. Es ist eher selten, auf eine gemischte Mannschaft zu stoßen. Und wie finden sie es? Schulterzucken. »Wenn die Mädchen spielen können, warum nicht?« »Und«, wollen wir noch weiter wissen, »war es für euch ein komisches Gefühl, in manchen Situationen eins zu eins gegen eines der Mädchen zu kämpfen?« »Ganz am Anfang schon ein bisschen«, meinen unsere Auskunftsgeber, »aber nur ganz am Anfang.« Ganz kurz hätten sie an die Mädchen in ihrer Schulklasse gedacht, die sich beim Sport so jammervoll ungeschickt anstellen, und dabei ging dem einen der Gedanke durch den Kopf, ob er jetzt vorsichtiger sein müsse, um ihr nicht wehzutun. Doch schnell wurde erkennbar, dass das ein Fehler gewesen wäre, weil die ganz schön *tough* spielen.

Diese Aussage deckt sich mit unserer Beobachtung, denn nach den ersten Minuten fiel es auch uns schwer, auf dem Feld die Mädchen auszumachen. Sie liefen wie alle anderen, spielten wie alle anderen. Eine schien durchschnittlich, die andere besonders gut und sehr draufgängerisch. Der Umgang mit ihren Teamkollegen wirkte völlig neutral und das gegnerische Team ging ebenso mit ihnen um. Nicht gröber, nicht sanfter, und dass in dem Getümmel des Spiels, mit der Anforderung auf schnelle Reaktionen und vorausdenkende Bewegungen keine Zeit blieb zu überlegen, mit wem man es nun in dieser Sekunde ganz genau zu tun hatte, scheint ebenfalls klar.

Die beiden Mädchen, die wir an diesem Samstag beobachtet haben, die als Pionierinnen in einer von Jungen dominierten Liga mitspielen, gehören einer Minderheit an. Doch der Mannschaftssport an sich, ob Fußball oder Basketball, Softball oder Rugby, gehört in Amerika zum Mädchenalltag. In jüngeren Altersstufen wird oft noch gemischt gespielt, ab elf oder zwölf Jahren dann immer häufiger nach Geschlecht getrennt. Mädchen mit ernsthaften sportlichen Ambitionen versuchen danach, in angesehene Teams zu kommen, oder sie spielen mit den Burschen. Die Motivation der meisten Mädchen ist der Spaß an der Sache, einige wenige spekulieren auf eine künftige sportliche Karriere. Die Motivation der Eltern, ihre Töchter darin zu unterstützen, ist meist tiefergreifend. Sie erhoffen sich eine Stärkung der Persönlichkeit, mehr Selbstsicherheit, größere Gewandtheit in Gruppensituationen, mehr Mut.

Der Vorstoß kommt aus dem angelsächsischen Raum. Während in England, Amerika, Kanada, Australien die Mädchen längst begeistert über den Rasen sausen und Tore schießen, während sie längst die Aufregung eines Teamsieges auskosten und sich von stolzen Eltern bejubeln lassen, stehen Europas Mädchen noch manierlich in pastellfarbenen Kleidchen auf den Zehenspitzen. Maximal sind sie in Gymnastik-Kursen anzutreffen oder auf dem Tennisplatz, aber Teamsport ist ihnen noch fremd. Das liegt in erster Linie am fehlenden Angebot.

»Mein Sohn«, erinnert sich Georg T., »hat unglaublich davon profitiert, dass er in diese Handballmannschaft kam. Das war viel mehr als Sport. Er hatte dort einen echten Halt. Die Freundschaften haben bis heute überdauert und der Coach war wirklich so etwas wie ein zweiter Vater für ihn. In Krisen, wenn er und ich wieder mal überhaupt nicht miteinander konnten, war immer noch der Dietmar für ihn da. Von der Anlage her ist Frank eher ein zurückgezogenes, vielleicht ein zu verzagtes Kind gewesen, aber der Sport hat ihn da total herausgeholt. Er konnte echt seine andere Seite entdecken.

Bedauerlich ist nur, rückblickend gesehen, dass es für seine Schwester Sonia nichts Vergleichbares gab. Damals wohnte die Familie in einem kleinen Vorort. Sonia interessierte sich brennend für Basketball, aber da war einfach nix los. In der Großstadt, da hätte man sie vielleicht irgendwo einschreiben können ...«

Dass auch das Handballteam nicht vom Himmel gefallen war, heruntergestreut von einem sportliebenden männlichen Gott, scheint Herr T. nicht zu sehen. Zwar schwärmt er noch immer dankbar von diesem engagierten Dietmar, dem befreundeten Vater, der die Gruppe auf die Beine stellte und jahrelang betreute, der finanzielle Förderungen organisierte und Sponsoren fand und Fahrten zu Wettbewerben plante. Doch er fragt sich nicht, warum sich kein Elternteil fand, der für die Mädchen etwas Vergleichbares organisiert hätte.

»Wahrscheinlich«, meint er nachdenklich, als wir diese Frage aufwerfen, »sind die meisten Mütter eher so wie meine Frau. Eher unsportlich. Meine Frau geht gerne Wandern und im Winter geht sie zum Skifahren, aber mehr ist nicht drin. Und so wird es bei den meisten sein.«

Wahrscheinlich hat er Recht. Über unsportliche Mütter wollen wir uns noch an anderer Stelle Gedanken machen. Das Revolutionäre an der angelsächsischen Entwicklung aber ist, dass diese Hürde dort so elegant genommen wurde. Nahe liegend wäre es ja vielleicht schon, dass die Mütter den Mädchensport organisieren. Wenn sie das aber nicht können oder nicht wollen, warum sollen es dann die Väter nicht in die Hand nehmen? Wo steht, dass ein sportlicher Vater nicht ebenso gut ein Mädchenteam oder ein gemischtes Team unter seine Fittiche nehmen kann?

Professor Alexander hatte jahrelang Burschen gecoacht, als er eingeladen wurde, an seiner Schule ein Nachmittags-Sportprogramm für Mädchen aufzustellen. Natürlich hatte er, als er zustimmte, gewisse Bedenken. Seine erste Sorge war, dass er vielleicht gar keine Teams zusammenbringen würde. Vielleicht würde es die Mädchen ja gar nicht interessieren. Zumindest diese Sorge war schnell zerstreut, als sich sofort siebzig Mädchen für Basketball meldeten.

»Wenn ich die Liga nicht aufgestellt hätte, hätten viele dieser Mädchen nie gespielt. Die meisten von ihnen waren blanke Anfängerinnen. Ich musste ihnen nicht nur die Spielregeln beibringen, ich musste sie auch lehren, aggressiver zu sein. Viele von ihnen hatten diese Anteile in sich schon unterdrückt, obwohl sie erst dreizehn oder vierzehn Jahre alt waren. Sie hatten schon gelernt, dass es als unweiblich galt voranzupreschen. Aber in einem sportlichen Kontext, der ja nicht das Ziel hat, andere zu verletzen, hat es ihnen dann ausgesprochen Spaß gemacht. Ich sage ihnen immer, den rebound gibt es so oder so. Entweder du kriegst ihn, oder eine andere. Also sieh zu, dass du es bist.«

Der Anfängerinnenstatus der meisten Mädchen, ihr zunächst zögerlicher Zugang und ihr Mangel an Können, macht die Sache für ihre Betreuer natürlich besonders befriedigend, einfach weil sich dramatische Erfolge erzielen lassen. Bei einem Burschenteam hat man es mit jungen Leuten zu tun, die seit ihrem dritten Lebensjahr kicken und werfen und zielen, die sich vom großen Bruder schon viele Tricks abgeschaut haben und technisch gut sind. Mädchen aber sind Talent im absoluten Rohzustand.

»Es ist immer wieder unglaublich, welch enormen Entwicklungssprung vor allem die kleineren Mädchen in kurzer Zeit machen«, berichtet Alexander. »Doch dafür sind reine Mädchenteams notwendig. Wenn sie mit den Jungen spielen, haben sie keine Entwicklungschance, weil die ihnen nie den Ball zuspielen.«

Er war neugierig darauf, wie es sein würde, Mädchen zu coachen. »Jedenfalls leichter als bei Burschen«, fasst er jetzt lachend zusammen. »Die Kommunikation ist einfacher. Es fallen die Spielchen weg, die viele Burschen brauchen, bevor sie sich von dir etwas sagen lassen können. Das ganze Kräftemessen, Sich-Produzieren fällt weg. Die Mädchen sind in der Lage, dir zuzuhören und Ratschläge anzunehmen. Sie sind da, weil sie besser werden wollen, und fertig. Ihr Ego steht nicht jedes Mal auf dem Spiel, wenn du ihnen sagst, dass ihre Fußstellung falsch ist.«

Amüsant und aufschlussreich für Professor Alexander war es, zu beobachten, wie die Burschen auf sportliche Mädchen reagieren würden. Würden sie sich vielleicht bedroht fühlen oder würden diese Mädchen ihnen unweiblich erscheinen? Genau das Gegenteil traf ein.

»Letztes Jahr gab es ein Mädchen, das ganz toll Fußball spielte. Sie wurde von den Burschen regelrecht angehimmelt. Sie sah zwar eher durchschnittlich aus, aber alle waren in sie verliebt. Rita ist cool, hieß es immer.«

Und ein Anführer der Basketballer-Clique erhöhte sein Ansehen, als Sonia, ein Star der Mädchenliga, seine feste Freundin wurde. »Die kann sogar dunken«, äußerten die anderen Burschen sich anerkennend über seine neue Liebe.

Die Väter, die sich bisher dem Mädchensport zur Verfügung gestellt haben, machen eine von zwei Erfahrungen damit. Entweder sie finden, dass sich Mädchensport absolut mit Bubensport vergleichen lässt. Dann kommen sie sich mitunter dumm vor, weil sie früher immer meinten, für sportliche Gemeinsamkeiten brauchten sie einen Sohn. Oder sie finden, dass der Mädchensport anders ist, wobei diese Andersartigkeit sie fasziniert und ihnen gut gefällt.

Tyno, ein fünfundvierzigjähriger, schlanker Neuseeländer, von Beruf Naturwissenschaftler, lebt seit einem halben Jahr in Österreich. Seine Beobachtungen sind interessant, weil er als Vater, als Lehrer und als Neuankömmling in Westeuropa spricht.

»Wien ist meine dritte Versetzung, zuvor war ich in Papua-Neuguinea und in Jakarta. Meine Töchter sind vierzehn und sechzehn und sind beide sehr sportlich, von der Älteren könnte man sogar sagen, dass sie sportversessen ist. Beide sind sehr extrovertiert, sehr direkt, und das hat bestimmt viel damit zu tun, dass sie von klein auf viel Sport getrieben haben. Das formt den Stil und vor allem bei Mädchen finde ich es wichtig, die Direktheit zu fördern.

Beide hatten neben Fußball auch die klassischeren Mädchenbeschäftigungen, sie spielten Klavier, sind schwimmen gegangen und haben ein bisschen Ballett gemacht, aber ich habe darauf geachtet, dass sie auch einen Teamsport ausprobierten. Sie haben sich dann gleich für Fußball interessiert und spielten zuerst in Mädchenteams, später dann in gemisch-

ten Teams. Mädchenteams finde ich wichtig am Anfang, damit sie Zutrauen in ihre Fähigkeiten entwickeln. Buben sind schon im Alter von fünf oder sechs Jahren bewegungsorientierter, da brauchen Mädchen die Chance, aufzuholen, ohne sich mit den geschickteren und wendigeren Buben messen zu müssen.

Wir waren da aber alles andere als eine Ausnahme; in jedem Land, in dem ich bisher lebte, waren die Mädchen sportlich sehr engagiert. Die Wochenenden waren toll, da spielten oft zweihundertfünfzig Mädchen auf dem Schulgelände. Die Väter waren sehr eingebunden, wer nicht aktiv mitgemacht hat, der hat sich zumindest für den Transport zur Verfügung gestellt und hat die Kinder zum Gelände gebracht.

Als ich nach Wien kam, war ich sehr erstaunt, um es vorsichtig auszudrücken. Hier sieht man fast nie einen Vater auf dem Schulgelände. Ich habe mich sogar schon nach den Scheidungsraten erkundigt, ob die vielleicht hier dramatisch höher seien als in anderen Erdteilen. Die Frauen hier, die scheinen ja überhaupt keinen Sport zu machen. Wenn man dann nachfragt, hört man, dass sie irgendwohin turnen gehen. In Jakarta haben viele Väter ihre Kinder von der Schule abgeholt und sind dann noch da geblieben, um auf den Sportanlagen mit den Schulfreunden ihrer Kinder ein bisschen herumzukicken. Aber hier ... Das war eine merkwürdige Erfahrung für mich. Man kommt aus der Südsee nach Europa und stellt fest, dass die Mädchen dort viel flotter unterwegs sind als hier. Und ich glaube nicht, dass Sie in ganz Neuseeland ein Mädchen finden werden, das nicht in irgendeinem Team spielt, meist Hockey oder Fußball.

Mädchen und Jungen spielen ganz anders. Die Mädchen sind viel sozialer, sie gehen viel mehr aufeinander ein, haben viel mehr im Auge als das bloße Spiel. Die Jungen sind wütend, wenn sie nicht gewinnen, das habe ich schon hundertmal miterleben können. Das ist für sie der wichtigste Aspekt des Spiels, der Sieg. Den Mädchen kommt es nicht unbedingt auf das Gewinnen an. Sie gewinnen auch gerne, natürlich, aber sie haben auch so Spaß am Spiel, sie genießen die Situation in der Gruppe.

Das sind meine Beobachtungen bis zum 14. Lebensjahr, danach verschwinden diese Unterschiede zunehmend. Die Burschen werden weniger *bossy* und dominierend, sie fühlen sich unsicherer, wenn sie von Mädchen umgeben sind. Gleichzeitig aber wird in dieser Zeit der Kräfteunterschied wirksam und nur die extrem sportlichen Mädchen können noch richtig konkurrieren. Da sind Mädchen dann schon in der Klemme. Einerseits wird härter gespielt in den Burschenteams, was für die guten Mädchen reizvoll ist, andererseits wird das Gros der Mädchen dann aber doch überfordert. Ich sehe eine Lösung nur darin, sich sehr auf die Förderung von Mädchen im Sport zu konzentrieren. Im Moment hat ein sportlich gutes Mädchen nur die Wahl, später bei den Burschen mitzuspielen oder in einem weniger guten, nicht anspruchsvollen Mädchenteam zu bleiben. Wenn sie aber in ein richtig gutes Mädchenteam aufsteigen kann, dann macht es ihr auch Spaß und es bleibt eine Herausforderung und es behält den Wettkampfcharakter. Und diese Wettkampfidee ist gerade für Mädchen besonders wichtig, weil sie oft dazu neigen, sich in den Hintergrund zurückzuziehen. Natürlich gibt es auch Enttäuschungen, wenn eine für ein bestimmtes Spiel nicht aufgestellt wird, aber auch das sind Erfahrungen, die wichtig sind und die man lieber früher als später macht. Damit kann man sich auseinander setzen. Wie werde ich besser, wie kann ich meine Technik verbessern, um das nächste Mal für mein Team nominiert zu werden?

Doch das steht für mich nicht im Vordergrund. Mir scheint es der Hauptpunkt zu sein, dass man die Mädchen überhaupt einmal rauskriegt auf die Sportplätze, damit sie endlich einmal richtig loslegen, laufen, springen. Man muss sie in Bewegung setzen.

Für mich ist Sport eine soziale Aktivität, wo Mädchen ungeheuer viel Bestätigung kriegen können. Da kann man sie auch von diesem Mädchenklischee wegkriegen und ihnen vermitteln, dass sie geschickt sind.«

David Ford ist ein Kollege von Herrn Tyno. Er fungiert schon seit etlichen Jahren als Coach für zwei Mädchen-Fußballteams.

»Es war ein Bedürfnis der Mädchen zu spielen, sie fragten ständig nach und trugen sich in Listen ein, aber es gab nicht genug Coaches für sie. Warum? Wahrscheinlich deshalb, weil es auf den ersten Blick lohnender erscheint, mit den Jungen zu spielen. Sie sind besser, sie sind geübter und man kann mit ihnen leichter ein Match gewinnen.

Wir haben jetzt Mädchenteams für die Elf- bis Vierzehnjährigen und für die Vierzehn- bis Achtzehnjährigen. Gerade bei den Älteren halte ich reine Mädchengruppen für unerlässlich, weil das Spielen in gemischten Teams zu grob werden kann. Burschen sind rücksichtsloser, brutaler, die gehen aufs Ganze.

Ich persönlich finde es jetzt viel erfreulicher, mit Mädchen zu spielen. Sie sind viel zugewandter und ihre Verhaltensweisen sind sehr zivilisiert. Selbst in den aufregendsten Phasen eines Spiels wird sofort gestoppt, wenn sich ein Mädchen verletzt. Alle laufen zu ihr und schauen, ob es sie schlimm erwischt hat; der Ball bleibt einfach auf dem Fußballfeld liegen. Das habe ich in zwanzig Jahren bei Burschen noch nie erlebt. Da wird weitergespielt, der Verletzte entfernt sich zur Not auf allen vieren vom Feld, aber es wird weitergespielt. Wenn es schlimmer aussieht, geht der Coach zu ihm und sieht nach, was los ist.

Ich finde, dass die Burschen da eine Menge aufzuholen hätten. Immer redet man davon, dass die Mädchen im Sport Rückstände haben, aber es wäre auch sehr lohnend, diese definitive Rücksichtslosigkeit zu hinterfragen, die bei den Burschen herrscht, statt ständig an die potenziellen Superspieler zu denken, die die meisten von ihnen ja sowieso nicht sind oder jemals sein werden.

Noch ein zweites typisches Beispiel, das für mich den Unterschied zwischen den Mädchen und den Burschen verdeutlicht. Unser Team sollte in Budapest spielen, wir waren eingeladen. Es war noch früh in der Saison, ich kannte die Spielerinnen noch nicht sehr gut. Nur eine bestimmte Anzahl von Mädchen konnte mitfahren, weil es nur eine begrenzte Zahl von Gastfamilien gab. Durch einen totalen

Fehler meinerseits wurde die beste Spielerin auf der Liste ausgestrichen. Alle waren aufgerufen und in den Nebenraum gegangen, um die nötigen Formulare auszufüllen, und Kate stand ratlos da und wunderte sich. Ich sehe sie, erkenne meinen Fehler, greife mir an den Kopf und kann nicht verstehen, wie mir so ein Irrtum unterlaufen konnte. Ich studierte meine Liste, um zu sehen, wer nun an ihrer Stelle dableiben sollte, aber sie meinte, das könne man unmöglich machen. Man könne kein Mädchen, das schon aufgerufen worden war und sich schon freute, zurücklassen. Lieber wollte sie freiwillig zurücktreten. Zum Glück hat sich das Problem von selbst gelöst, weil ein Mädchen die Grippe bekam und ein Platz frei wurde.

Aber mir gab der Vorfall zu denken. Ein Junge, wäre er der beste Spieler, würde niemals aus sozialen Überlegungen heraus zurückstecken. Ihm ist die Gruppe prinzipiell gleichgültiger, er will dabei sein, da ist die Kränkung eines anderen für ihn zweitrangig, noch dazu, wenn die Schuld sowieso beim Coach liegt. Das war für mich ein überzeugendes Beispiel, das die Unterschiede gut festmacht. Einem Mädchen fällt es nicht so leicht, sich über die Gefühle anderer hinwegzusetzen.

Mädchen sind insgesamt am Teamgesamtergebnis interessierter als am individuellen Glanz. Sie akzeptieren auch viel leichter, was für das Team gut ist. Bei entscheidenden Spielen zum Beispiel kommen die schlechteren Spieler nicht so oft auf das Feld. Bei den Burschen löst das immer großes Gemurre aus, aber die Mädchen sehen das ein.«

Was diese Unterschiede anbelangt, decken sich allerorten die Beobachtungen. »Mädchen«, schreibt Sheri D'Amato in der *Washington Post* über ihre Erfahrungen als Coach eines Mädchenfußballteams, »spielen einfach nicht mit der totalen Selbstaufgabe, die man bei Buben antrifft. Es ist ihnen nicht egal, ob sie selbst oder andere verletzt werden. Es ist ihnen nicht egal, was die Mitspielerinnen über sie denken. Wenn du ein Bubenteam hast, musst du ihnen beibringen, weniger selbstsüchtig zu sein, sich nicht dauernd darstellen zu wollen, sich als Teammitglied zu verhalten. Bei den Mädchen musst du das Umgekehrte erreichen. Sie fürchten das Rampenlicht, haben Angst davor, dass die anderen Mädchen sie als aggressiv erleben, wenn sie sich zu stürmisch verhalten. Sie denken sogar darüber nach, was ihre Gegnerinnen von ihnen denken – ein Gedanke, der Jungen vollkommen fremd ist. Sie wollen sogar noch von ihren ›Feindinnen‹, also von den Mädchen im Gegenteam, gemocht werden, und das nimmt ihnen beim Spiel natürlich die Schärfe.«

Diese übertriebene Sorge kann man ihnen abgewöhnen, aber andere Schranken sind unverrückbar. Unter keinen Umständen bringt man sie etwa dazu, bei Übungsspielen mit voller Härte gegen ihre eigenen Teamgefährtinnen zu spielen.

Die Mehrheit dieser neuen Mädchen-Coaches besteht aus Menschen, männlich und weiblich, aber mehrheitlich männlich, die aus Spaß am Sport und aus

Freude am Zusammensein mit jungen Menschen diese Aufgabe übernehmen.

Beim Thema Teamsport und Mädchen gelangt man sehr schnell zu Grundsatzfragen. Wie ist es nun? Sind Mädchen bislang immer zurückgehalten worden, zögerlich gemacht, in ihrer körperlichen Äußerung eingebremst worden? Oder sind sie von Natur aus zögerlich und zurückhaltend in ihrer körperlichen Bewegung und schiebt man sie jetzt über ihre angeborenen Grenzen? Können Frauen im Sport genauso viel leisten wie Männer oder sind ihre sportlichen Bemühungen immer nur eine blasse, unzulängliche Second-Best-Variante männlicher Leistungsfähigkeit?

Eine unserer Auskunftgeberinnen, die siebzehnjährige angehende Kindergärtnerin und Tennisspielerin Natascha Greuelberger meint, dass der »Kräfteunterschied zischen Mädchen und Burschen nicht so extrem auseinanderklafft, wie es immer heißt. Wenn man ernsthaft trainiert, kann man unbedingt an die Qualität der Burschen herankommen.« »Gerade bei Tennis«, meint sie, »spielt die blanke Kraft sowieso eine untergeordnete Rolle, es kommt ja schließlich zu keinen direkten Kampfinteraktionen mit Körperkontakt oder dergleichen.«

Recht hat Natascha ganz bestimmt mit ihrer Einschätzung, dass Kraft ein sehr variabler Begriff ist. Im Zuge der Olympischen Spiele 1996 wurde eine interessante Statistik herausgegeben, die das verdeutlicht.

Weibliche Sportlerinnen heute würden, könnten sie gegen die männlichen Spitzensportler früherer Jahrzehnte antreten, deren Leistungen übertreffen. Das heißt, sportlich trainierte Frauen heute sind nicht nur schneller, stärker und besser als die unsportlichen Geschlechtsgenossinnen in Gegenwart und Vergangenheit, sie übertreffen auch die Rekorde, auch die Weltrekorde, der besten Männer von früher. Das gilt im Laufen, im Weitsprung und im Schwimmen. Wenn wir uns Athleten früherer Jahrzehnte ansehen, dann wirken ihre Bewegungen viel vorsichtiger, ihre Körperhaltung ist anders und irgendwie kontrollierter als bei den Spitzensportlern heute. Die Leistungsfähigkeit ist einer stetigen Evolution ausgesetzt, bei der den Frauen vielleicht auch die Kraft, aber auch das Training, die Förderung und die Jahrzehnte fehlen, in denen sie gar nicht mitmachen durften.

Oder aber – diese Frage erschiene uns persönlich am spannendsten – wären nicht auch Sportarten vorstellbar, in denen die spezifischen Stärken des weiblichen Körpers zum Einsatz kämen? Die man noch erfinden, für die man noch Regeln aufstellen müsste?

Das Fazit: Mädchen haben ein enormes, brachliegendes Potenzial für Teamsport.

Dabei mitzumachen, gefällt den meisten Mädchen sehr und tut ihnen in vieler Hinsicht gut.

Sie brauchen, wie die Jungen auch, dazu eine Anleitung, Organisation und Förderung.

Wenn sich keine erwachsenen Frauen finden, die das übernehmen, eignen sich auch männliche Coaches, zum Beispiel Väter, wunderbar dafür.

Für die Mehrheit der Mädchen, wie auch für die Mehrheit der Jungen, wird der Sport ein Hobby bleiben.

Die bestehenden Sportarten orientieren sich am Männerkörper – an seinen Vorzügen, seinen Stärken. Sie orientieren sich auch an der Männerpsyche – an der Vorliebe für Messen, Konkurrieren, Kämpfen, Siegen.

Weibliche Sportarten (Ballett, Gymnastik) aber gehen von einer extrem klischeehaften Definition von Weiblichkeit aus, sie sind für zierliche, mädchenhafte Feenfiguren konzipiert und nicht für die reale Frau.

Wir sprechen mit zwei Turnlehrerinnen in einer Hauptschule, wir nennen sie Gerda und Susanne.

Gerda: »Also, die Jungs spielen am liebsten Streetball. Am Platz unten sind theoretisch zwei Körbe, aber die sind immer kaputt. Weil erstens die Betrunkenen aus der Disco sich spätnachts dranhängen und sie herunterreißen, und weil die Stadt zweitens immer die billigsten Körbe hinhängt, mit denen kann man nicht dunken, sonst gehen sie kaputt.«

Susanne: »Und die Mädchen, die wollen Volleyball. Das ist gerade sehr in Mode, teilweise wegen dieser Fernsehserie Mila Superstar. Wobei (zu ihrer Kollegin gesprochen), wir haben heute Volleyball gespielt, ich glaub' du hast mir den falschen Ball gegeben, denn ich hab' noch immer rote Flecken am Arm.«

Gerda: »Nein, das ist schon der richtige Ball.«

Susanne: »Dann ist es ein billiger Ball, weil er auf jeden Fall zu hart ist.«

Benard/Schlaffer: »Wenn der Ball zu hart ist, und man spielt ja nur zum Spaß, kann man dann nicht einen weicheren nehmen?«

Susanne: »Na ja, die besseren aus Handschuhleder, die gehen ja. Aber je billiger der Ball, desto größer ist die Verletzungsgefahr. Das sind ja junge Gelenke.«

Gerda: »Das ist schon der vorgesehene Ball, er ist nicht zu hart.«

Benard/Schlaffer: »Abgesehen von den liebsten Ballspielarten, welche Unterschiede gibt es noch im Verhalten von Mädchen und Jungen beim Turnen?«

Gerda: »Das kann ich schlecht beantworten, ich unterrichte nur Buben. Das ist mir lieber, weil mir gehen die Mädchen auf die Nerven, dieses Herumzicken (imitiert weinerliche Mädchenstimme) das kaaaaann ich nicht und das maaaag ich nicht.«

Susanne: »Meine vierte Klasse ist aber überhaupt nicht so, die sagen das nicht. Für mich ist der einzige Unterschied, bei den Buben geht es immer um Wettkampf.«

Gerda: »Wobei, unser größtes Problem hier ist der Turnsaal. Wenn Sie da was machen sollen mit siebenundzwanzig Kindern, bitte, da können Sie sich ja kaum umdrehen. Für die unverbindlichen Übungen haben wir jetzt bei den Buben siebenunddreißig Anmeldungen, wie soll das gehen? Das heißt, ich muss die meisten abweisen.«

Benard/Schlaffer: »Und wie viele Mädchen haben sich gemeldet?«

[Hektisches Herumsuchen, die Mädchenliste wird gesucht, aber nie gefunden, es ist anscheinend egal, weil sie sowieso »abgewiesen« werden müssen, wo doch nicht einmal alle Buben drangenommen werden können]

Susanne: »Man muss auch aufpassen, was man den Mädchen anbietet. Ich hab' zum Beispiel die letzten Jahre einen totalen Völkerballstopp eingeführt, mit meiner Klasse. Und jetzt spiel' ich es nur ganz ausnahmsweise. Denn das ist oft das einzige Spiel, das die Turnlehrerinnen mit den Mädchen machen. Es geht halt am leichtesten. Du musst keine Geräte aufbauen, nichts vorbereiten.«

Gerda: »Die Lehrer sind schon auch schuld, das stimmt. Die Mädchen kommen und sagen, ›Mir tut was weh‹, und schon sagen manche Lehrer, ›Okay, setz dich heute auf die Bank.‹«

Benard/Schlaffer: »Aber warum wollen sie überhaupt entschuldigt werden, warum macht es ihnen keinen Spaß?«

Gerda: »Na ja, wenn man vier Jahre lang nur Völkerball gespielt hat, dann reicht's einem wahrscheinlich.«

Susanne: »Das Problem ist, es gibt zu wenig geprüfte Turnlehrer. Die geprüften Turnlehrer kriegen dann die Buben und die ungeprüften kriegen die Mädchen. Aber das soll eigentlich nicht publik werden.«

Gerda: »Bei den ungeprüften gibt es dann viel mehr Unfälle, beziehungsweise die machen dann halt nicht viel, weil sie es nicht können und Angst haben, es könnte was schief gehen.«

Susanne: »Ja, man sollte sich auch medizinisch ein bisschen auskennen. Zum Beispiel in dem Alter, da sind die Wachstumsfugen noch nicht geschlossen, da ist es nicht egal, wenn ein zu harter Volleyball die Hand wiederholt verletzt. Sonst kann eine Hand letztendlich kürzer werden als die andere.«

Gerda: »Ja, es gibt zu wenige geprüfte Turnlehrer, da bleibt für die Mädchen nix übrig.«

Susanne: »Ja, und das Problem bei der Ausbildung wiederum ist, dass Turnen gekoppelt ist an dein Hauptfach. Wenn du zum Beispiel Mathe und Turnen machen willst und du erreichst dein Turn-Schwimmlimit nicht, dann kannst du in dem Semester auch nicht zur Mathe-Hauptfachprüfung antreten. In meinem Semester hat es nur die Hälfte geschafft. Und ich frage mich, ob das für einen Turnlehrer so wichtig ist, wenn er an sich ein starker und sicherer Schwimmer ist, dass er außerdem noch schnell sein muss.«

Gerda: »Dabei haben es schon auch die Frauen schwerer. Wenn die zum Beispiel an dem Prüfungstag gerade die Regel hat, dann schwimmt sie vielleicht nicht ganz so schnell wie sonst. Dann schafft sie die Zeit nicht und sie hat ein ganzes Jahr Studienzeit verloren. Wegen zwei Sekunden.«

Susanne: »Ich hatte als Mädchen eine Turnlehrerin, die war Weitspringerin. Sie war uns ein Vorbild, aber nicht so sehr in ihrer Leistung als in ihrer Kollegialität. Es ist doch nicht so wichtig, dass Turnlehrer selbst so toll sind in ihren Leistungen, sie sollten halt alles gut vermitteln können.«

Dieser Wortwechsel ist interessant. Zunächst fallen die Unterschiede im Weltbild dieser zwei Kolleginnen auf. Gerda lehnt die Mädchen ab. Vom sportlichen Aspekt her sind sie in ihren Augen zu vergessen. Sogar diejenigen, die sich ausdrücklich für Turnen im Wahlfach gemeldet haben, die also willig und interessiert sind, fallen bei ihr unter den Tisch, bekommen keine Chance. Im Laufe des Gespräches ist sie zwar in der Lage, einige Hintergründe für die geringere Sportlichkeit der Mädchen zu erkennen, doch die genügen nicht, um an ihrer Meinung zu rütteln.

Susanne hingegen hat Verständnis für die Situation der Mädchen und sieht sie viel differenzierter. Es liegt auf der Hand, dass Mädchen in der Schule eine sehr unterschiedliche Einstellung zu ihrem Körper und seinen Fähigkeiten bekommen, je nachdem, welcher diesbezüglichen Weltanschauung ihre jeweilige Lehrerin anhängt.

Gerda und Susanne sind österreichische Lehrerinnen. In Österreich ist der Turnunterricht in der Grundschule geschlechtsgemischt, danach nicht mehr, abgesehen von einigen, ganz wenigen Experimenten mit koedukativen Turnstunden in Schulen mit Schulversuch. Die meisten solcher Experimente werden von den Betroffenen negativ bewertet.

In Deutschland hingegen ist der koedukative Turnunterricht verbreitet. Alle Erfahrungsberichte, die wir dazu kennen, deuten an, dass diese Art des Unterrichts für die Mädchen sehr nachteilig ist.

Einen gemeinsamen Turnunterricht könnten wir uns vorstellen, unter zwei Umständen: wenn jene Bewegungs- und Sportarten, die Mädchen mögen, gleichberechtigt vorkommen, und zwar verbindlich auch für die Burschen, und wenn die restlichen Sportarten solche sind, die auch gesamtgesellschaftlich, also in der Freizeit, gemeinsam ausgeübt werden oder es könnten. Basketball, Tennis, Softball, Volleyball, Wettrennen in gemischten Teams, Schwimmen und dergleichen können ohne weiteres gemischt gespielt werden und bestimmt ließen sich noch zahlreiche andere geeignete Spiele finden oder entwerfen. Die Probleme beim gemischten Turnen sind jedoch in der Praxis vielfältig.

- Die Buben sind dominant und sind es gewöhnt, ihre Wünsche laut vorzutragen und sich gegenseitig zu unterstützen. Der »gemeinsame Turnunterricht« sieht oft so aus, dass die Buben ihren Wunsch durchsetzen, Fußball zu spielen, und die Mädchen sich dann unorganisiert irgendwie beschäftigen oder gar nichts tun.

- In der Pubertät fühlt man sich im eigenen Körper nicht unbedingt zu Hause und man steht dem anderen Geschlecht nicht selbstbewusst und gelassen gegenüber. Übungen, bei denen die gesamte Klasse einem zusieht – beispielsweise Gymnastik an Geräten – können für Mädchen quälend peinlich werden, wenn sie das Gefühl haben, dass ihr Körper von den Buben dabei begutachtet wird.

- In manchen Schulen entstehen bei fortschrittlichen Lehrkräften Ideen wie ein gemeinsamer Sauna-Besuch der Klasse. Für viele Mädchen bedeutet das eine solche Verletzung der Schamgrenze, dass man fast schon von Folter sprechen kann, sie dazu zu zwingen.

- Bei vielen Übungen spielen Kräfteunterschiede und Routine eine große Rolle. Mädchen können sich dann leicht als die permanent Schlechteren, Schwächeren erfahren, deren Bemühungen von den Buben belacht oder mitleidig beobachtet werden. Falls es sich um eine von Buben gern gemachte Sache handelt, kommen die Mädchen eventuell auch nie dran, weil die Buben als die Besseren es für sich reklamieren.

- Jene Bewegungsformen und Sportarten, die von Mädchen präferiert werden – zum Beispiel Tanzen, rhythmische Übungen und Ähnliches – werden von Buben als lächerlich dargestellt. Zu erfahren, dass der weibliche Körper permanent als zweitrangig und weniger fähig eingestuft wird, ist für Mädchen sehr schädlich.

Das Fazit: Ein gemischtgeschlechtlicher Sport-Unterricht kann nur stattfinden, wenn er sehr gut durchdacht und vorbereitet ist, um beiden Menschheitshälften gerecht zu werden. Wenn die Standards der Burschen angewendet werden, sind die Mädchen unweigerlich die Verliererinnen.

19
Gute Ideen – zur Nachahmung empfohlen

Feiere ein rotes Fest. Professorin Gerda Sengstbratl vom Wiener Schulschiff wurde im Lauf der Jahre ihrer engagierten Arbeit mit zehn- bis zwölfjährigen Mädchen ein großer Widerspruch bewusst. Mädchen betrachten ihre erste Regel als großes Ereignis, sie wissen voneinander, wer es schon erreicht hat und wer nicht, und sie beneiden die Frühstarterinnen. Sie stehen diesem Wendepunkt mit positiven Erwartungen gegenüber und sehen darin einen Schritt ihrer weiblichen Zugehörigkeit und ihres Aufwachsens. Doch die gesellschaftliche Wertung ist eine ganz andere. Da geht es nur darum, unter Betonung des hygienischen Aspektes einen möglichst diskreten Ablauf der ganzen Sache zu gewährleisten. Ein bedeutungsvoller Entwicklungsschritt, von dem keiner etwas bemerken soll? Das passt nicht zusammen und der Widerspruch sendet eine denkbar schlechte Botschaft an die Mädchen: dass Weiblichkeit in erster Linie etwas mit Peinlichkeit zu tun hat. In der Mädchengruppe, die Frau Sengstbratl in ihrer Schule leitet, wird daher die erste Regel eines jeden Mädchens von der Gruppe mit einem »roten Fest« gefeiert, um diesen Meilenstein gebührend zu würdigen. Alle Mädchen ziehen sich rot an, es gibt rote Luftballons, rote Gummibärchen und so weiter. Dieser

Zugang ist sehr geschickt, da er mehreres auf einmal erreicht: die Anerkennung eines zu unrecht tabuisierten weiblichen Körpererlebnisses, ein Entgegenwirken auf die antisepetische »Blut, igitt«-Haltung, die in vielen Familien vorherrscht und den gesamten Körper- und Sexualbereich belastet, und die Erzeugung eines Gruppengefühls unter den Mädchen.

Die männlichen Klassenkameraden, denen die Existenz dieses Festes zu Ohren gekommen ist, begehren seither neidvoll ein Äquivalent – und sollten im Übrigen auch eines bekommen. Männliche Lehrer sind eingeladen, sich einen ähnlichen Initiationsschritt einfallen zu lassen.

Lerne DOS von Frau zu Frau. Wenn Sie in einen Computerkurs gehen, erleben Sie – dazu gibt es eine Fülle von internationalen Berichten – immer das Gleiche. Die männlichen Teilnehmer schätzen sich als »recht kompetent« ein, die Frauen beschreiben sich als Anfängerinnen – auch wenn der Stand ihres Könnens und Wissens identisch ist. Jungen und Männer begeben sich mit technisch versierter Miene an das Gerät, beanspruchen die Lehrkraft, ignorieren oder (jüngere Jahrgänge) verulken die Frauen beziehungsweise Mädchen. Die Frauen und Mädchen lassen sich von dieser Kompetenz, auch wenn sie weitgehend nur gespielt ist, beeindrucken und halten sich bedeckt. Und können unter solchen Bedingungen nicht sehr gut lernen.

EDV-Dozentin Angelika Huber gründete nach zahlreichen solchen Beobachtungen gemeinsam mit Geschäftspartnerin Elisabeth Seidel die Frauen Computer Schule in München, mit rasendem Erfolg.

Das sympathische fünfköpfige Frauenteam, plus Katze »Joghurt«, vermittelt Interessentinnen diverse Fertigkeiten des modernen Zeitalters: Telearbeit und Multimedienarbeit auf dem Computer, aber auch Strategien zur eigenen Firmengründung.

In angenehmer Atmosphäre, mit Kräutertee zur Stärkung und Filzpantoffeln für die Bequemlichkeit, ohne den Zwang zu bluffen und ohne Angst davor, mit dummen Fragen Spott zu ernten, finden sich jeweils zwölf Frauen zusammen, um sich über Hard- und Software fortzubilden. Ein männlicher Journalist, der den Kurs zwecks Reportage beobachten durfte, schildert den letzten Tag:

»Die Kursteilnehmerinnen studieren nun mit dem Schraubenzieher in der Hand das Innenleben eines Computers, vom Netzteil über die Controllerkarte bis zur Mutterplatine. Die Referentin erklärt die Funktion der einzelnen Teile, geduldig, anschaulich, ohne Fachchinesisch. Wenn die Teilnehmerinnen am Ende des Kurses die Kerzen ausblasen und Pantoffeln abstreifen, können sich ihre männlichen Kollegen auf etwas gefasst machen.«

Auch an der Technischen Universität München werden im Übrigen mittlerweile Kurse nur für Frauen angeboten: weil Studentinnen, die in manchen Fächern in totaler Minderzahl waren, eine so grobe Behandlung erfuhren, dass ihnen unter solchen Bedingungen kein Durchhalten zuzumuten war (Gejohle, sobald sie den Seminarraum betraten, obszöne Witze während der Lehrveranstaltung, abschätzige Kommentare über Frauen und Wissenschaft in der Vorlesung und vieles mehr).

Das Fazit: Wer sich aus vorübergehendem pragmatischem Anlass – um beispielsweise eine Qualifikation zu erwerben oder sich fortzubilden – eine Pause von der Notwendigkeit der Selbstdurchsetzung gönnen will, kann sich kurz aus der heterosexuellen Welt zurückziehen und entspannt EDV Elektrotechnik oder Ähnliches lernen.

Wer danach schlechte Erfahrungen in der Berufswelt macht, abgeblockt oder zurückgesetzt wird, kann eine eigene Firma gründen. Mit anderen Worten: Wenn Ihnen Ihre Welt zwar im Allgemeinen, aber nicht in allen Details gefällt, können Sie sich ein paar Inseln bauen. Zum Lernen, zum Arbeiten. Und dort bleiben, bis es auf dem Festland schöner wird.

Frauen Computer Schule; München
Telefon: 0 89/1 67 55 89

Ähnliche Einrichtungen gibt es auch schon in vielen anderen Städten.

Silicia.
Verein zur Förderung der Kompetenz von Frauen in der Informationstechnologie: Wien
Telefon: 0043-1-4067673

Nimm dir Raum. Die amerikanische Modezeitschrift *Glamour* nimmt sich den Alltag vor. Frauen sollen ihn nicht nur bewusster wahrnehmen, sondern auch für sich besser gestalten. Im März lautet das Thema: Raum. Ist Ihnen vielleicht schon aufgefallen, wie Frauen und Männer in öffentlichen Verkehrsmitteln sitzen? Die Männer ausgebreitet und bequem, die Frauen zusammengedrückt und schmal? *Glamour* führt dazu Untersuchungen an, die zeigen, dass Männer generell viel raumgreifender sind als Frauen. Ein Beispiel aus der Untersuchung erstaunt besonders: Wenn ein Mann und eine Frau sich auf der Straße in entgegengesetzten Richtungen gehend begegnen, bleibt der Mann auf seiner »Spur« und erwartet von der Frau, dass sie ihm ausweicht — was in aller Regel auch geschieht. Das ist interessant, weil es den offiziellen Regeln der Höflichkeit widerspricht und einen Blick freigibt auf darunter liegende Dominanzverhältnisse. Der Stärkere geht zuversichtlich weiter, der Unterlegene springt vom Gehsteig, um ihm Platz zu machen. Das sitzt tief und prägt unterbewusst ganz generell die Interaktionen zwischen Gruppen, die in der Gesellschaft einen unterschiedlichen Status einnehmen. Die

Zeitschrift ruft ihre Leserinnen nun dazu auf, solche Situationen bewusst wahrzunehmen, darauf zu achten und sich vorzunehmen, nicht mehr auszuweichen. Sie sollen versuchen, ihren Raum zu verteidigen und ihren Platz zu halten. Ein Detail, und gleichzeitig ein ganz grundlegender Schritt, denn auf der Ebene der fast instinkthaften Interaktionen verraten sich die Machtverhältnisse unseres Alltags, geben sie uns Gefühle der Zuversicht oder der Unsicherheit.

Spiel mit. Öffentliche Parks und Spielplätze sind eine feine Sache. Da gibt es den Sandkasten, diverse Schaukeln, Klettergeräte und Rutschen, und auf den Bänken sitzen Mütter und eventuell ein paar Väter und sorgen dafür, dass geteilt und nicht gerauft wird, dass es Taschentücher und Erfrischungen gibt. Für die Mädchen aber hört mit etwa zehn Jahren der Spaß auf. Dann ist der Kleinkindbereich uninteressant geworden. Es gibt neue Angebote, Basketballkörbe und Bolzplätze. Doch damit gibt es nun zwei Probleme. Das Erste: Mehr Mädchen, als Sie vielleicht denken, wollen gerne Fußball spielen und Basketball sowieso. Aber diese Sportanlagen für sich zu beanspruchen, können Mädchen vergessen. Sie haben einfach keine Chance, es sei denn im Regen, im Morgengrauen oder im seltenen Glücksfall, dass ein netter großer Bruder und dessen Freunde sie mitspielen lassen. In dieser Altersgruppe sind natürlich auch keine Eltern oder sonstigen

Erwachsenen mehr dabei, die für ein gerechtes Teilen sorgen und Regeln vorgeben. Das ist nicht nur unfair und ärgerlich, vor allem ist die Lektion für Mädchen eine bleibende: Wenn männliche Menschen, die größer sind und gerne organisiert in Gruppen auftreten, dich an irgendeiner schönen, begehrenswerten Sache nicht teilhaben lassen wollen, dann kannst du es vergessen. Sie werden dich auslachen, wegjagen, vielleicht sogar bedrohen, und du bist weder stark genug, um dich dagegen durchzusetzen, noch gut genug, um ein Anrecht auf das Mitmachen zu haben. Und sogar das wäre noch nicht tragisch, wenn es wenigstens eine Auswahl an anderen Spielangeboten gäbe, die für Mädchen attraktiv sind und von ihnen genutzt werden können. Doch die herkömmlichen Städteplaner lassen sich hierzu nichts einfallen.

Macht nichts. Es gibt mittlerweile jede Menge guter Ideen, von denen einige bestimmt auch in Ihrer Nachbarschaft gut anwendbar wären. Wir stellen hier zwei davon vor.

Die Erste kommt aus Wien. Dort findet während der schönen Jahreszeit auf Bezirksebene eine *Spielplatzbetreuung* statt. Teams von jungen Erwachsenen (meist SportstudentInnen oder angehende JugendarbeiterInnen und PädagogInnen) rücken auf den Spielplätzen an und bieten dort Kindern ab neun Jahren eine Vielfalt von Spiel- und Bastelmöglichkeiten an. In diesem Rahmen kommen Mädchen – manche von ihnen erstmals – in die Situation, auf dem Spielplatz Fußball, Basketball,

Volleyball und dergleichen spielen zu dürfen. Es werden Mädchen-Fußball-Matches organisiert, die außerordentlich gut ankommen. Von den männlichen Jugendlichen wird das ebenfalls gut aufgenommen, nicht selten spielen sie die Rolle von »cheerleaders« und feuern die Mädchenteams an.

Die Zweite stammt aus Gießen. In der Siedlung »Eulenkopf« hat das Mädchenprojekt »Mädchen in Bewegung« dort einen von Kindern und Jugendlichen unter der Anleitung von weiblichen Facharbeitern selbstgebauten Spielplatz aus dem Boden gestampft. Folgende Einrichtungen wurden aufgebaut: Matschtische für die Kleinen, eine Bewegungsbaustelle, Umgestaltung eines alten Bauwagens in einen Jugendtreff mit Vorgarten, BMX- und Skate-Rampen, Weidenhäuser als Mädchentreff, ein Spinnennetz und eine Maltafel. Für den großen Erfolg des Projekts waren einige Grundsätze maßgeblich. Wichtig war, dass es Aufgaben für alle gab und niemand sich ausgeschlossen fühlte. Wichtig war aber auch, dass es sich dabei um getrennte Aufgaben handelte, weil sonst die Größeren den Kleineren, die Buben den Mädchen die Sache aus der Hand genommen hätten. Und ganz besonders positiv wirkte sich aus, dass die technische Leitung des Projekts ausschließlich bei weiblichen Handwerkern lag. »Damit wurde der herrschende Status quo der Handwerkswelt vollständig auf den Kopf gestellt«, heißt es im Projektresümee. »Sowohl für die Mädchen als auch für die Jungen bedeuten die Handwerkerinnen eine elementar neue Erfahrung, die die üblichen Geschlechterklischees ins Wanken brachte. Für die Mädchen war es wichtig, souveräne weibliche Vorbilder auf dem fremden Terrain leibhaftig zu erleben. Sie konnten die Erfahrung machen, dass der Gebrauch von Werkzeug und das Tragen von Arbeitskleidung noch lange nicht bedeutet, dass eine Frau damit entweiblicht wird. Aufschlussreich war auch, dass die Jungen – auch im Jugendalter – sehr schnell die Autorität der leitenden Frauen akzeptierten. Sie fanden bei den Handwerkerinnen kompetente Antworten und Anweisungen und konnten diese gut annehmen.«

Die Anwesenheit weiblicher Experten gab den Mädchen das Zutrauen, sich auch an die Maschinen und Werkzeuge heranzuwagen. Dass sie eine eigene Aufgabe zu erledigen hatten und die Buben eine vergleichbare, aber andere, war ideal: So vermied man die Situation, dass die Buben als die Erfahreneren, als die Experten auftraten und die Mädchen verdrängten. Stattdessen konzentrierten sie sich jeweils auf die eigenen Aufgaben, begutachteten aber auch wohlwollend und interessiert den Fortschritt der andersgeschlechtlichen Parallelgruppe. So zum Beispiel beim Bauwagen, wo die Mädchen die davorliegende Terrasse zu legen hatten, während die Buben vom Wagen die alte Farbe entfernten und den Wagen streichfertig machten. »Nach einigen Tagen waren viele Mädchen in der Lage, Informationen aus den Bauzeichnungen zu lesen und auf das konkrete Produkt zu übersetzen. Sie engagierten sich in der gleichen Weise wie die Jungen, experimentierten mit den Werkzeugen und setzten sie ›fachmännisch‹ ein. Viele waren erstaunt über die eigenen Fähigkeiten. ›Ich kann das ja!‹, hieß es immer wieder. Die Jungen ließen die Mädchen ungestört arbeiten. Die Diskriminierung und Angriffe, die Mädchen oftmals erfahren, gerade wenn sie sich an ›männliche‹ Arbeitstätigkeiten heranwagen, blieben weitestgehend aus. In diesem Setting war es den Jungen möglich, den Mädchen ihren Raum zu lassen, und auch deren geschaffenes Produkt anzuerkennen.«

Dass nebenbei ein fantasievoller Spielplatz entstand, war ein Bonus.

Tob dich aus im Internet. Die meisten Menschen vermuten, dass sich hauptsächlich männliche Lüstlinge in den einschlägigen httpwww's einchecken. Falsch. Etliche Studien zeigen, dass ganz viele Frauen hier unterwegs sind. Der Forscher James Herriot, der zehntausend Internetvorgänge analysierte und nach Geschlecht auswertete und zur eigenen Überraschung eine prominente Präsenz von Frauen entdeckte, hat sich darüber Gedanken gemacht. »Das Internet scheint Frauen zu ermutigen, sich sexuell auszudrücken«, vermutet er. In den Online-Talk-sessions sind Frauen nicht an die Rolle gebunden und nicht von den Zwängen und Risiken geplagt, die ihnen sonst ein zurückhaltendes, vorsichtiges sexuelles Vorgehen nahe legen. Sie haben keinen guten Ruf zu verlieren und keine Beziehung zu gefährden, ob ihr Gegenüber sie nett findet oder viel zu forsch, kann ihnen egal sein. Sie können draufgängerisch auftreten, Grenzen testen, experimentieren, fantasieren, sich austoben – und das alles völlig anonym. »Die gefahrlose Atmosphäre des Internet spricht Frauen an, weil sie sich sonst immer sehr kontrolliert fühlen«, bemerkt dazu auch Janice Epp.

Wir wollen jetzt nicht behaupten, dass Internet-Sexgespräche etwas Glorreiches sind; aber sie sind doch ein Weg, ein Defizit der Frauen auszugleichen. Sich auf verbotenes Terrain per Computer vorzuwagen, ist ein Schritt in die Richtung, Frauen aus ihrer abwartenden, passiven Haltung herauszuholen und es ihnen zu ermöglichen, überhaupt einmal unzensiert über ihre sexuellen Empfindungen und Wünsche nachzudenken.

Trink mit Türkinnen Kaffee. Töchter aus islamischen Familien in Deutschland haben es nicht immer leicht. »Wir dürfen nichts«, fasst eine Fünfzehnjährige zusammen. »Wir müssen spätestens um sechs Uhr abends zu Hause sein. Wir dürfen nicht in die Disco. Viele von uns dürfen nicht schwimmen gehen. Wir dürfen keinen Freund haben und werden auf Schritt und Tritt von unseren Brüdern bewacht.« An der Klassenfahrt teilnehmen, eine Geburtstagsparty besuchen, eine Berufsausbildung anstreben, das alles ist nicht selbstverständlich. Die vierunddreißigjährige Fatma Güler, selber aus einer türkischen Familie, kennt die Problemlage. Gemeinsam mit zwei deutschen Kolleginnen führt sie das Modellprojekt Mabilda in Duisburg, ein Mädchenzentrum, das sich auf ausländische Mädchen spezialisiert. Fatma obliegt die Vermittlung zwischen den Mädchen und ihren Familien, zum Beispiel durch das Organisieren von Mutter-Tochter Nachmittagen oder auch Hausbesuchen, wenn die Konflikte besonders virulent werden. »Wenn die Mädchen sehr von ihrem Ziel überzeugt sind, wie zum Beispiel eine Berufsausbildung zu machen, kann ich bei den Vätern oft etwas erreichen«, erzählt sie. Daneben bietet das Zentrum Programme, um über Tanz-, Theater- und Selbstverteidigungskurse das Selbstwertgefühl und das Körperbewusstsein der Mädchen zu stärken. Gerade bei türkischen Mädchen ist die Erziehung zur Passivität und Zaghaftigkeit so stark, dass diese Kurse begeistert aufgenommen werden und viel bewirken.

Mabilda steht hier nur stellvertretend für die zahlreichen Mädchentreffs, Mädchentage, Mädchenzentren und anderen Einrichtungen, die, oft im Rahmen von Jugendzentren, inländischen und ausländischen Mädchen einen eigenen Raum, eine Rückenstärkung, eine Anlaufstelle und ein adäquates inhaltliches Angebot bieten.

Setz dich unter Strom. Du betrittst einen charmanten Innenhof in Wien, südländisch begrünt mit großen Begonientöpfen, lässt dich freundlich begrüßen von einer energisch wedelnden kleinen Junghündin, siehst ein Plakat, auf dem fünfzehn Bauarbeiterinnen auf einem Balken hoch über den Wolkenkratzern von Manhattan schweben, und bist auch schon da: im Büro der Frauen-Elektroinstallationsfirma »Donna und Blitz«. Immer vorausgesetzt, dass du einen Termin bekommen kannst, denn die Frauen sind fast immer ausgebucht. Menschen, die sich für ökologisches Bauen interessieren und Frauen, die sich von anderen Frauen eine sachliche Beratung ohne Herablassung erwarten, sie bilden den Grundstock der Kundschaft. Dazu kommen Leute, die den Namen der Firma oder die Grundidee amüsant finden, und ältere Damen, die nicht so gerne unbekannte männliche Handwerker in ihre Wohnung lassen, und schon ist der Terminkalender voll. Wenn sie jetzt noch eine Installateurin finden könnten!

Eine dicke Pressemappe zeugt vom großen und durchwegs freundlichen Widerhall, den ihre Idee in der Öffentlichkeit gefunden hat. Zur Nachahmung also durchaus empfohlen. Und wie kam ihnen der Geistesblitz, sich nicht mit einem Wollgeschäft, nicht mit einer italienischen Schuhboutique, sondern mit einer Elektrofirma selbstständig zu machen?

Nur eine von ihnen, Silvia Meierhofer, hat einen einschlägigen Hintergrund; ihre Eltern besaßen ein Elektrogeschäft. Trotzdem machte sie zunächst die Handelsakademie und dachte eher daran, die Verkaufsseite familiär weiter zu betreiben. Doch das fand sie eher langweilig und so wechselte sie in ein Kolleg für Elektrotechnik. Dort war sie die einzige Frau und machte eine Erfahrung, die auch ihre späteren Kolleginnen bestätigen: Die Mitschüler, die Kollegen sind durchwegs okay und akzeptieren dich. Das Problem sind die Lehrkräfte. Das ging so weit, dass sie bei Prüfungen regelmäßig übersehen und überhört wurde. Dann kamen drei Jahre Berufserfahrung bei der Firma Brown Boveri. Dort war nach einem kurzen anfänglichen »Missverständnis« auch alles in Ordnung. Die sahen nämlich zunächst in ihr die weibliche Person mit Handelsakademie-Hintergrund und wollten sie prompt für Schreibarbeiten einsetzen. Aber Silvia stellte klar, dass sie nicht als Sekretärin hier war. »Um es deutlich zu machen, musste ich die Arbeit verweigern.« Danach lief alles bestens und Silvia konnte ihre Meisterprüfung ablegen.

Zu diesem Zeitpunkt hatte ihre Freundin Anita Szasz schon eine bunte Karriere hinter sich: als Apothekenhelferin, Sportlehrerin, Tramperin durch Neuseeland und Australien, Ehefrau, Mutter und Geschiedene stand sie gerade arbeitslos da, wollte eigentlich etwas Neues machen und kam auf die Idee, dann doch vielleicht mit Silvia zusammenzuarbeiten. Sie schrieb sich ein für eine Facharbeiter-Intensivausbildung und gab sich achtzehn Monate lang der Elektrizität hin. Im Kurs waren, rein zufällig, drei weitere Frauen – mehr, als die Schule jemals gleichzeitig gesehen hatte. Maria Newald war zuvor Sozialarbeiterin gewesen, Christine Rochelt Tischlerin und Gabriele Mitterbauer Volksschullehrerin. Sie alle hatten in ihren ursprünglichen Berufen keine Erfüllung gefunden. Es lag nahe, sich anzufreunden und einander zu helfen. Auch hier waren nicht die Mitschüler das Problem, nervenaufreibend waren lediglich die Ausbilder. Das waren ältere Männer, die nicht mehr im Beruf standen, und sich nun den jüngeren Leuten gegenüber als große Zampanos aufspielen wollten. Sie erklärten schlecht, denn sie hatten ja keinerlei Lehr-Ausbildung, waren dafür aber überheblich und schroff. Die Kollegen waren nett, »im Gegenteil, die liebten uns, weil wir immer an vorderster Front die Konflikte mit den Ausbildern austrugen, wir nahmen ihnen das ab.«

Anita wusste schon, dass sie mit Silvia zusammenarbeiten wollte. Die anderen Frauen hatten noch keinen Plan. Sie begaben sich nach ihrer Ausbildung in die Vorstellungsgespräche, wo sie hauptsächlich Abenteuerliches erlebten. »Geh Pupperl, was du willst de Hack'n moch'n«, oder: »Scho wieder eine, die glaubt, sie muss Mann spielen.« Solche Bemerkungen ließen schließlich die Idee reifen, sich der entstehenden kleinen Frauenfirma anzuschließen.

Und so bastelten die fünf Frauen sich ein Arbeitsleben nach eigener Vorstellung. So ganz beiläufig stellten sie dabei gleich mehrere Selbstverständlichkeiten ihrer Branche auf den Kopf. Zum Beispiel den Arbeitsbeginn. Da sie allesamt keine Frühaufsteherinnen sind, fangen sie um neun Uhr an. Das ist für sie angenehm und für die Kunden auch, denn die lieben es meist gar nicht, wenn die Handwerker schon um sieben Uhr vor der Tür stehen. Oder die Grundlage ihrer Mitarbeit: Für die fünf Frauen stand fest, dass sie gleichberechtigt zusammenarbeiten wollten, ohne Hierarchie und ohne Chefin. »Das ist in unserer Arbeitswelt einfach überhaupt nicht vorgesehen«, erinnern sie sich an die Phase ihrer Firmengründung. »Es gibt keine GmbH ohne Geschäftsführerin, das ist gesetzlich einfach nicht vorgesehen, du musst eine haben, ob du willst oder nicht.« Die Probleme, mit denen Donna und Blitz konfrontiert sind, haben nichts mit ihrem Frau-Sein zu tun, sondern eher damit, dass sie ein Kleinbetrieb sind. Und dass ihre Branche von starken saisonellen Schwankungen betroffen ist. Ideal wäre es, sich zu vergrößern. Dann könnten einige Teams die klassischen Renovierungs- und Bauaufträge übernehmen und die fünf Gründerinnen könnten sich auf das spezialisieren, was sie mittlerweile am meisten reizt, die Bioelektrik.

Diskriminierung erleben sie nur noch in den Erzählungen ihrer Praktikantinnen und Lehrlinge. Die sind meist schon bis zu zehnmal abgewiesen worden, ehe sie Donna und Blitz ihr Leid klagen. »Die Lehrherren sagen, sie nehmen kein Mädchen, weil das bringt Unruhe in den Betrieb«, lacht Anita. Auch das nicht vorhandene Damenklo ist ein nach wie vor beliebter Abweisungsgrund. Ein lustiges, entspanntes Arbeitsklima wie in dieser Firma wird es an solchen Lehrstellen wahrscheinlich auch dann nicht geben, wenn das enorme Problem des WCs sich irgendwie überwinden lässt. Daher empfehlen wir dringend zur Nachahmung: das Frauen-Handwerkskollektiv.

Wirf die Mädchen ins Netz. Es ist nicht ganz leicht, die neuen Mädchenschwerpunkte im Internet zu finden. Denn wer, etwa bei CompuServe, als Suchbegriff »Mädchen« eingibt, dem werden Mädchen zwar prompt und sehr zahlreich angeboten, doch sind sie nackt und teilweise in recht enger männlicher Begleitung. Es kostet einige Überlegung, die Suchbegriffe so zu formulieren, dass diese Sparte umgangen wird. Die Mühe lohnt sich (und um Ihrer Tochter ähnliche Umwege zu ersparen, können Sie eines der zahlreichen Internet-Kontrollprogramme aktivieren). Neue Websites speziell für Mädchen, attraktiv gestaltet in bunten Farben und mit einladendem Comic-Charakter, laden ein zum Plausch, zum Geschichtenschreiben, zur Lektüre lustiger und erstaunlicher Mädchenfakten, zum Sport und zu vielen Spielen mit Techno-Ansatz. »Hast Du Lust, eine Geschichte zu schreiben? Wähle einen unserer Einstiege und schreib Du dann weiter.« »Such dir eine Brieffreundin im Ausland und schicke ihr einen Brief in ihrer Muttersprache, der Computer übersetzt!«

Unter dem Knopf »Erfindungen« erfährt man von interessanten Ideen, die von Frauen stammen – kleine, große, kluge und verrückte Ideen sind dabei. Wussten Sie, dass eine gewisse Mattie Knight die Maschine erfand, mit der sich Tragetüten mit flachem, rechteckigem Boden erzeugen lassen? Solche Tüten werden heute in allen Ländern der Welt im Supermarkt benützt, davor gab es nur die simplen Tüten, die heute noch beim Gemüsehändler Einsatz finden, die unten gerade zusammenlaufen und für größere Mengen ungeeignet sind. Sie erfand auch eine Vorkehrung für Fabrikmaschinen, die im Fall einer Panne den Strom stoppt und damit weitere Verletzungen der Arbeiter verhindert. Von Mary Spaeth hingegen stammt die wieder verschließbare Lasche für Lebensmittelverpackungen – damals war sie erst zehn Jahre alt und es ging ihr auf die Nerven, dass ihre Frühstücksflocken nach den ersten paar Portionen nicht mehr knusprig waren, weil die Packung sich nicht gut verschließen ließ. Leider verabsäumte sie es, ihre Erfindung patentieren zu lassen. Später war sie klüger. Sie erfand Färbeprozesse mittels Laser, heute angewandt in Medizin und Industrie, und diese ließ sie sehr wohl patentieren. »Sachen erfinden, das beginnt im Alltag. Indem du ein Problem hast und darüber nachdenkst, wie es zu lösen wäre«, erklärt der Website-Text, und erzählt dann noch von einigen Mädchen, die mit ihren guten Ideen gerade irgendwelche Wissenschaftswettbewerbe gewonnen haben.

Der Knopf »Boy Talk – it's not what you think« macht neugierig. Worum geht es? Darum, dass eine Reihe von Jungen mitreden wollen beim Thema »Mädchen und Technik.« Einer erzählt, dass im Computerraum seiner Schule zwei Computer nur für Mädchen reserviert sind. Weil die Mädchen, die an einen Computer wollten, vorher immer von den anwesenden Buben weggedrängt wurden. Das hat er schon oft mitbeobachtet, daher findet er die zwei reservierten Computer ganz okay.

Der Dialog im »Boy Talk« bleibt nicht beim Thema Computer hängen. »In den Sommerferien haben wir jeden Tag mit den Buben in der Nachbarschaft gespielt und wir haben uns gut vertragen. Doch jetzt ist wieder Schule und die Gruppen sind total getrennt. Wenn du mit einem Jungen redest oder spielst, lachen die anderen dich aus und sagen, haha, die sind verliebt! Warum ist das so?« Die virtuelle Diskussionsgruppe beschließt, dieses Phänomen in ihrer jeweiligen Schule genauer zu beobachten. Der Gewinn ist offenkundig: Rückendeckung aus dem Internet, eine sympathisierende Diskussionsgruppe, das alles bestärkt ungemein und hilft, alten Selbstverständlichkeiten ein modernes Fragezeichen entgegenzusetzen.

Während die großen Firmen noch in rosaroten Vergangenheiten leben und sogar bei ihren Versuchen, neue Dinge zu kreieren, ausschließlich aus der Vergangenheit schöpfen, tut sich andernorts schon jede Menge. Für alle, die Aktien in Lego oder Mattel angelegt haben, hier ein guter Rat: Die würden wir bald verkaufen, denn die altehrwürdigen Firmen werden im Laufe der nächsten fünf Jahre überholt werden von den neuen, innovativen Kräften auf dem Jugend- und Spielesektor.

Dieser Sektor ist gewaltig. Fünfundvierzig Milliarden Dollar haben amerikanische Mädchen jährlich für ihr Vergnügen auszugeben. Im Moment richten sich fünfundachtzig Prozent der Angebote im Bereich der Videospiele, Computerspiele und technisch-orientierten Spiele (darunter darf man sich nicht nur anspruchsvolle Dinge vorstellen, sondern hier gehört offiziell alles hinein, was mit Batterie und Knopfdruck funktioniert) an das männliche Kind. Somit können wir uns alle ausrechnen, wie immens und finanziell potent der Käuferinnenkreis ist, an dem die verstockten Spielzeughersteller momentan vorbeiplanen.

Dass sie es tun, ist ärgerlich, aber auch erfreulich. Die Chancen für kluge Geschäftsfrauen und Erfinderinnen, diese Marktlücke zu nutzen, sind damit mehr als gut.

Janese Swanson hatte eine tolle berufliche Position, als sie beschloss, sich selbstständig zu machen. Für die innovative, erfolgreiche Software-Firma Broderbund hatte sie an Verkaufsschlagern wie »Carmen Sandiego« und »The Playroom« mitgewirkt, danach hatte sie die Firma »Kid One For Fun« gegründet. Ihr Ziel war es, lustige und trotzdem anspruchsvolle technische Spielsachen und Computerspiele zu entwerfen, die Buben und Mädchen in gleichem Maße ansprechen. Als Mutter einer Tochter war es ihr ein besonderes Anliegen, die Mädchen dabei einzubeziehen und nicht wie die meisten Firmen an ihnen vorbeizuplanen, sobald es um Technik und Computer ging. Nun hatte sie ein Spielzeug entworfen und an eine Herstellerfirma verkauft. Es handelte sich um eine Art interaktives Mikrophon, das man sich umhängen konnte. Sie hatte es, wie immer, vorher an ihrer eigenen Tochter und deren Freundin getestet; die waren begeistert. Die Firma stellte das Spiel her, brachte es auf den Markt und entwarf eine dazugehörige Werbekampagne für das Fernsehen. Als sie die ersten Werbespots sah, war Janese sprachlos. Da stand ein Junge, der damit spielte. Ein Mädchen kam dazu und wollte es auch haben. Er ignorierte sie und vertiefte sich in das Spiel. Sie bat noch einige Male darum, es sich ansehen zu dürfen, aber er beachtete sie nicht. Schließlich ging das Mädchen traurig weg.

Die schwarzhaarige, peppige junge Frau schüttelte den Kopf. Sobald ein Spielzeug mit Technik zu tun hat, vermarkten die Firmen es ausschließlich an Jungen. Außerdem gestalten sie die Werbung durchgängig so, dass Mädchen entweder nicht vorkommen oder herablassend, manchmal sogar beleidigend dargestellt sind.

Sie verändern den Entwurf auch, um es für Buben interessanter und für Mädchen weniger interessant zu machen, zum Beispiel bauen sie irgendetwas dazu, womit man auf andere zielen und sie »erschießen« kann. Oder sie entfernen den vorgesehenen Riemen, weil Buben sich ihre Spielgeräte lieber an den Gürtel hängen als um den Hals (Mädchen umgekehrt).

Für Swanson war das Fazit klar. Es reichte nicht, geschlechtsneutrale oder mädchenfreundliche technik-

und computerorientierte Spiele zu entwerfen. Man musste sie auch selber herstellen und vermarkten, sonst wurden daraus zuerst wieder »boy-toys«. Aus der Firma »Kid One For Fun« wurde die Firma »Girl Tech«. (Die Firma ist im Internet unter http://www. girltech.com erreichbar.)

Aus ihrer langjährigen Berufserfahrung weiß Swanson, dass Mädchen sich grundsätzlich mindestens so für technische Spiele und Computerspiele interessieren wie Jungen. Aber ihre Vorstellungen von einem guten Spiel sind anders. Mädchen sitzen nicht gerne allein vor dem Computer, sie spielen lieber kooperativ. Also braucht man für sie vermehrt Spiele, die sich für zwei und mehr Spielerinnen eignen und dies durch die Vergabe von Rollen vorsehen.

Sie mögen Spiele mit einem weniger gradlinigen Verlauf und mit mehr Möglichkeiten zu gewinnen. Sie haben gerne ein Ziel, das vorher bekannt ist, und mögen Spiele nicht so gern, in denen man ins Unbekannte hineinspielt in der schlichten Absicht, einen höheren und immer höheren Schwierigkeitsgrad der »Welten« zu erreichen.

Während kleine Jungen in ihrer Fröhlichkeit keineswegs getrübt sind, wenn ein falscher Computerschritt den Tod bedeutet (welcher Mutter hat es nicht schon einen Schock verpasst, die Bubenrunde froh rufen zu hören: »Du bist tot!« oder: »Ich bin schon wieder tot!«), sehen die Mädchen das anders. Sie mögen es nicht, wenn ihre Mitspieler oder sie selber »sterben«. Ein

Absturz müsste für sie mit weniger drastischen Folgen bestraft werden, damit das Spiel auch seinen unbeschwerten Spielcharakter behält.

Und zu guter Letzt müssen natürlich auch die Spielcharaktere reizvoller werden. Die meisten Computerspiele haben ausschließlich männliche Hauptdarsteller. Wenn sie überhaupt die Option bieten, dieses Spiel mittels einer weiblichen Figur zu spielen (man wählt das bei Spielbeginn aus), dann ist diese meist sehr dämlich, also eher eine Karikatur als eine gleichwertige Möglichkeit. Es gibt auch meist nur eine einzige weibliche Alternative, während fünf oder mehr männliche Figuren zur Auswahl stehen. Die weibliche Figur ist dann entweder eine piepsige Prinzessin in einem Party-Kleidchen (Mario Brothers) oder eine laszive Amazone mit Riesenbusen (Mortal Games).

Dass sich die althergebrachten Firmen selbst schaden und sich einem riesigen Markt verschließen, muss uns nicht berühren. Aber es hat Folgen. Die Welt der Technologie eröffnet sich der nächsten Generation zunächst einmal in Form von Video- und Computerspielen und technischem Spielzeug. Mädchen haben schon den Anschluss verpasst, bevor sie noch in die Schule gehen. Girl Tech will das ändern. Und so weit dürfen wir uns auf den Kapitalismus verlassen: Wenn ihre Spiele sich verkaufen, werden die anderen Firmen ganz schnell nachziehen.